Frauenpower

W0047929

EBOOK INSIDE

Die Zugangsinformationen zum eBook Inside finden Sie
am Ende des Buchs.

Antje Heimsoeth

Frauenpower

Mentale Stärke für Frauen

 Springer

Antje Heimsoeth
Heimsoeth Academy
Rosenheim, Bayern, Deutschland

ISBN 978-3-658-20430-3   ISBN 978-3-658-20431-0   (eBook)
https://doi.org/10.1007/978-3-658-20431-0

Die Deutsche Nationalbibliothek verzeichnet diese Publikation in der Deutschen Nationalbibliografie; detaillierte bibliografische Daten sind im Internet über http://dnb.d-nb.de abrufbar.

© Springer Fachmedien Wiesbaden GmbH, ein Teil von Springer Nature 2018
Das Werk einschließlich aller seiner Teile ist urheberrechtlich geschützt. Jede Verwertung, die nicht ausdrücklich vom Urheberrechtsgesetz zugelassen ist, bedarf der vorherigen Zustimmung des Verlags. Das gilt insbesondere für Vervielfältigungen, Bearbeitungen, Übersetzungen, Mikroverfilmungen und die Einspeicherung und Verarbeitung in elektronischen Systemen.
Die Wiedergabe von Gebrauchsnamen, Handelsnamen, Warenbezeichnungen usw. in diesem Werk berechtigt auch ohne besondere Kennzeichnung nicht zu der Annahme, dass solche Namen im Sinne der Warenzeichen- und Markenschutz-Gesetzgebung als frei zu betrachten wären und daher von jedermann benutzt werden dürften.
Der Verlag, die Autoren und die Herausgeber gehen davon aus, dass die Angaben und Informationen in diesem Werk zum Zeitpunkt der Veröffentlichung vollständig und korrekt sind. Weder der Verlag noch die Autoren oder die Herausgeber übernehmen, ausdrücklich oder implizit, Gewähr für den Inhalt des Werkes, etwaige Fehler oder Äußerungen. Der Verlag bleibt im Hinblick auf geografische Zuordnungen und Gebietsbezeichnungen in veröffentlichten Karten und Institutionsadressen neutral.

Gedruckt auf säurefreiem und chlorfrei gebleichtem Papier

Springer ist ein Imprint der eingetragenen Gesellschaft Springer Fachmedien Wiesbaden GmbH und ist ein Teil von Springer Nature
Die Anschrift der Gesellschaft ist: Abraham-Lincoln-Str. 46, 65189 Wiesbaden, Germany

Vorwort

„Geist macht Frauen alt." Dieses Zitat stammt von einem der berühmtesten und auch anerkanntesten deutschen Philosophen, von Friedrich Wilhelm Nietzsche. Ich habe es neulich erst entdeckt – und es macht mich nicht nur stutzig, sondern sogar sehr ärgerlich. Denn wie ich es drehe und wende, immer kommt dieser Ausspruch bei mir wie eine Anklage an. Alte Frauen braucht das Land nicht, schwingt da irgendwie mit. Und schon gar keine Frauen mit Geist. Den Begriff Geist fasse ich hier auf als Bildung und Wissen, als Know-how und Kompetenz.

Wenn ich mich in unserer Gesellschaft so umschaue, dann hat dieser Satz noch immer seine Gültigkeit bewahrt: Frauen sollen – so kann es über Medien und soziale Kanäle, aber auch in Stellenanzeigen und Gesprächen wahrgenommen werden – möglichst jung und dynamisch sein, nicht unbedingt klug und gebildet, weder selbstständig denkende Wesen noch Führungskräfte. Auch wenn es meine Interpretation ist, steckt doch in diesem „alt" keine respektierte und anerkannte Weisheit, sondern eine gewisse Schwere, ein ablehnungswürdiger Zustand.

Dieses Buch ist ein Gegenentwurf. Meine zentrale Aussage dabei lautet: „Geist macht Frauen stark!" Daher habe ich auf den folgenden Seiten allerlei Wissenswertes zusammengetragen, um Frauen dabei zu unterstützen, ihren Geist zu fordern und zu formen, sich mit unterschiedlichsten Aspekten des Lebens zu beschäftigen und sich anhand verschiedener Übungen sogar gleich selbst auszuprobieren.

Als Mental Coach setze ich den Fokus immer auf den Geist und ich weiß, dass er Aufmerksamkeit und Achtsamkeit, Training und Abwechslung braucht. Ja, er wächst und reift, er wird älter im Sinne von erkenntnisreicher. Ein wacher Verstand, der Lebenserfahrung besitzt, kann sich bei seiner Vernunft und seinem Scharfsinn bedienen. Eine Frau mit einem solchen Geist weiß diesen klug einzusetzen. Das ist mein größter Wunsch und so ist dieses Buch für Powerfrauen entstanden.

Ergänzend zu meinem Input, der übrigens auch zahlreiche persönliche Anekdoten enthält, konnte ich eine ganze Reihe an Powerfrauen gewinnen, für dieses Buch einen besonderen Beitrag zu leisten. Ob Zukunftsentwicklerin oder Journalistin, ob Vertriebstrainerin oder Physiotherapeutin, ob Stilberaterin oder Motorsportlerin: Ihre Biografien sind manchmal spektakulär und spannend, manchmal unaufgeregt und geradlinig. Unterm Strich haben sie alle eine Gemeinsamkeit: mentale Stärke, einen starken Geist.

Wie stark sind Sie mental? Fangen Sie doch gleich einmal damit an, es zu testen, wenn ich Ihnen noch ein Zitat auftische, das von einem bekannten und berühmten französischen Komödiendichter stammt – von Molière. „Ich liebe die gelehrten Frauen nicht." Was fällt Ihnen dazu spontan ein? Machen Sie sich einige Notizen. Und nehmen Sie sich dieser Aussage nochmals an, wenn Sie das Buch gelesen haben. Überlegen Sie: Was hat sich verändert? Wie wirkt es dann auf Sie und was würden Sie Molière antworten?

Auf dem Weg zu Ihrer mentalen Stärke wünsche ich Ihnen viel Spaß beim Lesen, Kennenlernen und Ausprobieren.

Ihre
Antje Heimsoeth

Hinweis: Aus Gründen der Vereinfachung wird nur die männliche Schreibweise verwendet.

Inhaltsverzeichnis

Über die Autorin

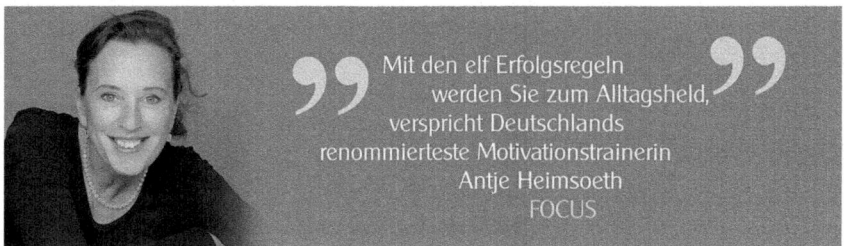

Mit den elf Erfolgsregeln werden Sie zum Alltagsheld, verspricht Deutschlands renommierteste Motivationstrainerin Antje Heimsoeth
FOCUS

Urheberrecht beim Autor/Orhidea Briegel

Antje Heimsoeth, Jahrgang 1964, ist Dipl.-Ing. (FH). Als Gründerin und Geschäftsführerin des Instituts für Business- und Sport-Coaching, Heimsoeth Academy, trainiert Antje Heimsoeth Führungskräfte, Vorstände und Unternehmer. Antje Heimsoeth gehört zu den bekanntesten Mental Coaches und Vortragsrednern im deutschsprachigen Raum. Ihre Erfahrung mit internationalen Konzernen und traditionsreichen Mittelständlern wie Adidas, BMW Group, Axis Communications GmbH, AIDA, Lufthansa Technik AG, apetito, Tecan Trading AG, Volksbanken, Sparkasse Vogtland, HypoVereinsbank UniCredit, msg services ag, CarGarantie, Otto Group, ABC Breast Care GmbH sowie internationalen Spitzensportlern, Profi-Teams und Bundestrainern machen sie zu einer begehrten Keynote-Rednerin mit mentalem Olympiafaktor: Go for Gold! Die ausgebildete Ingenieurin – sie studierte Geodäsie –, ehemalige Leistungssportlerin, Unternehmerin, Bestseller-Autorin und Hochschullehrbeauftragte ist internationale Expertin für Mentale Stärke, Mentale Gesundheit, Gesund führen, Persönlichkeit, Erfolg, Führung, Motivation und Selbstführung.

Als anerkanntes professionelles Mitglied in der German Speakers Association (GSA) gehört sie zu den TOP 100 Excellent Speakers. Sie wurde als

„Vortragsrednerin des Jahres 2014" und mit dem Award „Erfolgreiche Unternehmerin 2016" ausgezeichnet. Bei Managern und Medien gilt sie als „renommierteste Motivationstrainerin Deutschlands" (FOCUS). Antje Heimsoeth besticht durch ihre Praxisfundierung, ihre gewinnende Art und ihre persönliche Leidenschaft für die Themen Mentale Stärke, Selbstführung und Motivation. Sie liefert Content vom Allerfeinsten und begeistert durch ihre Anschaulichkeit. Sie brennt für ihre Themen und ihre Kunden und das spürt ihr Gegenüber.

Ihren Expertenstatus unterstreicht sie durch Ausbildungen als DVNLP-Lehrtrainerin (DVNLP), Coach, DVNLP, zert. LernCoach (nlpaed), ECA Sport Coach (Master Competence), Life Kinetik® Trainerin, zert. MentalCoach, Sportmentaltrainerin (HAG), wingwave®-Coach, zert. Business Coach, Gesundheitstrainerin, zert. Work Health Balance-Coach für systemische Kurzzeit-Konzepte, zert. Entspannungspädagogin.

Erst lesen, dann hören – oder umgekehrt
Antje Heimsoeth veröffentlicht regelmäßig Beiträge zu den Themen Mentale Stärke, Selbstwert, Selbstvertrauen, Motivation, Gesund führen, Führung, Kommunikation und Mentale Gesundheit in Fach- und Publikumsmedien wie z. B. Focus Nr. 23/16 „Vom Weltmeister lernen" (Titelstory), F.A.Z., Welt am Sonntag, AIDA Magazin, Magazin GESUND, Focus Experten Kolumne, Bild.de, Trainingsworld, Brigitte, Women's Health, Highpotential, Markt und Mittelstand, GABAL, Managerin, AktivSteuern, Personal im Fokus, unternehmerWISSEN, managerSeminare Heft 216, Wissen + Karriere und Wirtschaftswoche. Mit ihrer Expertise geht sie auch auf Sendung beim Radiosender Bayern 3 – Frühaufdreher, Sport1, BR und ManagementRadio sowie beim Fernsehsender RTL Aktuell, n-tv, Sky, BR, nrw.tv, Hamburg1 und RFO.

Zugleich hat sie ihre Erfahrungen und ihr Praxiswissen in mittlerweile mehreren Büchern niedergeschrieben.

Heimsoeth Academy
Antje Heimsoeth
Wendelsteinstr. 9b
D–83026 Rosenheim
E-Mail: info@antje-heimsoeth.de
www.antje-heimsoeth.com, www.heimsoeth-academy.com,
www.chefsache-kopf.de

Die Autorinnen der Gastartikel

Silvia Ziolkowski
(© Barbara Obermaier)

Silvia Ziolkowski ist Zukunftsentwicklerin und hat sich als Autorin, Coach und Vortragsrednerin einen Namen gemacht. Sie gilt als Expertin für Visionsentwicklung und nachhaltige Zukunftsgestaltung. Die Unternehmerin vermittelt wirkungsvolle Prinzipien, die sich in jeder Branche anwenden lassen. Sie ist Entwicklerin des „Future Zooming®"-Ansatzes, der Methodik des Zukunftshauses und des Smile Collectors®, eines Onlinetools für Stimmungsmanagement. Als Rednerin fordert sie ihr Publikum charmant heraus, sie inspiriert und berührt mit Geschichten und Humor.

Die Kommunikationswissenschaftlerin hat mit 20 ihren ersten Traum gelebt und ist als Au-pair nach Kalifornien gegangen. Dort hat sie viele Menschen getroffen, die diesen Spirit einer großen Vision leben. „Mit Mut und Lust voran" war das Motto, das Silvia Ziolkowski dort kennengelernt hat und das sie seitdem begleitet.

Sie hat mehr als einmal ihre Richtung geändert und etwas angepackt, von dem sie am Anfang nicht wusste, ob es klappen würde. Sie hat ihr Berufsleben in einem medizinischen Beruf begonnen, Erfahrungen im Ausland gesammelt, am Wochenende studiert und mit zwei Partnern ein international agierendes IT-Unternehmen aufgebaut, welches sie 14 Jahre lang mit führte. Mit 40 machte sie sich, gemeinsam mit ihrem Mann, noch einmal selbstständig. Sie folgte ihrer Berufung. Als Zukunftsentwicklerin, Vortragsrednerin und Autorin inspiriert sie Unternehmen und Menschen dazu, ihre Vision zu finden und zu leben.

www.silvia-ziolkowski.de/future-zooming

Petra Sonntag
(© Cornelia Hansen)

Petra Sonntag, M.A., Jahrgang 1972, arbeitet seit 2006 als freiberufliche Redakteurin und Journalistin vor den Toren Hamburgs, wo sie mit ihrem Mann und zwei Kindern lebt. Zu ihren Kunden zählen neben Tageszeitungen und Magazinen mittelständische Unternehmen verschiedenster Branchen sowie Agenturen aus dem deutschsprachigen Raum, für die sie als Autorin und Texterin tätig ist. Vor ihrer Selbstständigkeit war sie bei einem der größten deutschen international tätigen Konsumgüter- und Einzelhandelsunternehmen in der Internen Kommunikation beschäftigt sowie in einer PR-Agentur. Sie studierte Anglistik, Psychologie und Volkswirtschaftslehre (M.A.) an der Universität Hamburg. Derzeit arbeitet sie an ihrem ersten Roman. Die Autorin ist überzeugt, dass Stärken der Leuchtturm für jeden beruflichen Weg sein sollten, dabei hält sie es mit Demokrit: Mut steht am Anfang des Handelns, Glück am Ende.

www.das-wort-von-sonntag.de

Birte Wills
(© Svea Ingwersen)

Birte Wills, lebt in der Nähe ihrer Geburtsstadt Hamburg. Beruflich hat die gelernte Bankkauffrau die Seiten gewechselt und ist mittlerweile als Trainerin im Bereich Vertrieb und Kommunikation unterwegs. Training ist neben Coaching neben dem Beruf ihre Berufung geworden: Birte Wills steht für ganzheitliches Coaching und die Philosophie, dass Körper, Geist und Seele im Einklang sein sollten, um Veränderung und Lernen nachhaltig und authentisch zu leben. Sie arbeitet als Trainerin und Coach für Firmen und unter ihrem Logo EffektIch. Neben dem Job und ihrer eigenen unerschöpflichen Lern- und

Wissenslust liebt sie das Reisen, das Kochen und natürlich auch den anschließenden Genuss. Worte und Geschichten haben sie schon immer fasziniert und sie hat nunmehr begonnen, nicht nur selbst zu lesen, sondern auch zu schreiben.

http://effektich.de/birte-wills/

Verena Willinek

Verena Willinek, Jahrgang 1975, hat von 1994–2003 als Polizistin und von 2000–2016 als Physiotherapeutin gearbeitet, wobei sie 2013 einen Arbeitsunfall erlitt und 2016 endgültig diesen Beruf beenden musste. 2017 hat sie ihre eigene Fußballschule Brain-Soccer.org gegründet und arbeitet seither freiberuflich als Sport Mental Coach, Visual Coach und Visual Cognitive Coach (ViCo) im Bereich Fußball und Sport. Als Visual Trainerin ist sie beratend in Firmen, Behörden und Ämtern unterwegs und als ViCo Trainerin ist sie international für die German Football Academy u.a. in Norwegen und Indien tätig. Sie liebt es, zu reisen, fremde Länder und Kulturen kennenzulernen und ein wenig an ihre Grenzen zu gehen. Ganz nach dem Motto: Wenn man die Welt mit gelangweilten Augen ansieht, kann sie niemals interessant sein.

www.brainsoccer.org

www.willinek-coaching.de

Die Interviewpartnerinnen

In diesem Buch kommen folgende Frauen zu Wort:

Fränzi Kühne
Gründerin und Geschäftsführerin Torben, Lucie und die gelbe Gefahr GmbH, Aufsichtsrat Freenet AG.

Jutta Kleinschmidt
Sie gehört zu den weltweit erfolgreichsten Frauen im Motorsport und ist bislang die einzige Frau, die eine Gesamtwertung der Rallye Dakar gewinnen konnte. Jutta Kleinschmidt, Jahrgang 1962, wuchs in Berchtesgaden auf. Sie studierte Physik-Ingenieurswesen und arbeitete in der Fahrzeugentwicklung bei BMW, bevor sie Profi-Rallyefahrerin wurde. Ihre ersten Erfolge erfuhr sie bereits Ende der 80er Jahre auf dem Motorrad. Als sie 1992 die Damen-Wertung der Rallye Paris-Dakar gewinnt, sucht sie neue Herausforderungen und steigt 1994 aufs Auto um – und in den professionellen Rennsport ein. Im Rückblick war ihr erster Dakar-Zieleinlauf einer der wichtigsten Erfolge für sie, weil zu jener Zeit höchstens ein Drittel der Teilnehmer überhaupt bis ans Ziel gelangte. Der größte Meilenstein in ihrer Karriere ist jedoch 2001 der erste Platz bei der Rallye Paris-Dakar mit Mitsubishi. In diesem Jahr wird sie auch „ADAC Motorsportlerin des Jahres", „ARD Sportlerin des Jahres" und „Rallyefahrerin des Jahres" bei Motorsport aktuell. Der Verein Deutscher Ingenieure würdigt zudem ihre Leistung bei der Mitentwicklung des Mitsubishi Pajero Evo. Als sie für VW 2005 den dritten Platz bei der Dakar-Rallye gewinnt, steht sie als erste Fahrerin mit einem Dieselfahrzeug auf dem Podium. Auch hier trug ihre Mitarbeit am Touareg zur Konkurrenzfähigkeit bei. Nach 17 Dakar-Teilnahmen mit sechs Platzierungen unter den Top 5 interessiert sie heute mehr die technische Weiterentwicklung von Fahrzeugen als das Fahren selbst. Als Instruktorin, Rednerin und Autorin gibt sie mittlerweile ihre Erfolgsgeheimnisse auch an ein breites Publikum weiter. Kleinschmidt lebt in Monaco.

Einführung

> *Das Leben sollte keine Reise zum Grab sein mit der*
> *Absicht, sicher und in einem hübschen und wohl erhal-*
> *tenen Körper dort anzukommen; vielmehr sollte man in*
> *eine Rauchwolke gehüllt und völlig verbraucht und abge-*
> *kämpft dort hineinschlittern und laut ausrufen: „Wow!*
> *Was für eine Fahrt!"*
>
> Hunter S. Thompson

Heute verändern sich Dinge und Umstände rasant schnell. Mit diesem Buch möchte ich Sie dabei unterstützen, den ständig wachsenden Anforderungen und Veränderungen der Gesellschaft als Frau mit Zuversicht, viel Mut, Klarheit, Offenheit, Neugierde, Menschlichkeit, Dankbarkeit, Herz und Vertrauen zu begegnen. Es gibt kein Rezept für Erfolg. Was ich Ihnen vermitteln möchte, sind Lösungsideen. Ich gebe Ihnen Impulse und Anregungen. Dafür ist Voraussetzung, das Denken zu öffnen und die eigene Komfortzone zu verlassen.

Das Leben ist ein Auf und Nieder, immer wieder (Abb. 1.1). Am meisten lernen wir in den Tälern. Auf dem Gipfel sind wir eher resistent für Anregungen, Tipps und Feedback von außen. Für die eigene Weiterentwicklung brauchen wir sozusagen die Täler des Lebens. Wichtig ist, dort nicht hängen zu bleiben und aus den gemachten Fehlern zu lernen. Die Erkenntnisse aus der Fehleranalyse und Selbstreflexion verleihen uns dann den nötigen Schwung und Energie, um den nächsten Gipfel zu erklimmen.

Es bedarf eines inneren Gespürs. Zu spüren, was vorhanden ist und welche Bedürfnisse da sind. Jede Frau ist einzigartig und hat ihr eigenes Modell der Welt – mit einer individuellen Verarbeitungs- und Denkweise und mit ihren persönlichen Ressourcen, Fähigkeiten und Fertigkeiten, die sie braucht, um gewünschte Veränderungen zu meistern. Dieses Buch soll Sie dabei unterstützen, diese Ressourcen

© Springer Fachmedien Wiesbaden GmbH, ein Teil von Springer Nature 2018
A. Heimsoeth, *Frauenpower,* https://doi.org/10.1007/978-3-658-20431-0_1

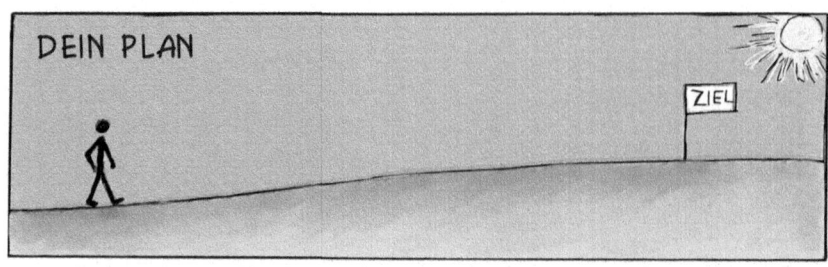

Abb. 1.1 Das Leben ist ein Auf & Nieder. (Quelle: Kerstin Diacont & Antje Heimsoeth)

und Potenziale zu entdecken, zu entfalten und im richtigen Moment zur Verfügung zu haben.

Das Buch enthält viele Angebote, mentale Übungen und Tipps. Schon in meinem Werk „Kopf gewinnt" beschäftigte ich mich mit mentaler Stärke und brachte zum Ausdruck, wie Sie mithilfe verschiedener mentaler Techniken an Motivation, Vertrauen, Klarheit, Zielfokussierung und Konzentration gewinnen, Stress und Versagensängste bewältigen, Emotionen regulieren können sowie Entspannung finden. Einige dieser Inhalte werden auch in „Frauenpower" wieder aufgegriffen, doch während in „Kopf gewinnt" vorwiegend Führungspersönlichkeiten, Experten und Spitzensportler zu Wort kommen, liegt der Fokus von „Frauenpower" – wie der Titel schon verrät – auf der mentalen Stärke von Frauen. Sie entscheiden selbst, was Sie davon ausprobieren, anwenden und nutzen möchten. So einzigartig wie wir Menschen sind, so einzigartig ist auch die Kombination aus Theorien, mentalen Techniken und Übungen, die Ihnen hilft, Blockaden zu überwinden, Veränderungen zu meistern und Ihre Ziele zu erreichen. Vergleichen Sie Angebote und Tipps mit einem Kaufhaus: Wenn wir einkaufen, kaufen wir auch nicht das gesamte Sortiment, sondern wählen einzelne Produkte aus. Manchmal wird der Warenkorb voller als geplant, manchmal werden wir gar nicht fündig. Doch bevor Sie unverrichteter Dinge das Kaufhaus wieder verlassen, wünsche ich mir,

dass Sie zumindest das eine oder andere „Produkt" ausprobieren statt ein vor-
schnelles Urteil über das Angebot zu fällen. Offenheit ist eine Grundvorausset-
zung für persönliche Weiterentwicklung.

Der Weg zu mentaler Stärke
Erfolgreich ist, wer vollen Zugang zu seinem Potenzial hat und seine Ressourcen
für seine Zielerreichung nutzt. Ein gutes Selbstmanagement zeichnet sich durch
mentale und emotionale Stärke aus. Mentale Stärke bedeutet, sein Leistungsspek-
trum ungeachtet von Widrigkeiten und inneren und äußeren Störfaktoren am Tag
X voll und ganz ausschöpfen zu können (vgl. Loehr 1991). Mentale Stärke ist
nahezu in allen Bereichen von Vorteil – im Berufsleben, insbesondere dort, wo
täglich Verantwortung für Menschenleben getragen wird wie in der Fliegerei
oder Chirurgie, im Umgang mit Partnern, Kindern oder Freunden, im Sport, beim
Thema Gesundheit, in der Musik oder beim Schauspiel. Viele Spitzensportler nutzen Mentaltraining, um sich auf Wettkämpfe oder auch die Wettkampfsaison vorzubereiten.

Jeder Mensch kann sich – unabhängig von Herkunft, Ausbildung, Alter oder
Fähigkeiten – mental zu Leistungen motivieren, die er vorher nicht für möglich
gehalten hätte. Unser Kopf funktioniert ähnlich wie ein Computer. Und einen
Computer muss man programmieren, damit er im Ernstfall richtig funktioniert
und das Programm richtig abläuft. Wer seinen Kopf bereits in Alltagssituationen
richtig programmiert, kann in Stresssituationen automatisch ein funktionierendes
unterstützendes Programm abrufen.

Energie folgt den Gedanken. Wenn die Gedanken unbewusst schon in die richtige Richtung gehen, folgt auch die Energie dorthin. Sie können sich Ihr Unterbewusstsein wie die Festplatte eines Computers vorstellen. Ihre Gedanken, Worte
und Bilder sind dort wie ein Programm abgespeichert. Diese Bio-Festplatte
akzeptiert jede Information, die es erhält. Einzig unser Verstand entscheidet, was
er glaubt und was nicht – je nach bereits einprogrammierten Lebenserfahrungen. Wenn unser Verstand etwas für wahr hält, selbst wenn es falsch ist, wird das
Unterbewusstsein das als wahr akzeptieren und entsprechende Handlungen veranlassen. Fatalerweise gilt dies auch in solchen Fällen, wo der Verstand mit irra-
tionalen, negativen Gedanken auf Situationen reagiert. Diese Gedanken beruhen
auf tiefer liegenden Glaubenssätzen oder Annahmen über uns, andere Menschen
und Situationen. Mithilfe mentaler Techniken können Sie jedoch alte, negative,
selbstzerstörerische Programme Ihres Unterbewusstseins löschen und neu über-
schreiben.

Der eigene Kopf lässt sich also als Schaltzentrale unseres Körpers programmieren. Eingespeiste unterstützende Programme helfen beim Meistern von

Herausforderungen. Doch das funktioniert nur, wenn sie rechtzeitig installiert werden. Der ehemalige österreichische Extrem-Radsportler Wolfgang Mader, der mithilfe von Mentaltraining regelmäßig Höchstleistungen erzielte, hat dafür einen anschaulichen Vergleich gefunden: So, wie man eine PowerPoint-Präsentation bereits vor dem Moment des Vortragens vorbereitet hat, gelte es auch den Kopf vor Herausforderungen entsprechend vorzubereiten. Wolfgang Mader: „Wenn dann die Stresssituation kommt und Sie vom Unterbewusstsein fast zu 100 Prozent geleitet werden, dann wird auf dieses Archiv, diese Speicherplatte des Unterbewusstseins gegriffen. Und da macht es einen Unterschied, ob ich da zwei Millionen negative Erlebnisse abgespeichert habe, weil ich ständig so denke, oder ob ich dort positive Erlebnisse habe." Der hauptberufliche PR-Leiter sagt, was er durch Mentaltraining in Monaten und in ein bis zwei Jahren an Leistungssteigerung und Leistungsvermögen erreicht und dazugewonnen habe, dafür hätte er physisch, im körperlichen Training, mindestens zehn Jahre gebraucht (rfo-Interview 2014).

Veränderung ist der erste Schritt zur Weiterentwicklung
Veränderung beginnt im Kopf. Um Neues kennenzulernen, gilt es, Altes loszulassen. Der chinesische Dichter Hanshan sagt: „Nur wer loslässt, hat zwei Hände frei." Wer bereit ist, sich von alten Mustern, Gewohnheiten und Herangehensweisen zu lösen, schafft Raum für Neues. Die folgende Geschichte eines japanischen Zen-Meisters verdeutlicht dies:

Geschichte
Nan-in, ein japanischer Meister der Meiji-Zeit (1868–1912), bekam Besuch von einem gelehrten Universitätsprofessor, der etwas über die Kunst des Zen erfahren wollte. Der Meister servierte Tee.

Er begann die Tasse seines Besuchers einzuschenken und hörte nicht auf, diese vollzugießen.

Der Professor beobachtete das scheinbare Ungeschick von Nan-in. Er sagte: „Es ist übervoll. Mehr geht nicht mehr hinein!" „So wie diese Tasse", erwiderte Nan-in, „sind auch Sie voll mit Ihren eigenen Vorstellungen und Meinungen. Wie kann ich Ihnen etwas Neues zeigen und Sie Zen lehren, bevor Sie Ihre Tasse geleert haben?" (Zerlauth 2000)

Obwohl Veränderung Weiterentwicklung, neue Wege zu gehen und damit Zugewinn an Lebensqualität bedeuten kann, haben viele Frauen Angst davor. Doch wir bereuen am Ende unseres Lebens vor allem, was wir nicht getan haben. An wie vielen Dingen halten wir mental fest, die uns blockieren? Menschen sind Festhalter.

Wir wollen einen neuen Partner, lassen den alten jedoch nicht los. Wir halten an vielen Prozessen, Gewohnheiten, Freundinnen, Mitarbeitern oder Beziehungen fest, weil sie teuer waren und weil wir bereits viel investiert haben. Doch das bremst jede Form von Weiterentwicklung. Wir müssen lernen, uns von Dingen zu verabschieden, die uns belasten. Loslassen, was es loszulassen gilt: zum Beispiel Gewohnheiten, Rituale, Freunde. Beschäftigen Sie sich ausschließlich mit Dingen, die in Ihrem eigenen Einflussbereich liegen, auch mental. Damit schaffen Sie Kapazitäten für Ihre persönliche Weiterentwicklung und befreien sich von unnützem mentalen und emotionalen Ballast.

Was selbstbewusste Frauen ausmacht
Nur wer an sich, die Mitarbeiter, den Partner, den Freund und die eigenen Kinder glaubt, dem glauben und folgen auch Menschen. Nur wer sich selbst vertraut, dem vertrauen auch Kollegen, Partner, Kinder, Freunde. Sich selbst vertrauen heißt, auf seine Stärken zu bauen. Viele Frauen richten ihren Fokus viel zu sehr auf Schwächen, Defizite und Misserfolge bei sich selbst. Die meisten Frauen haben kein Problem damit, ihre Schwächen und Defizite benennen zu können. Frauen können sich selbst unbarmherzig abwerten und auseinandernehmen, wissen genau, was sie wann, wo und wie falsch gemacht haben. Schwieriger wird es, wenn es um die Benennung der eigenen Stärken geht. Dabei sind wir nur dann erfolgreich, wenn wir uns unsere Stärken bewusst machen und uns an ihnen orientieren. Wer seine Fähigkeiten entfalten kann, leistet gute Arbeit. Wer selbstbewusst ist, weiß, wann es Sinn macht, um Hilfe zu bitten. Wer sich selbst wertschätzt, verharrt nicht in Situationen, Beziehungen, Jobs, die einem nicht guttun.

Selbstbewusstsein und Selbstvertrauen zählen zu den Soft Skills, deren Rolle im Wandel der Arbeitswelt immer gewichtiger wird. Doch was heißt es, sich seiner selbst bewusst zu sein? Wer sich seiner selbst bewusst ist, kennt seine Stärken und seine Schwächen. Er ist in der Lage, kompensatorische Handlungen zu erkennen und auszumerzen. Ihm gelingt es, sich auf seine Stärken zu konzentrieren und diese gezielt einzusetzen. Je besser man sich selbst und seine Stärken kennt und sich seines Selbstwertes bewusst ist, desto weniger gerät man unter Druck. Selbstvertrauen räumt Zweifel aus. Der Glaube an uns selbst ist der entscheidende Faktor, von dem es abhängt, ob wir unser Potenzial entfalten. Wer diese innere Kraftquelle anzapft, schafft die Basis für Höchstleistungen.

Viele unserer Glaubenssätze stammen von externen Quellen: den Eltern, Lehrern, dem Partner, dem Vorgesetzten oder Freunden. Oft übernehmen wir Einstellungen zu Liebe, Geld, Arbeit, Gesundheit, Beziehungen, Glück oder Erfolg völlig unreflektiert und teils unbewusst. Was wir für unsere Identität halten, stammt keinesfalls zu 100 % von uns. Doch je mehr Sie Ihre Einstellungen auf den Prüfstand stellen, desto näher kommen Sie Ihren wahren Motiven und Bedürfnissen – was Sie ausmacht, was Sie antreibt, was Sie lieben, was Sie erreichen wollen (Abb. 1.2). Und das bildet das Fundament für den Glauben an sich selbst und das Vertrauen in die eigene Leistungsfähigkeit.

Soft Skills spielen eine entscheidende Rolle in unserem Leben. Doch welcher Schatz an Ressourcen jedem zur Verfügung steht, ist vielen nicht bewusst. Mit dem Aufkommen der Positiven Psychologie, Resilienzforschung und der Glücksforschung sind die Ressourcen stärker ins Blickfeld geraten. Sich den positiven Eigenschaften, Talenten und besonderen Begabungen zu widmen, ist im besten Sinne förderlich. Darin begründet sich eine optimistische Sichtweise. Und diese lässt uns besser mit Herausforderungen umgehen, sorgt zudem für mehr Lebenszufriedenheit. Das hat nichts mit der berühmten rosaroten Brille zu tun. Glückliche Menschen tun nicht so, als ob die Welt perfekt wäre. Sie stellen sich den Herausforderungen in ihrem Leben, aber lassen sich nicht davon abbringen, glücklich zu sein. Jeder wird im Leben mal mit Krankheit, Arbeitslosigkeit oder einem Todesfall konfrontiert. Probleme gehören dazu. Doch wir kommen besser damit zurecht, wenn wir trotz allem an all die positiven Ereignisse und Erfolgserlebnisse denken. Wir können die Faktoren, die unser Glücksempfinden steuern, beeinflussen, durch das Denken und auch durch unser Umfeld. Wir sind die Schöpfer unserer Realität. Durch unsere Umgebung und unsere Beziehungen können wir unser Umfeld verändern und Glück schaffen.

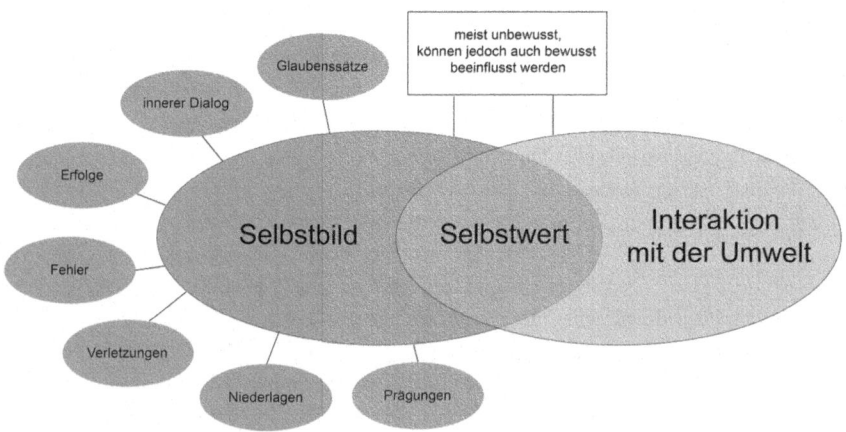

Abb. 1.2 Wie entsteht Selbstwert? (Quelle: Kerstin Diacont & Antje Heimsoeth)

Glück – Erfolg

Erfolg macht nicht glücklich, sondern glücklich zu sein zieht Erfolg nach sich. Dann, wenn wir Lebensfreude spüren, die uns auch motivieren kann, wenn wir zufrieden sind, dann haben wir größere Chancen, erfolgreich zu sein mit dem, was wir tun. Schauen Sie sich einmal den Vortrag auf der *TEDxBloomington* (https://www.ted.com/talks/shawn_achor_the_happy_secret_to_better_work?language=de) von dem Psychologen Shawn Achor an, der in diesem Vortrag darüber spricht, dass glücklich sein Produktivität mit sich bringt. Er fand heraus, dass nur 25 % des beruflichen Erfolgs vom IQ bestimmt werden. 75 % des Erfolgs werden bestimmt durch den eigenen Optimismus, das soziale Umfeld und die eigene Fähigkeit, Stress als Herausforderung und nicht als Bedrohung zu sehen. Er berichtet in dem Vortrag, dass er in den letzten drei Jahren 45 Länder bereist hat und mit Schulen und Firmen inmitten eines wirtschaftlichen Abschwungs gearbeitet hat. Er fand heraus, dass die meisten Schulen und Firmen die folgende Erfolgsformel anstreben: Wenn ich mehr arbeite, bin ich erfolgreicher und wenn ich erfolgreicher bin, bin ich glücklicher. Und das unterstreiche die meisten unserer Erziehungs- und Managementmethoden und die Art, wie wir unser Verhalten motivieren. Und das sei wissenschaftlich inkorrekt und verkehrt herum. Das Gehirn liefere im positiven Zustand wesentlich bessere Leistungen als im negativen, neutralen oder gestressten Zustand. Die Intelligenz erhöhe sich wie auch die Kreativität, die Energielevel. Das Gehirn sei im positiven Zustand 31 % produktiver als im negativen, neutralen oder gestressten Zustand. Wir seien 37 % besser bei Verkäufen. Ärzte seien 19 % schneller und treffsicherer darin, die richtige Diagnose zu geben, wenn der Level positiv sei und nicht negativ, neutral oder gestresst. Daher finden Sie einen Weg, in der Gegenwart positiv zu werden, denn dann funktionieren unsere Gehirne noch erfolgreicher, und er sagt, wir können dann mehr, schnellere und intelligentere Arbeit verrichten. Dopamin überflutet unser System beim Positivzustand. Dopamin macht uns glücklicher und es aktiviert all die Lernzentren im Gehirn, über die man sich auf neue Art an die Welt anpassen kann. Man kann sein Gehirn trainieren, um positiver werden zu können. Das geht mit vielen kleinen Übungen, die wir mindestens 21 Tage lang machen sollten, realistischer sind aus meiner Erfahrung sechs Wochen bis drei Monate, damit wir dann so optimistischer und erfolgreicher an unsere Arbeit gehen. Shawn Achor hat es mit den Firmen, mit denen er zusammengearbeitet hat, umgesetzt.

Literatur

Loehr, J. (1991). *Persönliche Bestform durch Mental-Training für Sport, Beruf und Ausbildung*. München: BLV.
Regional Fernsehen Oberbayern (rfo). Interview mit Wolfgang Mader. http://www.rfo.de/mediathek/33905/Extremsportler_Wolfgang_Mader_5000_Kilometer_in_12_Tagen. html. Zugegriffen: 20. Juni 2014.
Zerlauth, T. (2000). *Sport im State of Excellence: Mit NLP & mentalen Techniken zu sportlichen Höchstleistungen* (S. 26). Paderborn: Junfermann.

Weiterführende Literatur

Akademie-Studie. (2009). *Führungsrollen – Beruf und Berufung deutscher Manager* (S. 12). Überlingen: Akademie für Führungskräfte der Wirtschaft.
Ben-Shahar, T. (2010). *Glücklicher* (S. 113). München: Goldmann.
Dilts, R. Logische Ebenen, Definition auf http://nlpportal.org/nlpedia/wiki/Logische_Ebenen. Zugegriffen: 19. Juni 2014.
Eberspächer, H. (2004). *Mentales Training. Das Handbuch für Trainer und Sportler* (S. 73). München: Copress Sport.
Esch, T. (2014). *Die Neurobiologie des Glücks – Wie die Positive Psychologie die Medizin verändert* (2. Aufl., S. 28). Stuttgart: Thieme.
Hapke, U., Maske, U., Busch, M., Schlack, R., & Scheidt-Nave, C. (2012). *Stress, Schlafstörungen, Depressionen und Burn-out – Wie belastet sind wir?* DEGS Studie zur Gesundheit Erwachsener in Deutschland, Präsentation DEGS1-Symposium, 14.06.2012, Robert Koch-Institut Berlin.
Harvard Business Review. (2012). The Science behind the Smile. Interview mit Harvard-Psychologieprofessor Daniel Gilbert. *Harvard Business Review* (The Value of Happiness. How employee well-being drives profits), *2012*(1–2), 77.
Heidenreich, M., & Zirra, S. (2012). Eine Welt in schnellem Wandel. Dossier. Bundeszentrale für politische Bildung. http://www.bpb.de/politik/grundfragen/deutsche-verhaeltnisse-eine-sozialkunde/138691/eine-welt-in-schnellem-wandel. Zugegriffen: 28. Mai 2014.
Kemner, B. (2014). Die Logischen Ebenen nutzen. http://www.brigitta-kemner.com/wohlbefinden/die-logischen-ebenen-nutzen/. Zugegriffen: 8. Sept. 2014.
Lyubomirsky, S. (2008). *Glücklich sein* (S. 35 ff.). Frankfurt: Campus.
Peters, B., et al. (2012). *Führungsspiel* (S. 115–118). München: Ariston.
Storch, M., Cantieni, B., Hüther, G., & Tschacher, W. (2010). *Embodiment – Die Wechselwirkung von Körper und Psyche verstehen und nutzen* (2. Aufl., S. 15). Bern: Huber.
Vašek, T. (2013). Die Trennung von Arbeit und Leben ist Bullshit. Zwischenruf. Spiegel online. http://www.spiegel.de/karriere/berufsleben/zwischenruf-von-thomas-vasek-work-life-balnce-ist-bullshit-a-930711.html. Zugegriffen: 10. Jan. 2014.
Wieland, A., & Wallenburg, C. M. (2013). The influence of relational competencies on supply chain resilience: A relational view. *International Journal of Physical Distribution & Logistics Management, 43*(4), 300–320. (Im Original lautet die Definition: "the ability of a [system] to cope with change").

Das Geheimnis erfolgreicher Frauen 2

„Ganz und gar man selbst zu sein, kann schon einigen Mut erfordern", sagte einst die italienische Schauspielerin Sophia Loren. Das scheint immer noch besonders auf Frauen zuzutreffen, auch außerhalb der Filmindustrie. Einer der weiblichen Stolpersteine auf dem Weg an die Spitze ist der Wunsch, von allen geliebt zu werden und es möglichst vielen recht zu machen. Frau will im Job genauso gut sein wie als Mutter, Geliebte, Ehefrau, Freundin, Tochter oder Schwester. Stets auf der Suche nach Anerkennung, gibt sie alles – und manchmal sich selbst und ihre ursprünglichen Ziele dabei auf. Auch Jahrzehnte nach der aktiven Frauenbewegung braucht es eine Quote, um die Präsenz weiblicher Führungskräfte in Deutschlands Chefetagen zu erhöhen. Lore Maria Peschel-Gutzeit, einst erste weibliche Justizsenatorin in Hamburg und Berlin, sagt deshalb: „Wenn alle Frauen Führungspositionen scheuen, bleibt es die nächsten 3.000 Jahre so." Was braucht es also, um als Frau in die erste Reihe zu streben und auch dorthin zu gelangen? Diese Frauen kennen die Antwort:

Seien Sie mutig wie Cathy O'Dowd, Extremsportlerin und Schriftstellerin
Sie bestieg 1999 als weltweit erste Frau den Mount Everest sowohl von der Nord- als auch von der Südseite. Sie bewies nach zwei Fehlversuchen mit ihrer Erstbesteigung Mut, Durchhaltevermögen und ein hohes Verantwortungsbewusstsein. Denn ihr ursprünglich achtköpfiges Team zerfiel schon vor dem Aufstieg. O'Dowd hielt durch – und motivierte ihr Team, mitzuziehen. Das Team entpuppte sich neben den Naturgewalten als die größte Herausforderung. O'Dowd reagierte flexibel auf äußere Gewalten wie Schnee, Eis, Sturm, Unfälle und Verluste. Nie verlor sie dabei ihr Ziel aus den Augen. Sie hatte sich gut vorbereitet, schätzte Risiken richtig ein, verkraftete Rückschläge und wirtschaftete sorgfältig mit ihren Ressourcen. Diese Aspekte spielen nicht nur am Berg, sondern auch in den Fluren von Unternehmen eine entscheidende Rolle für den Erfolg.

© Springer Fachmedien Wiesbaden GmbH, ein Teil von Springer Nature 2018 9
A. Heimsoeth, *Frauenpower,* https://doi.org/10.1007/978-3-658-20431-0_2

Seien Sie entschlossen wie Liz Elting, Mitgründerin und Geschäftsführerin von TransPerfect, einem der größten Übersetzungsunternehmen der Welt
Als Elting mit Mitte 20 feststellt, dass sie in ihrem Job als Frau keine Perspektiven zur Weiterentwicklung hat, entschließt sie sich zur Selbstständigkeit als Übersetzerin. Schnell expandiert ihr Unternehmen, heute beschäftigt sie mehr als 2000 Mitarbeiter auf der ganzen Welt. Ihr erster Job hatte sie eine wichtige Lektion gelehrt: Verantwortung fürs eigene Schicksal übernehmen. Elting: „Wir alle haben das Potenzial, Großes zu erreichen, doch das alles bekommt man nicht durch Zufall – es geschieht durch Mumm und Entschlossenheit, und dadurch, dass man seine Komfortzone verlässt." Elting vertraute auf ihre Fähigkeiten, schätzte sich selbst wert und war bereit, Risiken einzugehen: „Obwohl ich mir dessen nicht immer bewusst war, waren es jene Entscheidungen, mit denen ich mich außerhalb meiner Komfortzone bewegt habe – hinein in diese Herzklopf-Momente, oft begleitet von Unsicherheit und Zweifeln –, die letzten Endes meine Karriere, mein Leben und wer ich heute bin, bestimmt haben."

Seien Sie zielstrebig wie Danièle Nouy, Chefin der Bankenaufsicht bei der Europäischen Zentralbank
Als sich Nouy Anfang der 70er Jahre für einen Posten in der Generalinspektion einer französischen Großbank bewarb, wurde sie abgewiesen. Begründung: Frauen sind hier nicht zugelassen. Seit 2014 wacht die Französin nun über mehr als 100 Großbanken in Europa. Auf ihrem Karriereweg konnte Nouy stets auf ihr privates Umfeld bauen: Ihr Mann steckte beruflich zurück, als sich Nouy entscheidende Chancen boten. So gab er die operative Geschäftsführung einer Versicherung ab, als seine Frau für den Chefposten der auch für Versicherungen zuständigen Finanzaufsicht ACPR nominiert wurde. Nouy sagt heute: „Ich denke, eine Karriere baut sich auf Chancen und Möglichkeiten auf, und jeder sollte sie nutzen können. Frauen sollten an sich selbst glauben und hart arbeiten. Natürlich besteht da für uns das Problem, dass viele immer noch zwei Jobs haben, die Familie und die Arbeit. Und in diesem Fall ist es vielleicht das Wichtigste, einen Ehemann oder Partner zu haben, der dich und deine Entscheidungen unterstützt."

2.1   Frauen, die es uns vormachen

„Das Schwierigste ist die Entscheidung, zu handeln, der Rest nur Hartnäckigkeit", sagte die US-amerikanische Flugpionierin Amelia Earhart, die fünf Jahre nach Charles Lindbergh den Atlantik als erste Frau im Alleinflug überquerte. Eine Erkenntnis, die heute so gültig ist wie 1932. Allzu oft stehen wir uns selbst im

Wege mit Selbstzweifeln, Bedenken und Ängsten. Wir hadern, weil der nächste Schritt unter Umständen Veränderungen birgt, von denen wir nicht genau wissen, was sie mit sich bringen. Dabei ist jede Veränderung eine persönliche Weiterentwicklung. Unser Leben an sich ist ein einziger Prozess der Weiterentwicklung und ein lebenslanges Lernen. So wenig wie wir tatsächlich etwas oder jemanden festhalten können, so wenig nützlich ist das Verharren in einem Zustand.

Es gibt viele Gründe, die es uns schwer machen, entschieden zu handeln, aber nur einer ist wirklich entscheidend: Ihre innere Haltung. Erfolgreiche Frauen zeichnen sich durch mentale und emotionale Stärke aus – sie fällen Entscheidungen über scheinbare innere und äußere Grenzen hinweg. Sie sind sich ihrer Fähigkeiten und Möglichkeiten bewusst und schöpfen diese voll aus. Sie haben den Mut und die Entschlossenheit, zu handeln statt zu hadern. Diese Frauen machen es uns vor:

Seien Sie konsequent wie Regine Stachelhaus, ehemaliger Personalvorstand der E.ON AG

Die Juristin hatte bereits etliche Führungspositionen inne, darunter die Geschäftsführung von UNICEF, bevor sie 2010 in den Vorstand der E.ON AG berufen wurde. Zuständig fürs Personal musste sie hier in Zeiten der Energiewende unpopuläre Entscheidungen wie Massenentlassungen verkünden. Doch Stachelhaus zeichnete sich stets durch Konsequenz aus, auch wenn Entscheidungen unbequem waren. Als sie ein Kind bekam, kehrte sie schnell an den Schreibtisch zurück. Ihr Bekenntnis zum Job zahlte sich aus: „Die Umwelt spürt, ob man ein Ziel hat, ob man weiß, wohin man will. Die Unschlüssige wird nicht zur Chefin gemacht." Und mit derselben Konsequenz quittierte sie 2013 ihren Vorstandsjob, als ihr Mann schwer krank wurde, um ihn zu pflegen. Stachelhaus: „Am Ende gewinnen nicht immer die mit den breitesten Schultern, sondern die, die konsequent ihrem Kompass folgen."

Seien Sie innovativ wie Julia Jäkel, CEO des Verlagshauses Gruner + Jahr

Sie hat seit 2013 einen der verantwortungsvollsten Posten in der deutschen Medienbranche und hält den größten deutschen Zeitschriftenverlag (Brigitte, Stern) in schwierigen Zeiten auf Kurs. Julia Jäkel treibt die Transformation voran und hält dank umfangreicher Veränderungen von Struktur und Inhalten den Herausforderungen des Digitalzeitalters stand. Auch sie trifft unliebsame Entscheidungen, wenn sie nötig sind. So stellte sie 2012 die renommierte, aber defizitäre Financial Times Deutschland ein. Im selben Jahr brachte sie Zwillinge zur Welt, um die sich seitdem ihr Mann Ulrich Wickert kümmert. Jäkel aber folgt weiter ihrem Credo „Sag, was du meinst. Und steh zu dem, was du tust." Mit dieser Klarheit steuert sie Gruner + Jahr durch unsicheres Fahrwasser, führt Neues ein und schürt einen Geist der Veränderung im Unternehmen. Wer Erfolge einfahren will, darf nicht ängstlich am Altgewohnten festhalten, sondern sollte mutig nach vorne schauen – und neue, noch nicht ausgetretene Pfade beschreiten.

Seien Sie visionär wie Jutta Kleinschmidt, Rallyefahrerin und Instruktorin
Jutta Kleinschmidt ist bis heute die einzige Frau, die eine Gesamtwertung der Rallye Paris-Dakar gewinnen konnte. Sie setzte sich in einem männlich geprägten Umfeld durch – mit Beharrlichkeit, Disziplin, Mut und guter Vorbereitung. 17 Mal nahm Kleinschmidt an der Rallye teil, sechs Mal fuhr sie in die Top 5, davon einmal auf Platz 1. Was ihr dabei half, war ihre Zielorientierung. Denn Kleinschmidt schöpft ihre Motivation aus Zielen, die sie aus ihren Wünschen heraus entwickelt: „Aus einem Traum die Realität werden zu lassen, motiviert mich enorm. Diese Art Hoffnung, die man da reinsteckt, dass man das erreicht, ist es, die einen wieder zu Höchstleistung motiviert." Wenn Ihre inneren Bedürfnisse deckungsgleich sind mit den Zielen, nach denen Sie streben, haben Sie den ersten Schritt Richtung Erfolg bereits getan. Lassen Sie Ihre inneren Bilder real werden!

Amelia Earhart, die 1937 kurz vor ihrem 40. Geburtstag bei dem Versuch, als erster Mensch die Erde am Äquator zu umrunden, mit ihrem Flugzeug verschwand und als verschollen gilt, sagte vor ihrem Start: „Ich möchte Ihnen zu bedenken geben, dass ich mir über die Gefahren ziemlich im Klaren bin. Ich will es tun, weil ich es tun will. Frauen müssen Dinge genauso versuchen, wie Männer es getan haben. Wenn sie versagen, darf ihr Versagen nichts anderes sein als eine Herausforderung für andere." Ein Vermächtnis, das noch heute inspirierend sein dürfte.

Erfolg ist kein Zufallsprodukt
Erfolg ist kein Zufallsprodukt, sondern das Ergebnis harter, langer Arbeit. Eine Arbeit, die Disziplin erfordert und einer Strategie folgt, die sich an einem Ziel ausrichtet. Dieses Ziel erfordert in der Regel neben Sachverstand und Fertigkeiten auch Soft Skills wie Hartnäckigkeit, Mut, Risikobereitschaft, Selbstvertrauen, Resilienz, Freude am Tun, Willen und Leidenschaft. Wie gut wir vorankommen, hängt zum einen von unserem Selbstmanagement ab, zum anderen aber auch vom Umfeld. Bremst es uns aus oder hilft es uns beim Beschleunigen Richtung Ziel? Gerade Frauen sehen sich hier stärkeren Widerständen ausgesetzt als Männer. Ihr berufliches Umfeld fürchtet, dass sie wegen Schwangerschaft und Elternzeit irgendwann ausfallen könnten, und fördert sie deshalb nur bedingt. Oder, wenn sie bereits Mutter sind, dass sie wegen des Kindes häufiger fehlen, und gesteht ihnen deshalb nur wenig Verantwortung im Job zu. Das private Umfeld wiederum beäugt

sie als arbeitende Mütter kritisch, ob sie nicht zugunsten der Karriere Kind und Küche vernachlässigen. Und dann wären da noch Geschlechtsgenossinnen, die den Erfolg neiden und nach dem Haar in der Suppe suchen. Wer als Frau erfolgreich sein will, braucht ein dickes Fell – und eine innere Richtschnur zum Festhalten, wenn der Wind wieder von vorne weht. Diese Frauen machen es uns vor:

Seien Sie widerstandsfähig wie Simone Menne, Finanzvorstand bei Boehringer Ingelheim
Sie wurde 2012 mit der Leitung des Finanz- und Rechnungswesens bei der Tochtergesellschaft Lufthansa Technik der erste weibliche Vorstand im Lufthansa-Konzern. Damit hatte Menne die zweitwichtigste Position im Weltkonzern inne. Nach vier Jahren verabschiedete sie sich, die Zusammenarbeit mit Lufthansa-Chef Carsten Spohr soll nicht immer reibungslos gelaufen sein. Beim Pharmakonzern Boehringer Ingelheim verantwortet Menne nun in der Unternehmensleitung erneut die Finanzen. Sie zog mit dem Wechsel die Konsequenzen aus einer unbefriedigenden Situation und richtete sich neu aus. Schwierige Situationen und Rückschläge verarbeitet sie gewinnbringend. Menne: „Ich habe gelernt, dass Entschuldigungen und Begründungen einem in dieser Situation nicht weiterhelfen. Stattdessen kann und muss man aufstehen und weitermachen – wenn nicht auf dem gleichen Pfad, dann auf einem anderen" (Quelle: Saal Zwei, http:// www.manager-magazin.de/unternehmen/karriere/krisen-als-karriere-helfer-managerinnen-erzaehlen-von-ihren-niederlagen-a-1047589-5.html). Die Kunst liegt darin, Niederlagen, Rückschläge, Krisen und Konflikte als Fingerzeig zu betrachten und eine vermeintliche Schmach in eine gewinnbringende Chance zu verwandeln. Erfolgreiche Frauen stehen immer einmal mehr auf, als sie hinfallen!

Seien Sie authentisch wie Heike Baur-Wagner, Vice President Sales bei American Express
Seit 2008 verantwortet Baur-Wagner den nationalen Vertrieb des Firmenkreditkartengeschäfts in Deutschland. Die Team- und Mitarbeiterentwicklung liegt ihr dabei besonders am Herzen. Erfolgreich zu führen heißt für sie, sich als Persönlichkeit zu zeigen, Vorbild zu sein und Visionen vorzugeben. Gleichzeitig verlangt eine gute Führung für Baur-Wagner aber auch, sich gegen andere zu behaupten und durchzusetzen. Was ihr dabei hilft, ist gelebte Authentizität. Baur-Wagner: „Ich habe eine sehr offene Feedbackkultur in meiner Rolle als Führungskraft eingeführt. Jeder darf seine Meinung offen sagen, weiß aber auch, dass ich sehr offen und direkt bin. So wissen die Mitarbeiter jederzeit, woran sie sind und fühlen sich sicher. Das ist meine Art von Authentizität, weil ich so auch privat bin. […] Nur wenn frau sich in ihrer Rolle wohlfühlt, kann sie Werte vorle-

ben und in der sich wandelnden Wirtschaftswelt auch langfristig Erfolg haben"
(Quelle: Edition F, https://editionf.com/beruflicher-erfolg-authentizitaet-frauen).
Entwickeln Sie Ihren eigenen Stil, der Ihre Persönlichkeit nicht verfälscht, sondern unterstreicht. Das macht Sie nicht nur unverwechselbar, sondern vor allem
glaubwürdig. Erfolgreiche Frauen setzen auf Profil statt Posen!

**Seien Sie voller Selbstvertrauen wie Serena Williams, Tennisprofi und
23-fache Grand-Slam-Siegerin im Einzel**
Sie gilt als die erfolgreichste Tennisspielerin der sogenannten Open Era seit
1968. Williams blickt auf knapp 40 Grand-Slam-Titel im Einzel, Doppel und
Mixed zurück, holte viermal Olympisches Gold und führte fünfmal die Weltrangliste an. Nach ihrer Babypause meldet sie sich zurück. Williams will es
wieder wissen. Neben ihrem Siegeswillen ist ihr Selbstvertrauen ein entscheidender Teil ihres Erfolgs. Sie ließ sich in ihrer Karriere weder von rassistischen
Anfeindungen noch von Kritikern unterkriegen. Im Gegenteil, sie machten sie
stärker. Ihr Körper und Kleidungsstil seien oft öffentlich diskutiert worden,
sagt Williams. Ihr Körper sei zu kräftig, ihre Kurven zu üppig, ihre Kleidung
zu sexy oder zu modisch. „Bei Kritik versuche ich, mir einen Moment Zeit zu
nehmen, um mich selbst wertzuschätzen", sagt Williams. „Es wird immer Kritiker geben – deshalb musst du über sehr viel Selbstvertrauen und Selbstliebe
verfügen. Wenn du einen Schutzwall aus Vertrauen um dich herum aufbaust,
prallt die Kritik daran ab" (Quelle: TIME Firsts, http://time.com/collection/
firsts/4898599/serena-williams-firsts/). Erfolgreiche Frauen verlieren nie den
Glauben an sich selbst – egal, wie laut der Chor der Nörgler, Zweifler, Kritiker
und Neider ist!

Literatur

Interview mit Regine Stachelhaus: „Ich habe mit dem Job gehadert". http://www.zeit.de.
    Zugegriffen: 22. Mai 2014.
Verlagschefin Julia Jäkel: „Steh zu dem, was du tust", Hamburger Abendblatt. https://www.
    abendblatt.de/wirtschaft/article123543433/Verlagschefin-Julia-Jaekel-Steh-zu-dem-
    was-du-tust.html. Zugegriffen: 13. Febr. 2014.

Weiterführende Literatur

Als Jobanfängerin musste diese Frau Kaffee holen – heute leitet sie ein Milliardenunternehmen. http://www.businessinsider.de/als-jobanfaengerin-musste-diese-frau-kaffee-holen-heute-leitet-sie-ein-milliardenunternehmen-2017-2. Zugegriffen: 14. Febr. 2017.

Die Banken könnten effizienter sein. https://www.welt.de/wirtschaft/article161688738/Die-Banken-koennten-effizienter-sein.html. Zugegriffen: 31. Jan. 2017.

Lore Maria Peschel-Gutzeit zu Besuch in Bad Oldesloe. Hamburger Abendblatt. https://www.abendblatt.de/region/stormarn/article207144943/Lore-Maria-Peschel-Gutzeit-zu-Besuch-in-Bad-Oldesloe.html. Zugegriffen: 10. März 2017.

www.wikipedia.de.

Interview mit Fränzi Kühne

Fränzi Kühne (© Linda Rosa Saal)

Gemeinsam mit zwei Partnern ist Fränzi Kühne Gründerin und Geschäftsführerin der Agentur für Digital Business „Torben, Lucie und die gelbe Gefahr". Die 2008 gegründete Agentur mit Sitz in Berlin und New York ist heute 170 Mitarbeiter stark und zweifacher Träger des Titels „Agentur des Jahres" des Deutschen Preises für Onlinekommunikation. Seit Januar 2015 ist sie als Partner des CRM-Spezialisten RAPP Teil des weltweit zweitgrößten Kommunikationsnetzwerks Omnicom.

Die von der gebürtigen Berlinerin betreuten Projekte demonstrieren anschaulich, welches Potenzial der technologische und kulturelle Wandel Unternehmen und Marken bietet. Als Projektleiterin steuert Fränzi Kühne Abläufe und Prozesse innerhalb der Agentur, pflegt Unternehmenskultur und prägt den kommunikativen Stil des Unternehmens intern wie extern.

© Springer Fachmedien Wiesbaden GmbH, ein Teil von Springer Nature 2018
A. Heimsoeth, *Frauenpower,* https://doi.org/10.1007/978-3-658-20431-0_3

Als Projektmanagerin bei der Frogster Interactive Pictures AG, als Redakteurin und als freie Autorin für verschiedene Online-Magazine schärfte Fränzi Kühne ihr digitales Profil. Im November 2014 kürte sie EDITION F neben Kandidatinnen wie Gesche Joost und Constanze Kurz zu einer von 25 Frauen für die digitale Zukunft. Seit Juni 2017 ist sie Mitglied im Aufsichtsrat der Freenet AG und damit Deutschlands jüngste Aufsichtsrätin in einem börsennotierten Unternehmen.

▶   Würden Sie ein wenig von Ihrer Jugend und Ihren Berufs- und Bildungsschritten erzählen? Wussten Sie von klein auf, in welche Richtung Sie beruflich wollen? Wann wussten Sie, was Sie werden wollen? Wussten Sie das schon in sehr jungen Jahren oder entwickelte sich das mit der Zeit?

Meine Wünsche und Vorstellungen entwickelten sich mit der Zeit, mit meinen Vorlieben und Einflüssen. Als Kind im Osten Berlins sollte es irgendetwas mit Kunst und Design sein. Beide Eltern waren Designer, da war das Vorbild direkt im Haus. Allerdings waren sie es auch, die mir dann den Dämpfer verpassten: „Für Innenarchitektur musste gut in Mathe sein." Dreisatz kann ich. Den Rest eher nicht.

Nach der Schule ging es dann recht schnell: Tatort gucken, Grisham lesen, zum BKA wollen, abgelehnt werden. Das Jurastudium war dann die irgendwie logische zweite Wahl, der Nebenjob im Eventservice erst notwendig, dann aber immer interessanter. Hier kamen neue Organisationstalente ans Licht, die wiederum zu neuen Teamerfahrungen führten.

An der Uni hat mich nach einem Seminar dann irgendwann mal ein Typ um einen Keks gebeten. Wir wurden Freunde, entdeckten gemeinsame Interessen, landeten in der gleichen Firma. Schließlich wurden Christoph Bornschein und ich gemeinsam mit Boontham Temaismithi Gründer. Seitdem ist unsere Agentur TLGG unsere Leidenschaft, der wir jetzt im zehnten Jahr nachgehen.

▶   Was ist Erfolg für Sie?

Letztlich deckt sich meine heutige Situation recht gut mit meinem Begriff von Erfolg: Ich habe die Dinge, die ich mag, zum Beruf gemacht. Ich habe eine Firma gegründet, die mich treibt und erfüllt, ich arbeite mit tollen Leuten zusammen. Und ich verdiene auch noch, wie nebenbei, Geld damit. Das ist Erfolg genug für mich.

▶   Wenn etwas wie weibliche Führung existierte, wie wäre Ihre Definition?

Weibliche Führung gibt es als Begriff wahrscheinlich vor allem deshalb, weil Führung so lange männlich war, also im Sinne der Personen, nicht unbedingt ihrer Eigenschaften. Und das ging lange mit dem Image des harten Hundes, des unbeugsamen Patriarchen zusammen. Der hat ausgedient; Menschenbild und Führungsverständnis haben sich geändert. Gute Führung definiert sich als Mischung aus Kompetenz, Empathie, Menschenkenntnis, Methodik und Erfahrung. Das ist nicht per se ein weiblicher Stil, glaube ich.

▶   Worin sehen Sie die größten Herausforderungen als weibliche Führungskraft?

Wir stoßen immer wieder auf Reste des traditionellen Führungsbildes und natürlich auch auf längst nicht überwundenes Männlich-weiblich-Klischeedenken auf allen Ebenen. Die größte Herausforderung ist es deshalb wohl, Klischeedenken in beide Richtungen abzubauen. Frauen müssen nicht den harten Hund rauskehren, Männer müssen sich von Abziehbildern lösen. Bei TLGG haben wir in Recruiting, Förderung und Kultur noch nie einen Unterschied gemacht zwischen männlich und weiblich. Wobei wir als TLGG, als Agentur, als Berliner vielleicht noch mal eine besondere Blase in der Blase in der Blase sind.

▶   In vielen Ländern Europas ist der Anteil der Frauen in Führungspositionen gering. Was sind Gründe dafür?

Ich bin keine Soziologin. Das hat sicher auch viel mit langlebiger Tradition, mit bewussten und unbewussten Vorurteilen und Rollenbildern zu tun: hier der Jäger, dort die Hüterin. Das hat sich in der Geschäftswelt durchgesetzt. Und dass Vereinbarkeit und geteilte Verantwortung möglich sind, ist eben noch nicht bei allen angekommen.

Wenn ich mich philosophisch mal weiter aus dem Fenster lehne: Männer müssen kompensieren, dass Frauen das Größte schaffen, was es auf der Welt gibt, nämlich einen anderen Menschen zu gebären. Da ist dann viel Trotz und Ignoranz im Spiel: Was will sie denn noch, sie hat doch schon alles?

▶   Was sind für Sie männliche Führungskompetenzen?

Letztlich traditionell gefärbte Klischees. Wie bei der Frage zum weiblichen Stil ja schon gesagt.

▶   Können Sie sich an Ihre erste Erfahrung mit Führung erinnern?

Das war zu Studienzeiten, im Catering-Nebenjob. Ganz plötzlich: „Fränzi, leite mal das große Team." Ich Anfang 20 und auf einmal mit Weisungsaufgaben betraut. Ich war nicht autoritär, habe niemanden angebrüllt. Ich wollte, wenn etwas nicht funktionierte, immer herausfinden, was genau und warum es nicht funktioniert. Das war kein besonderer Anspruch, das war einfach meine Art, damit umzugehen. Ich war natürlich aufgeregt. Es war ungewohnt, anderen Menschen zu sagen, was sie wie tun sollen. Aber ich habe herausgefunden, wie es geht, indem ich es einfach gemacht habe.

▶   Was genau motiviert Sie in Ihrer Karriere?

Ich möchte mich auf keinen Fall langweilen. Deswegen nehme ich gern Herausforderungen an, suche das nächste Level. Ob es nun die wachsende Agentur, neue Strukturen, neue Kunden oder die Position als Aufsichtsrätin ist.

Gleichzeitig macht es Spaß, mit anderen Erfahrungen zu machen, andere wachsen zu sehen und mit ihnen zu wachsen. Alles, was jetzt zum Beispiel an der Position im Aufsichtsrat hängt – das Interesse, die Präsenz, Interviews, Aufmerksamkeit –, das wäre mir vor einem Jahr noch unglaublich schwergefallen, sogar unmöglich gewesen. Aber dann kam die Gelegenheit und ich habe nicht abgelehnt.

▶   Was hat Ihre Entwicklung zur starken Persönlichkeit, die Sie heute sind, beeinflusst?

Meine Stärke ist wohl meine Leichtigkeit und Positivität im Umgang mit Herausforderungen. Und die wurde früh geprägt, durch Eltern und Erziehung. Da kam die Sicherheit her, sich ohne Scheu und mit einem gewissen „Wird schon" in die Dinge zu stürzen. Und mit den Erfahrungen kommt dann die Reflexion, das Nachdenken über Ziele und über das Glück.

▶   Nehmen Sie Ihren Führungsstil als unterschiedlich zu dem von Männern wahr?

Eine starre Hierarchie ist auf den ersten Blick immer der einfachste Weg: Einer oder eine entscheidet, die anderen führen aus. Die Tendenz dazu gibt es immer, gäbe es vielleicht auch bei uns, wenn wir dem in Werten und Vision und im täglichen Miteinander nicht auch entgegenwirken würden. Aber das Bewusstsein für Hierarchie und Macht erlebe ich selten als etwas spezifisch Männliches oder Weibliches.

▶ Ich höre von vielen Frauen, dass sie das Gefühl haben, noch mehr leisten und besser sein zu müssen. Was glauben Sie, aus welchen Gründen ist das so?

Auch da sehe ich das Nachhallen der Tradition und der Klischees. Dazu kommt noch die Vereinbarkeitsdiskussion, die auch Frauen, die in sehr starren Strukturen arbeiten, eine Positionierung abverlangt. Dann noch die eigenen Erwartungen, internalisierte Klischees, das Umfeld: Männerzirkel in Führungsriegen, traditionelle Strukturen, die auch in die Familie einfließen.

Aber das ist auch viel Mutmaßung, da fehlen mir die unmittelbaren Erfahrungen.

▶ Fehlt es den Frauen an Selbstvertrauen?

Manchen sicher, vielen vielleicht. Aber das ist bei ihren männlichen Kollegen nicht automatisch anders.

▶ Was ist innere Stärke? Was sind die Zutaten, das Erfolgsrezept – wenn es eins gäbe –, die innere Stärke ausmachen? Ist innere Stärke angeboren? Kann man innere Stärke trainieren?

Es fällt mir schwer, das griffig zu beantworten. Die Voraussetzungen werden sicher sehr früh geschaffen, aber letztlich wird man stärker, indem man neue Dinge ausprobiert, Sachen lernt, die man nicht kann. Innere Stärke äußert sich dann auch in einer klaren Haltung zu bestimmten Themen. Man ist kein Fähnchen im Wind und kommt nicht beim leisesten Zweifel vom Weg ab.

▶ Wie setzen Sie sich Ziele?

Es gab nie einen großen Plan, den gibt es auch heute nicht. Es gab Etappenziele wie die Kriminalkommissarin, es gab auch spontane, kurzfristige Ziele wie die Agenturgründerin. Und ich habe immer wieder auch Chancen genutzt. Das wiederum fällt einem sicher schwerer, wenn man große, feste Ziele hat. Ich hinterfrage auch immer wieder: Bin ich auf einem guten Weg, bin ich zufrieden mit den Aussichten? Ich muss dahinterstehen, sonst ist Erfolg nicht möglich.

▶ Welche Rolle spielt das private Umfeld dabei, eigene Stärke zu entwickeln oder durchzuhalten?

Die Grundlagen werden im Elternhaus gelegt, im privaten Umfeld werden sie dann ausgearbeitet. Das beginnt im Kindergarten und endet nie. Es braucht Raum zum Ausprobieren und gute Sparringspartner, Leute, die dich fordern, und Leute, die dich ergänzen.

Es ist auch wichtig, Vielfalt im eigenen Freundeskreis als Wert zu erkennen. Unterschiedliche Menschen mit verschiedenen Hintergründen bewahren einem Weitblick und Offenheit.

▶   Ist der fehlende Mut eine Ursache dafür, dass Frauen die obersten Eta-
         gen versperrt bleiben? Wie machen Sie sich in entscheidenden Situati-
         onen Mut?

Wenn man erst einmal anfängt, sich Sorgen zu machen, kommt man schwer da wieder raus. Deswegen fange ich in schwierigen Situationen einfach an, die Dinge zu erledigen. Gute Vorbereitung hilft, aber eben im Sinne von „Ich bin informiert" und nicht im Sinne von „Ich habe im Kopf schon mal alle Varianten des Scheiterns durchgespielt".

Aber den meisten Frauen fehlt weniger der Mut als die Gelegenheit. Wo Män-ner oben sitzen, kommen meist auch Männer nach. Man befördert, wie man's kennt.

▶   Gab es Herausforderungen, die Sie meistern mussten, weil Sie eine
         Frau sind?

Auch wenn ich mich vielleicht etwas im Kreis drehe: Die Hindernisse und Her-ausforderungen in meinem Leben hatten und haben selten mit mir als Frau zu tun. Meist geht es um mich als Fränzi, um mich, wie ich halt bin. Ich stehe nicht gern im Mittelpunkt, aber ich bin in einer Position angekommen, in der ich Gesicht zeigen muss. Dazu gehört Überwindung. Aber ich will das ja schaffen: mich zei-gen, mein Wissen weitergeben, zeigen, was möglich ist.

▶   Ich bin der Meinung, nur wer sich selbst führen kann, kann andere füh-
         ren. Welche Rolle spielt Ihre Selbstführung für Sie? Wie führen Sie sich
         selbst?

Selbstführung und -organisation spielen nicht nur eine große Rolle, sie sind die Voraussetzung für alles andere. Ich widme mich dem mit viel Disziplin im Alltag und mit guter Organisation in Form von Kalendern und Listen.

> Wie gehen Sie mit Druck um?

Um mit dem Wichtigsten anzufangen: mit Reflexion im Nachhinein. Das hilft dabei, druckvolle Situationen früh zu erkennen und sich entsprechend zu verhalten: noch bewusstere Entspannungszeiten und Auszeiten nehmen, achtsam sein.

> Haben Sie ein Rezept für Ausgeglichenheit?

Spaß an der Arbeit und Abwechslung sind sicher die wichtigsten Faktoren. Arbeit spielt in meinem Alltag eine große Rolle, da will ich Eintönigkeit vermeiden und neue Herausforderungen annehmen. Gleichzeitig schaffe ich mir bewusst Entspannungsfenster im alltäglichen Ablauf. Und zwei Mal im Jahr mache ich einen längeren Urlaub.

> Wie gehen Sie mit sich (und mit dem Team) nach einer Niederlage, Scheitern bzw. Versagen um?

Nach einem Rückschlag ist es das Wichtigste, möglichst schnell aus der Schockstarre zu kommen. Positive Aspekte finden, das Bewährte als Motivator nutzen. Dann geht es in die Analyse: Was lief falsch, was können wir beim nächsten Mal besser machen, was lag in unserer Hand und was nicht? Wir suchen Ursachen, nicht Schuldige.

All das fällt leichter, wenn man sich als Team oder als Firma nicht von nur einem Kunden oder Partner abhängig macht. Wenn von einem Erfolg alles abhängt, arbeitet man nicht frei – und nicht gut.

> Hatten Sie Vorbilder, als Sie jung waren?

Pippi Langstrumpf ist es auch heute noch. Lässig. Macht einfach. Zieht ihre Spießerfreunde mit. Sie bringt Leute dazu, in anderen Ansätzen zu denken, neue Dinge auszuprobieren. Im wahren Leben waren es meist Mitschülerinnen oder Freunde, die Sachen besser konnten als ich. Vorlesen zum Beispiel. Will ich gerne können. Kann ich aber nicht. Im Gegensatz zu so vielen anderen.

> Haben Sie heute Vorbilder?

Immer noch Pippi. Außerdem aber Simone Menne, die in Spitzenführungspositionen bei Lufthansa und Boehringer Ingelheim saß und sitzt. Eine starke, durchsetzungsfähige Frau. Nicht „männlich" oder traditionell herrisch, sondern eben: stark.

Anders und doch sehr ähnlich: Anne Will. Eine unglaublich kluge Frau, eine wunderbare Sprecherin und bestimmt auch Vorleserin mit gesellschaftlichen Ansichten, die mir gefallen.

▶   Hatten Sie auf dem beruflichen Weg Mentoren?

Die Gesellschafter, die uns als Agentur von der Gründung bis zum Verkauf und darüber hinaus begleitet haben, waren und sind wichtige Mentoren. Manche waren auch erst Mentoren und dann Gesellschafter – Leute, die uns Dinge jenseits unseres Erfahrungshorizontes erklären konnten, die uns Empfehlungen geben und uns anderen empfehlen konnten. Überzeugt von unserer Idee, bereit, uns zu beraten.

Ganz persönlich ist natürlich Christoph Bornschein ein Mentor – wie mein Bruder und Seelenverwandter. Der Typ, der immer alle Hintergründe kannte, im Thema war. Privat und beruflich.

▶   Was ist Ihr Rat an junge Frauen, die sich auf den Weg nach oben machen wollen? Was ist Ihr Rat an junge weibliche Führungskräfte? Zurückblickend auf Ihr Leben, was wäre Ihr Rat an Frauen, die erfolgreich werden wollen?

Seid frech und wild und wunderbar, verliert nicht eure Leichtigkeit, bleibt neugierig und ohne Angst, glaubt an euch und das Positive. Und bereitet euch gut vor.

Das kann man, denke ich, quer durch die Generationen so empfehlen.

▶   Was ist die wichtigste Lernerfahrung oder Lektion, die Sie gelernt haben, die Sie gerne weitergeben würden?

Bewahre dir Leidenschaft und Begeisterung für die Dinge, die du tust. Und beobachte und lerne dabei, was du tust, wenn das nicht klappt: sein lassen? Oder durchbeißen?

▶   Wie bleiben Sie fokussiert?

Ich setze mir kleine Zwischenziele, auf die ich hinarbeite. Wenn ich die erreiche, hilft ein Blick auf das ungefähre nächstgrößere Ziel, um sich auszurichten. Dann weiter, weiter.

▶   Was haben Sie für Pläne für Ihre Zukunft?

Ich möchte für mich lernen, was es bedeutet, eine gute Aufsichtsrätin zu sein, und das dann in den Aufsichtsrat einbringen. Ich möchte TLGG zur weltweit führenden Agentur für digitales Business machen. Und ich möchte Vorbild für junge Frauen sein, sichtbar sein in dem, was ich mache. Deswegen mach ich's ja.

► Wie sind Ihre Kinder mit einer solch aktiven Mutter umgegangen?

Meiner 2016 geborenen Tochter geht es gut, wenn es ihren Eltern gut geht. Und uns geht es gut. Ich will Stabilität und Sicherheit vermitteln, ohne dauerpräsent zu sein. Ich muss nicht ständig bei dem Kind sein, um die Zeit, in der ich da bin, zur besten Zeit zu machen. Das Wichtigste sind gut eingespielte Routinen einerseits, Freiräume andererseits, und Liebe.

► Haben Sie die Doppelbelastung als Mutter und Politikerin/Führungs- kraft als Belastung empfunden?

Nein, nie.

► Hatten Sie Ihren Kindern und Ihrem Partner gegenüber ein schlechtes Gewissen?

Nein, nie.

► Vielen herzlichen Dank!

Interview mit Jutta Kleinschmidt, Rallyefahrerin und Instruktorin: „Wenn es im Kopf nicht stimmt, geht gar nichts"

© Marian Chytka

Sie gehört zu den weltweit erfolgreichsten Frauen im Motorsport und ist bislang die einzige Frau, die eine Gesamtwertung der Rallye Dakar gewinnen konnte. Jutta Kleinschmidt, Jahrgang 1962, wuchs in Berchtesgaden auf. Sie studierte Physik-Ingenieurswesen und arbeitete in der Fahrzeugentwicklung bei BMW, bevor sie Profi-Rallyefahrerin wurde. Ihr Einstieg als Frau in den Motorsport wurde vom Umfeld mit Skepsis begleitet: „Wirklich? Geht ja gar nicht!" Doch Jutta Kleinschmidt folgte ihrer Überzeugung: „Wenn man etwas machen möchte, sollte man es probieren statt es sich ausreden zu lassen!" Ihre ersten Erfolge erfährt sie bereits Ende der 80er Jahre auf dem Motorrad. Als sie 1992 die Damen-Wertung der Rallye Paris-Dakar gewinnt, sucht sie neue Herausforderungen und steigt 1994 aufs Auto um – und in den professionellen Rennsport ein.

Im Rückblick war ihr erster Dakar-Zieleinlauf einer der wichtigsten Erfolge für sie, weil zu jener Zeit höchstens ein Drittel der Teilnehmer überhaupt bis ans

© Springer Fachmedien Wiesbaden GmbH, ein Teil von Springer Nature 2018
A. Heimsoeth, *Frauenpower*, https://doi.org/10.1007/978-3-658-20431-0_4

Ziel gelangte. Der größte Meilenstein in ihrer Karriere ist jedoch 2001 der erste Platz bei der Rallye Paris-Dakar mit Mitsubishi. In diesem Jahr wird sie auch „ADAC Motorsportlerin des Jahres", „ARD Sportlerin des Jahres" und „Rallyefahrerin des Jahres" bei Motorsport aktuell. Der Verein Deutscher Ingenieure würdigt zudem ihre Leistung bei der Mitentwicklung des Mitsubishi Pajero Evo. Als sie für VW 2005 den dritten Platz bei der Dakar-Rallye gewinnt, steht sie als erste Fahrerin mit einem Dieselfahrzeug auf dem Podium. Auch hier trug ihre Mitarbeit am Touareg zur Konkurrenzfähigkeit bei. Nach 17 Dakar-Teilnahmen mit sechs Platzierungen unter den Top 5 interessiert sie heute mehr die technische Weiterentwicklung von Fahrzeugen als das Fahren selbst. Als Instruktorin, Rednerin und Autorin gibt sie mittlerweile ihre Erfolgsgeheimnisse auch an ein breites Publikum weiter. Kleinschmidt lebt in Monaco.

▶   **Wo sehen Sie für Frauen den größten Handlungsbedarf beim Aufbau mentaler Stärke?**

Ich glaube, dass die Frage des Selbstbewusstseins eine große Rolle spielt. Männer sind im Allgemeinen selbstbewusster als Frauen. Das liegt u. a. an der Erziehung und der gesellschaftlichen Prägung – Mädchen können weniger als Jungs, heißt es noch immer. Hier sehe ich den größten Handlungsbedarf, schon in jungen Jahren. Natürlich sind Frauen und Männer unterschiedlich, ebenso unstrittig ist, dass Männer über mehr physische Kraft verfügen, aber das sollte nichts damit zu tun haben, was man im späteren Leben machen möchte. Es gibt keinen Grund, als Frau weniger selbstbewusst zu sein.

Wenn man als junge Frau merkt, dass man gerne etwas tun möchte, was nicht gerade ein typischer Frauenberuf ist, sollte man es sich nicht ausreden lassen. Vielmehr sollte man es ausprobieren und seine Ziele mutig verfolgen. Als ich in den Motorsport einstieg, war ich mit Vorurteilen konfrontiert. Wenn man in den Bereich kommt, wo man gut wird, wird man bekämpft. Der Gute wird beneidet, der Schlechte bemitleidet. Das sollte man als Kompliment sehen, doch das ist nicht immer leicht. Als Frau muss man immer hart kämpfen, sonst hat man keinen Erfolg.

▶   **Welchen geschätzten prozentualen Anteil hat mentale und emotionale Stärke an Ihren sportlichen Erfolgen?**

Wenn es im Kopf nicht stimmt, geht gar nichts. Meine sportlichen Erfolge basieren auf etwa fünf wirklich wichtigen Punkten, die ich relativ gleich gewichten würde: Talent, die Qualität des Materials, das Team und direkte Partner, in meinem Fall der Beifahrer. Wenn sich der Beifahrer verfährt, kann ich auch nicht gewinnen. Und dann entscheidet die mentale Stärke des Fahrers selber und des Beifahrers, die Performance nicht aus mentalen Gründen zu versemmeln. Wenn der Kopf nicht „stimmt", ist das einfach ein K.-o.-Kriterium. Bei jedem sportlichen Erfolg, den ich eingefahren habe, war ich in den Momenten mental ganz stark, sonst hätte es nicht funktioniert. Im Endeffekt ist der Wettbewerb so eng, dass mentale und emotionale Schwäche ein Kriterium ist, nicht zu gewinnen.

▶ Was gehört für Sie zu einem guten Selbstmanagement als Frau?

Die Konzentration aufs Wesentliche. Wenn man versucht, auf zu vielen Baustellen tätig zu sein, verzettelt man sich. Dann fehlt die Zeit, sich um die einzelne Baustelle gut zu kümmern und sich dafür auch gut vorzubereiten, um Erfolg zu haben. Wenn man schon ein bisschen länger im Geschäft ist, wird dieses Problem größer. Denn dann kommen viele Sachen von links und rechts auf einen zu, vor allem, wenn man in einer Sache bereits erfolgreich ist. Die Versuchung ist groß, alles machen zu wollen, doch das ist nicht zu schaffen. Also muss man Prioritäten setzen, sonst vernachlässigt man einiges. Weniger Wichtiges weglassen und lieber das tun, was wirklich gut ist. Das ist nicht immer einfach, weil man andere nicht vor den Kopf stoßen will. Die Herausforderung liegt darin, das elegant hinzubekommen.

Eine gute Vorbereitung gehört ebenfalls dazu, also sich Zeit nehmen, Dinge gut vorzubereiten. Dabei hilft das Delegieren. Manches, das Zeit kostet, muss man nicht unbedingt selbst erledigen. Gelassenheit erwächst auch aus dem Bewusstsein, dass man sich nicht übernimmt.

▶ Wie bekommen Sie Kopfprobleme in den Griff?

Das Wichtigste ist zunächst, sie zu erkennen. Viele Menschen erkennen Kopfprobleme gar nicht und lassen diese negativen, störenden Gedanken weiter zu. Wenn ich diese Gedanken erkenne, dann kann ich dagegen angehen. Ich versuche dann, diese Gedanken durch positive Gedanken zu ersetzen, indem ich mir vor Augen führe: „Ja, was ist denn, wenn das jetzt passiert, was du jetzt vielleicht gerade befürchtest? Was tue ich dann oder ist das wirklich so schlimm?" Manchmal macht man sich verrückt wegen einer Sache, die überhaupt nicht schlimm ist. Wenn man sich die Konsequenzen überlegt, ist es vielleicht gar nicht so schlimm, wie man es sich gerade ausmalt. Oder man findet dafür eine Lösung.

Im Sport zählt auch eine gute Vorbereitung, d. h. Situationen vorab mental durchzuspielen: Was kann mir alles passieren, z. B. Plattfuß, Verfahren, technische Probleme? Passiert mir etwas davon real im Rennen und ich habe mich darauf sehr gut vorbereitet, dann weiß ich, wie ich handeln muss. Dann kommt eine Routine in den Ablauf hinein, die mich davon abhält, in Stress zu geraten. Natürlich gibt es immer noch Situationen, die man nicht trainiert hat, weil sie nicht trainierbar waren oder man nicht daran gedacht hat. Dann gilt in dieser Situation das Gleiche: Man muss sich erst mal darüber klar werden, was jetzt gerade passiert, um wieder klare Gedanken fassen zu können. Wenn man sich jedoch von dieser Stresssituation einfangen lässt, dann wird es schwierig, weil man nicht mehr klar denkt. Man muss sich diese paar Sekunden Zeit geben und sagen: „So, ich muss das jetzt erkennen. Ah ja, so ist das. Jetzt lass mich erst mal nachdenken, wie ich hier vorgehe."

Wenn es bei mir wirklich extrem gefährlich wurde, ich mich überschlagen habe oder aus der Kurve geflogen bin, und ich Angst um meine Gesundheit hatte, dann ließ mein Körper das Ganze in Zeitlupe ablaufen. Ich hatte wirklich klare Gedanken und das, was passierte, kam mir vor, als wenn es in Zeitlupe abliefe. Ich habe mich mal mit einem sehr kleinen Auto bei einem 24 h-Rennen am Nürburgring überschlagen. Und bei diesem Überschlag dachte ich: „Na ja, jetzt bist du sehr, sehr schnell und das Auto ist jetzt nicht gerade das sicherste, das könnte richtig böse ausgehen. Okay, du bist eh schon in der Luft. Damit du dich ein bisschen schützt, kannst du die Hände vom Lenker nehmen, weil du hier nichts mehr bewirken kannst, und schützt am besten dein Gesicht. Denn jetzt kommt sicher alles rein: Scheiben und Weiteres vom Fahrzeug." Dann habe ich mich überschlagen, stand wieder auf den Rädern und dachte: „Ah ja, ist ja gar nicht so schlimm, sieht noch ziemlich gut aus, jetzt kann ich wieder versuchen, irgendwas zu lenken." Dann fing ich wieder an, das Auto zu bedienen. Das Ganze ging ohne Stresssituation im Kopf ab, also sehr langsam und überlegt. Das ist, glaube ich, eine Schutzfunktion des Körpers, die aber leider nicht abrufbar ist. Das wäre perfekt, wenn man sie in solchen Situationen abrufen könnte. Das geht aber, glaube ich, nur in Situationen, wo du in Lebensgefahr bist. Doch was man daraus lernen kann, ist Folgendes: Wenn man die Ruhe behält in solchen Situationen und wirklich dem Kopf die Chance gibt, nachzudenken, statt die Zeit mit hektischen, stressigen Bewegungen und panischen Gedanken zu vergeuden, dann kann man solche Situationen ganz gut lösen. Lass die Stressgedanken nicht rein, sondern behalte die Ruhe. Man muss sich wirklich dazu zwingen, dass man nicht einfach sagt: „Schnell, schnell, schnell, alles schnell erledigen!", denn dann geht gar nichts mehr, sondern dass man sagt: „Du nimmst dir jetzt einfach die Zeit dafür", und dann ist man schneller, obwohl es einem langsamer vorkommt.

▶   Was sind für Sie Höchstleistungs- und Stresssituationen?

Für mich sind Hochleistungen und Stresssituationen nicht das Gleiche. In einer Hochleistungssituation muss ich voll meine Leistungen abfragen, sprich: Ich habe darauf trainiert und jetzt kommt der Punkt im Wettbewerb oder im Training, wo ich sage: „Okay, alles, was ich trainiert habe, muss ich jetzt abverlangen von meinem Körper." Das ist eigentlich relativ einfach, denn dafür habe ich trainiert und wenn ich gut trainiert habe, dann kann ich meine Hochleistung auch abfragen in dem Moment, wo es sein muss – wenn es im Kopf stimmt. Aber wenn ich im Kopf immer sage: „Ich kann das nicht", dann geht das nicht. Doch wenn ich da richtig drauf trainiert habe, kann ich meine Hochleistung im Wettbewerb abfragen, wenn ich sie brauche.

Stresssituationen kommen für mich eigentlich nur auf, wenn etwas passiert, was ich nicht wirklich eingeplant habe. Es passiert etwas, das mich von meiner Höchstleistung abhält bzw. sie nicht mehr zulässt, weil das Fahrzeug kaputt ist oder ich einen Fehler gemacht habe. Oder der Beifahrer hat einen Fehler gemacht und wir verfahren uns. Das sind für mich Stresssituationen. Hier muss ich wirklich ganz bewusst mit dem Kopf reagieren, weil die Stresssituation versucht, meinen Körper zu beeinflussen, sodass ich meine, etwas ganz schnell machen zu müssen, und dann passieren Fehler. Deswegen versucht man ja auch, Leute in Stresssituationen zu versetzen, weil man nur dann wirklich sieht, ob sie noch funktionieren oder eben nicht. Viele funktionieren ganz normal, um ihre Hochleistung zu bringen, aber sobald sie dann in Stress geraten, ist es vorbei, dann funktioniert gar nichts mehr. Bei der Stresssituation ist es sehr wichtig, dass das Kopfkino stimmt, dass man seine Klarheit behält und auf Routinen zurückgreift. Piloten, Astronauten oder Rennfahrer trainieren den Umgang mit Stresssituationen, normale Menschen jedoch nicht. Dabei ist es meiner Meinung nach ganz wichtig, dass man klar an herausfordernde Situationen herangeht und das eine oder andere routinemäßig abfahren kann. Man kann sich auf Stresssituationen definitiv vorbereiten, indem man einfach überlegt: Was könnte die Stresssituation auslösen? Und wenn das geschieht, was mache ich dann? Wenn ich dafür eine Routine entwickelt habe, dann bin ich schon gar nicht mehr so im Stress.

▶   Wenn Sie sich auf Höchstleistungen vorbereiten, machen Sie das anders, als wenn Sie sich auf mögliche Stresssituationen vorbereiten?

Absolut. Deswegen sind es für mich zwei getrennte Sachen. Höchstleistung zu trainieren heißt Konditionstraining, Techniktraining und Fahrtraining. Aber wenn man Stresssituationen trainieren will, ist das ein ganz anderes Training. Weil ich davon ausgehe, dass Stresssituationen immer nur dann auftreten, wenn etwas passiert, was nicht gut ist. Wir überlegen uns im Team, was alles passieren kann. Das Einfachste sind Reifenpannen. Das wird natürlich komplett trainiert. Das ist eine Stresssituation, die schon fast keine mehr ist, so routinemäßig ist sie geworden. Das wird komplett auf Zeit trainiert, dass es schnell geht. Dann gibt es andere Stresssituationen, die natürlich nicht so häufig passieren, z. B. wenn eine Antriebswelle kaputtgeht. Da überlegt man sich: Was kann man reparieren unterwegs? Wie geht man da vor? Wenn man dann ein technisches Problem hat und darauf vorbereitet ist, ist das schon nicht mehr so stressig. Dann hat man den Stress schon ein bisschen rausgenommen, weil man seine Routine hat. Für mich ist Stress immer etwas, was mein normales Handeln negativ beeinflusst. Sobald ich aber im Kopf klar bin und weiß, was ich jetzt tun muss, ist es kein großer Stress mehr, weil ich meine Routine abspielen kann. Wenn ich heute z. B. in eine Besprechung gehe, die sehr wichtig ist, und ich deshalb vielleicht auch in Stress geraten könnte, weil vielleicht unangenehme Fragen auf mich zukommen können, dann überlege ich mir schon vorher: Was könnte auf mich zukommen, welche unangenehme Frage könnte ich bekommen und was sage ich darauf?

▶   Bereiten Sie sich auch mental auf Höchstleistungen vor?

Ja. Es ist mental sehr wichtig, dass ich glaube, dass ich das kann. Wenn ich nicht selber an mich glaube, dann werde ich es auch nicht können. Gerade im Sport, wo die Leistungen so eng beieinanderliegen, muss ich neben aller Vorbereitung auch glauben, dass ich das wirklich kann. Es geht hier um Selbstvertrauen und Selbstbewusstsein. Es nützt mir ja nichts, wenn mir einer sagt, du musst Selbstvertrauen haben, und ich habe es gar nicht. Ich muss etwas dafür tun, damit ich es wirklich selber glaube. Mir hilft hier eine extrem gute Vorbereitung, sodass ich weiß, ich bin körperlich fit genug und mein Material ist topfit. Ich kenne das Auto, kann es genau bedienen, weiß, wie ich jede einzelne Funktion ausnutzen kann. Und ich habe versucht, ein gutes Verhältnis zu meinem Team zu haben, was ganz wichtig ist. Denn auch mein Team wird nur seine Höchstleistung abrufen im Rennen, wenn es mich mag. Das ist ein Punkt, der oft vergessen wird. Die Mitarbeiter müssen auch Höchstleistung bringen, wenn sie die ganze Nacht durchschrauben müssen. Also muss man ein sehr gutes Verhältnis zum Team haben, damit es auch bereit ist, seine Höchstleistung abzurufen.

Dann überlege ich mir: Wo könntest du dir vielleicht noch einen Vorteil herausarbeiten? Als ich vom Motorrad aufs Auto umgestiegen bin, hatten wir im Auto z. B. keine Karte. Als Motorradfahrer navigiert man ja alleine, als Autofahrer hatte ich auf einmal einen Beifahrer. Da habe ich mir gedacht: Warum versuchen wir nicht anhand des Roadbooks, das wir am Abend vor dem nächsten Renntag bekommen, eine Karte zu erstellen, die wir dann mit ins Auto nehmen können? Wenn man sich verfährt, hat man vielleicht ein bisschen mehr Hilfe als nur durch das simple Roadbook, wo man in der Regel wieder alles zurückfahren muss zu jenem Punkt, von dem man weiß, dass er im Roadbook stimmt. Das kostet viel Zeit. Wenn ich stattdessen eine Karte habe, könnte ich ja vielleicht quer fahren, weil ich weiß, ich bin zu weit links oder zu weit rechts von der Rennstrecke.

Jeden Abend haben wir also vier bis fünf Stunden lang auf Basis des Roadbooks eine Karte erarbeitet. Es blieb ja nur die Nacht, um so etwas vorzubereiten. Danach nahmen wir eine wirklich detaillierte Karte mit ins Auto. Die Dakar-Rallye habe ich nach 10.000 km mit nur zwei Minuten und 57 s Vorsprung gewonnen. Da kann so ein kleines Detail eben Sieg oder Niederlage ausmachen. Man muss wirklich in jede Richtung nachdenken: Wo kann ich mir vielleicht gegenüber den anderen noch etwas verschaffen, was mir hilft? Wenn ich mich verfahren habe, bedeutet das keinen Stress mehr für mich, sondern ich habe mich sogar gefreut: „Oh, jetzt haben wir eine echt schwere Stelle, da verfahren sich hoffentlich alle." Das ist eine ganz andere Situation, denn ich habe dank meiner Vorbereitung eine hilfreiche Karte. Vielleicht hast du sie in drei Wochen an 17 von 19 Renntagen umsonst gemacht, aber heute kannst du sie einsetzen. Heute sind alle anderen nervös und haben Stress, weil sie sich verfahren, und du bist derjenige, der sagt: Ich habe auf diesen Moment gewartet und hierin liegt meine Chance. Das gibt einem dann so viel Selbstvertrauen, dass man in diesem Moment natürlich auch richtig gut ist. Man sollte immer schauen: Wo sind eigentlich die Schwächen und was kann ich da tun? Diese Vorbereitung gibt dir wieder das nötige Selbstvertrauen, das dir dann auch innerlich sagt: Ich kann das. Das ist ja genau das, was Selbstbewusstsein und Selbstvertrauen ausmacht – dass ich es selber glaube.

▶   Was treibt Sie an? Was motiviert Sie immer wieder aufs Neue, alles aus sich herauszuholen?

Wichtig ist, noch Träume zu haben. Also dass man sich wirklich überlegt: Was möchte ich eigentlich noch? Aus diesen Träumen heraus kann ich mir ein klares Ziel setzen. Es reicht ja nicht, von hunderttausend Sachen zu träumen – aber eben nur zu träumen. Was hilft, ist, sich wirklich hinsetzen, einen ruhigen Moment nachdenken, sich überlegen: So, was will ich denn wirklich? Was könnte mich motivieren? Aus einem Traum die Realität werden zu lassen, motiviert mich enorm. Wenn ich mir aus diesem Traum heraus überlege: Das würde ich echt noch gerne machen, das würde mir Spaß machen, dann gehe ich hin und formuliere ein klares Ziel. Ich glaube, dass diese Art Hoffnung, die man da reinsteckt, dass man das Ziel erreicht, einen wieder zu Höchstleistungen motiviert.

▶ Haben Sie weibliche Vorbilder?

Vorbilder waren für mich nicht so wichtig, ich habe mir eher Gutes von mehreren Leuten abgeschaut. Dabei unterscheide ich überhaupt nicht zwischen Mann und Frau. Sondern dort, wo ich finde, dass jemand eine Sache sehr gut macht, und denke, dass ich das auch gern so machen würde, dort schaue ich mir etwas ab und probiere es für mich aus.

▶ Wenden Sie Mentaltraining konkret für sich an?

Ja und nein. Nicht wirklich bewusst. Im Marathon-Rallye-Sport kennt man die Strecke, die nächste Etappe nicht vorher, sodass man sie nicht mental durchgehen kann. Aber wenn ich mir das Roadbook anschaue, ist das eine Art mentales Training. Im Roadbook stehen Zeichen wie „da links abbiegen", „da rechts abbiegen", „da kommt ein Tal" etc. Mitunter sind das ziemlich komplizierte Bilder, die zeigen, wie man fahren soll. Ich kann die Bilder während der Fahrt nicht sehen, wenn mein Beifahrer sie mir erklärt, also gehen wir die schwierigen Bilder vorher zusammen durch. Es gibt vielleicht zehn bis 15 Bilder am Tag, die schwer zu erklären sind. Wenn ich mir die vorher angeguckt habe, dann rufe ich sie unterwegs wieder ab. Das ist sozusagen unbewusstes mentales Training.

▶ Führen Sie positive Selbstgespräche, um sich selbst zu instruieren?

Mir hilft es nicht, wenn ich mir sage: „Jutta, du bist besser", und glaube aber gar nicht daran. Das widerspricht sich. Das kann ich mir zehnmal sagen und es hilft nichts, wenn ich nicht daran glaube. Für mich geht die positive Selbstbestärkung tiefer. Wenn ich etwas dafür getan habe, besser zu sein, wenn ich dieses Wissen wirklich verinnerlicht habe, dann muss ich mir das nicht mehr sagen, denn dann glaube ich es bereits. Aber jeder soll das anwenden, was für ihn wichtig ist. Es gibt ja auch viele Menschen, die Zustimmung von anderen brauchen. Die müssen hören: „Du bist super, du bist toll", bis sie es dann selbst glauben. Aber das hilft bei mir nicht.

Ich schöpfe den Glauben an mich selbst aus einer extrem guten Vorbereitung und aus vergangenen Erfolgen. Wenn man natürlich den Erfolg noch nicht hatte, kann man den Glauben nur aus der Vorbereitung schöpfen. Doch wenn man bereits sehr gut und erfolgreich oder auf einem guten Weg ist, dann hilft das zusätzlich. Dann denkt man an bereits eingefahrene Siege und sagt sich: „Mensch, da warst du super, du hast ja alle schon geschlagen." Das hilft natürlich extrem. Ich habe heute einen stärkeren Glauben an mich als zu Beginn meiner Karriere.

▶   **Woher schöpfen Sie Kraft?**

Die Kraft versucht man aus den Gedanken an den Erfolg zu schöpfen. Es ist schon wichtig, davon zu träumen, Erfolg zu haben. Aus dieser Hoffnung holt man sehr viel Kraft. Und diese mentale Kraft braucht man. Für die körperliche Kraft versuche ich, beim Rennen so viel wie möglich zu schlafen. Es gilt, beides zu kombinieren: Vorbereitung und Ruhe finden. Es nützt mir nichts, wenn ich super vorbereitet bin und dann in der Früh am Start einschlafe. Man versucht natürlich auch im Team die Aufgaben so gut wie möglich zu verteilen, dass man möglichst viel Ruhephase hat. Um auf das Beispiel mit der Kartenerstellung zurückzukommen: Wenn man gesehen hat, dass das gut funktioniert, versucht man, fürs nächste Jahr jemanden zu haben, der die Karte malt, und selbst wieder mehr Schlaf zu bekommen. Wenn mir die Kondition fehlt, zehrt das natürlich auch an der Kraft. Wenn ich gut trainiert bin, dann macht mir das weniger aus. Früher war die Dakar-Rallye schon ein echter Marathon. Am Anfang ist man noch superfit und dann macht es gerade Spaß, mit allen anderen zu quatschen. Dann quatscht man vielleicht ein bisschen länger und schon ist es Mitternacht. Die ersten zwei Tage macht einem das nichts aus, aber dann rächt sich das. Deshalb sollte man von Anfang an konsequent sein und sagen: „Auch wenn es gerade Spaß macht, nutze diese Zeit, um dich auszuruhen", weil das Rennen eben nicht nur zwei Tage lang ist. Disziplin kann kraftspendend sein.

▶   **Wie gehen Sie mit Niederlagen um? Wie verarbeiten Sie das?**

Ich überlege erst mal, warum es passiert ist: An was hat es gefehlt? Dann versuche ich, die Ursache abzustellen, was auch immer es war. Wenn es an mir lag, muss ich mich verbessern. Wenn es am Fahrzeug lag, muss ich das Fahrzeug verbessern. Wenn es am Team lag, muss ich versuchen, da etwas umzustellen, falls das geht. Manchmal ist es ja wirklich auch nur Pech.

Ich versuche, die Schwachstelle auszumerzen, und denke dann gleich nach vorne: „Dann probiere ich es eben nochmal!" Ich versuche, aus dem, was passiert ist, zu lernen. Man hat immer erst verloren, wenn man es nicht noch mal probiert. Das ist meine Einstellung. Gerade im Motorsport liegen Sieg und Niederlage eng beieinander, da darf man sich von der einen Niederlage oder von dem einen Scheitern nicht gleich entmutigen lassen. Es hilft mehr, zu sagen: „Ja, gut, dann habe ich jetzt was gelernt, da muss ich noch einiges machen, da muss ich mich noch verbessern und nächstes Mal wird es hoffentlich klappen." Im Sport hat man mehr Niederlagen als Erfolge. Nur von den Niederlagen hört keiner, man hört immer nur von den Erfolgen. Im Motorsport gibt es keinen Erfolg ohne Niederlage. Es kann ja nur einen Gewinner geben und wie viele gehen vorher an den Start?

▶ Was sind für Sie entscheidende Erfolgsfaktoren, von denen Sie sagen, diese lassen sich auch im Wirtschaftsleben anwenden?

Die Erfolgsfaktoren sind eigentlich immer gleich: Ich muss ein klares Ziel haben, und dieses klare Ziel muss ich auch an mein Team kommunizieren, damit es aufs gleiche Ziel hinarbeitet. Das wird oft vergessen. Es ist wichtig, dass die Firma nicht nur ein Ziel hat, sondern dieses Ziel auch an die Mitarbeiter transferiert. Dann ist es wichtig, hart dafür zu arbeiten. Zielerreichung passiert nicht von alleine. Im Motorsport muss man extrem hart arbeiten, indem man sich entsprechend auf diese Herausforderungen vorbereitet, und ich denke, auch im Geschäftsleben muss man für den Erfolg etwas tun. Die gute Vorbereitung hilft im Geschäftsleben mit Sicherheit auch. Wenn ich mein Produkt kenne, so wie wir unser Auto kennen, dann kann ich es als Verkäufer mit Sicherheit viel besser verkaufen, als wenn ich es nicht kenne. Man sollte sein Umfeld, sein Material sehr gut kennen. Der Umgang mit den Niederlagen ist ebenfalls ein Erfolgsfaktor, auch wenn dies im Geschäftsleben vielleicht nicht so häufig gefragt ist. Aber ich glaube, gerade weil Rückschläge hier nicht so häufig sind, kann man vom Sport lernen, weil wir dauernd damit umgehen müssen.

Der Umgang mit Veränderungen entscheidet auch über den Erfolg. Das ist bei uns ganz entscheidend: Nach dem Rennen ist vor dem Rennen. Wenn wir nicht die neue Technik sofort ins Fahrzeug nehmen, dann werden es die anderen machen und dann sind die anderen vor uns. Veränderungen sind ein Muss, auch wenn das schwierig ist. Gerade wenn etwas gut läuft, möchte man sich nicht verändern. Doch dann wird man im nächsten Jahr verlieren. Herausforderungen anzunehmen ist ganz wichtig. Ich liebe Herausforderungen. Manche Leute finden sie ja schrecklich, aber ich glaube, in einer Herausforderung steckt eine ganze Menge Motivation. Ein Wettbewerb ist gut, weil er motiviert. Je stärker der Gegner ist, desto mehr Spaß macht es, an diesem Wettbewerb teilzunehmen. Das ist natürlich eine Herausforderung, die man annehmen muss. Dafür braucht es auch die Mentalität, nicht sofort aufzugeben. Es gibt ja dann viele, die beim kleinsten Problem sagen: „Na ja, das geht nicht, wir haben es probiert und Schluss." Aber gerade neue Sachen benötigen manchmal ein bisschen mehr Geduld, bis sie Erfolg haben. Da darf man nicht gleich aufgeben.

Wichtig ist auch die Risikobereitschaft. Im Motorsport müssen Sie ja mehr Risiko eingehen als normale Menschen im Geschäftsleben. Aber davon kann man sich eine Scheibe abschneiden statt nur das Sicherheitsdenken zu pflegen: „Oh, mein Chef, da werde ich gleich gefeuert, wenn ich irgendwas falsch mache!"

Man muss auch zulassen, dass Fehler passieren können, und aus diesen dann lernen, anstatt immer nur zu denken: Ich darf auf gar keinen Fall einen Fehler machen.

▶   Woraus besteht Siegermentalität?

Dass man Herausforderungen mag und annimmt, gehört ebenso dazu wie Selbstbewusstsein. Das, was man macht, sollte man wirklich mit Leidenschaft machen. Das ist für mich ein ganz wichtiger Punkt. Wenn Eltern etwas aus ihren Kindern machen wollen, was sie selbst gerne geworden wären, aber das Kind leider überhaupt keinen Draht dazu hat, dann wird das nicht funktionieren. Wenn man wirklich ganz oben stehen möchte, nicht nur Mitläufer sein, dann muss man etwas tun, was man liebt, was man mit Leidenschaft macht, für das man wirklich diese Strapazen auf sich nimmt. Wenn ich etwas nicht wirklich mit Leidenschaft mache, dann sage ich bei der ersten Strapaze: „Nee, ich will lieber Fernsehen schauen oder ins Kino gehen anstatt trainieren." Es ist ganz, ganz wichtig, dass man die Leidenschaft für seine Sportart oder auch für seine Arbeit empfindet. Dass man an seinen Job mit Selbstbewusstsein herangeht, aber auch bereit ist, dafür Risiken einzugehen. Dass man keine Angst hat, Fehler zu machen, weil ich heute keine Höchstleistung bringen kann, wenn ich nicht auch mal einen Fehler mache. Das geht gar nicht. Ich muss ja aus meinen Fehlern lernen. Ich muss ja sehen, wo der Grenzbereich ist. Das ist beim Autofahren ganz klar: Wie soll ich denn immer an den Grenzbereich fahren, wenn ich ihn nicht mal übertreten habe? Dann werde ich ihn ja nicht kennen, dann werde ich immer kurz drunter bleiben und langsamer sein. Also, man muss sich eingestehen, dass Fehler auch zum Erfolg gehören und dass ich aus ihnen lerne. Dafür muss ich es eben auch mal riskieren, an meine Grenzen zu gehen.

Das Gehirn: Möglichkeiten und Grenzen 5

Je mehr wir darüber wissen, unter welchen Bedingungen im Gehirn neue Verknüpfungen entstehen (und alte Verknüpfungen geschwächt werden), desto schneller und wirksamer können erwünschte Veränderungen erreicht werden. Unser Kopf funktioniert wie ein Bio-Computer. Er kann weit mehr als herkömmliche Rechner und ist noch lange nicht abschließend erforscht. Doch eines ist schon heute gewiss: Wer seinen Bio-Computer mit der richtigen Software ausstattet, kann in Stresssituationen auf unterstützende Programme zurückgreifen. Wer seinen Kopf vorab optimal programmiert und diese mentale Software regelmäßig aktualisiert, wird in Zeiten besonderer Herausforderungen davon profitieren, dass automatisch gute, hilfreiche Programme abgerufen werden können. Ihr Unterbewusstsein ist wie die Festplatte eines Computers. Sämtliche Gedanken, Worte und Bilder sind dort wie ein Programm abgespeichert. Das Unterbewusstsein akzeptiert jede Information, die es erhält. Es reagiert auf das, was ihm eingegeben wird – nicht mehr und nicht weniger. Der Verstand ist der Filter. Er entscheidet, was er glaubt und was nicht, je nach bereits einprogrammierten Lebenserfahrungen. Wenn Ihr Verstand etwas für wahr hält – selbst wenn es falsch ist –, wird Ihr Unterbewusstsein es als wahr akzeptieren und sich anschicken, die entsprechenden Resultate zu veranlassen.

Ein Beispiel: Wer am Abend vor einer wichtigen Präsentation denkt: „Hoffentlich scheitere ich morgen nicht", leistet dem Versagen Vorschub, weil sein Denken von Versagensangst beherrscht wird. Das liefert dem Gehirn Bilder von Versagen, welche es als Anweisung versteht. Damit droht die selbsterfüllende Prophezeiung („self-fulfilling prophecy"). Stellen Sie sich hingegen vor, wie Sie bravourös Ihren Vortrag halten und die Zuhörer begeistern, hat das Schaffen solcher Bilder vor dem geistigen Auge unterstützende Wirkung. Ihr Unterbewusstsein wird alles tun, um Ihre Vorstellung real werden zu lassen.

© Springer Fachmedien Wiesbaden GmbH, ein Teil von Springer Nature 2018
A. Heimsoeth, *Frauenpower*, https://doi.org/10.1007/978-3-658-20431-0_5

Wenn wir uns der Arbeitsweise des Gehirns bewusst sind, dann liegt es bei uns, womit wir es programmieren. Ihrem Unterbewusstsein ist es gleichgültig, woher diese Programmierung kommt oder wie es sie erhält. Es wird weiterhin einfach die Informationen akzeptieren, die ihm zugeführt werden. Sie gewinnen, wenn Sie darauf achten, dass die eingespeisten Informationen für, und nicht gegen, Sie arbeiten.

5.1   Neuroplastizität

Ein entscheidender Einschnitt in der Hirnforschung war die Entdeckung, dass das Gehirn die Eigenschaft hat, lebenslang bis ins hohe Alter seine neuronalen Strukturen fortlaufend zu verändern. Diese Eigenschaft nennt sich Neuroplastizität oder neuronale Plastizität. Das Prinzip der Neuroplastizität: Lernen ohne Ende. Für die Art und Weise der Veränderungen im Gehirn gilt: Je häufiger wir Nervenverbindungen benutzen, desto mehr stärken wir ihre Effektivität. Lernen wir etwas, vermehren sich die Verbindungen zwischen zwei Nervenzellen. Das geschieht, indem Gene in den Nervenzellen aktiviert werden, die weitere Proteine bilden, um neue Verbindungen zu formen. Sogenannte Neurotransmitter (von altgriech. „neuron" = Sehne und lat. „transmittere" = hinüberschicken, übertragen) übertragen an chemischen Synapsen die Erregung von einer Nervenzelle auf eine andere. Wir wissen nun, dass die Gedanken die Struktur unseres Gehirns verändern können, doch wie das genau funktioniert, ist noch nicht vollständig erforscht. Schätzungen zufolge besteht das menschliche Hirn aus etwa 100 Mrd. Nervenzellen, die über schätzungsweise 100 Billionen Synapsen miteinander verbunden sind. Das ergibt eine schier unermessliche Zahl von Verknüpfungen, die Informationen weiterleiten können. Dieses Potenzial besteht bis ins hohe Alter.

Vom neuronalen Trampelpfad zur neuronalen Autobahn
Werden neue Nervenzellenverbindungen regelmäßig benutzt, wachsen sie. Stellen Sie sich die Verstärkung von Nervenverbindungen wie das Trainieren eines Muskels vor. Wenn Sie regelmäßig im Fitness-Studio bestimmte Muskelgruppen trainieren, werden sie ausgeprägter und kräftiger. Das Gleiche geschieht mit häufig genutzten Nervenbahnen, sie verstärken sich. Auf diese Weise wird aus einem neuronalen Trampelpfad eine neuronale Autobahn (nach Franz Hütter). Ein Gedanke, eine Überzeugung oder eine Zielformulierung werden also umso mächtiger, je häufiger Sie deren mentale Pfade beschreiten. Das bedeutet für neue angestrebte Muster, sie häufig abzurufen, um sie zu stärken. Gleichzeitig gilt für alte problematische Muster, die anfangs noch einer neuronalen Autobahn

gleichen, sie zu Trampelpfaden verkümmern zu lassen, indem Sie sie nicht mehr
abrufen. Wenn wir Muster ändern, ändert sich der neuronale Straßenatlas in unserem Kopf. Lösungs- und Ressourcenorientierung ergeben sich aus den Gesetzen
der Neuroplastizität. Informationen sind im Gehirn in Form von neuronalen Net-
zen abgelegt. Der Entdecker der synaptischen Plastizität, der kanadische Psychologe Donald Olding Hebb, stellte eine Regel zum Zustandekommen des Lernens
in neuronalen Netzwerken auf, bekannt als die Hebb'schen Gesetze (Hebb 1949):

1. Häufig genutzte Verknüpfungen werden verstärkt.
2. Selten genutzte Verknüpfungen werden geschwächt oder abgebaut.

Aufmerksamkeit – eine Mischung aus Scheinwerfer und Staubsauger
Je nachdem, was wir an Erfahrungen sammeln, bilden sich entsprechende Strukturen (neuronale Netzwerke) in unserem Nervensystem. „All das, was wir als
Glück, Freude, Trauer und Angst empfinden, kann die Struktur unserer neuronalen Netzwerke verändern. […] Unsere Aufmerksamkeit ist wie eine Mischung
aus Scheinwerfer und Staubsauger: Sie rückt Dinge in den Fokus und saugt sie
anschließend ins Gehirn – mit allen Vor- und Nachteilen" (Hanson 2013). Mit
anderen Worten: Die Dinge, denen wir unsere Aufmerksamkeit schenken, sind
jene Dinge, die unser Denken beschäftigen und die Struktur unseres Gehirns formen. Und das wiederum beeinflusst in erheblichem Maße unsere innere Haltung:
„Wessen Geist sich permanent mit überzogener Selbstkritik und Kritik an anderen, Sorgen, Kränkungen und Stress beschäftigt, dessen Gehirn wird sich dem
anpassen und zu größerer Reaktivität, einer Anfälligkeit für Ängste und Niederge-
schlagenheit, einem verengten Fokus auf Bedrohungen und Verluste sowie einem
Hang zu Zorn, Trauer und Schuldgefühlen neigen" (Hanson 2013). Besinnen wir
uns hingegen jeden Tag aufs Neue auf das Gute in unserem Leben, mit Dankbarkeit und Zuversicht, mit Stolz auf vollbrachte Leistungen, und machen uns unsere
Stärken bewusst, dann schaffen wir auch hier eine entsprechende Struktur, die uns
langfristig zu einer positiven Grundeinstellung verhilft – und die unterstützt uns
eben auch dann, wenn das Leben uns vor Herausforderungen stellt, ob beruflich
oder privat. Nehmen Sie Einfluss auf Ihre Strukturen, indem Sie steuern, wem
oder was Sie Aufmerksamkeit schenken. Verharren Sie nicht in negativen Gedanken und Gefühlen, richten Sie den Blick stattdessen zügig wieder nach vorn,
sonst leisten Sie der Ausbildung hinderlicher Strukturen Vorschub.

Selbstgesteuerte Neuroplastizität
Der US-amerikanische Psychiatrie-Professor Jeffrey M. Schwartz prägte den
Begriff der selbstgesteuerten Neuroplastizität. Nach Schwartz' Auffassung können

wir lernen, die Reaktionsweise unseres Gehirns zu verändern, indem wir unsere Aufmerksamkeit gezielt ausrichten. „Wir wählen aus, auf welchen Teil unserer Erfahrung wir uns konzentrieren. Wir entscheiden, welche Teile uns packen und kontrollieren […] oder ob wir sie loslassen" (Schwartz und Begley 2003). Die Reaktionsweise unseres Gehirns bei der Verarbeitung von Erfahrungen zu kontrollieren, ist indes eine Herausforderung. Denn Studien haben gezeigt, dass unser Gehirn stärker auf einen negativen Stimulus als auf einen ebenso intensiven positiven Stimulus reagiert. Anders ausgedrückt: Wir lernen mehr aus Schmerz als aus Freude und erinnern uns auch leichter an schmerzvolle Erfahrungen als an erfreuliche. Weil unser Fokus von Natur aus stärker auf das Negative ausgerichtet ist im Sinne einer rechtzeitigen Gefahrenabschätzung, sind wir auch in Beziehungen davon beeinflusst. Im Allgemeinen braucht es fünf positive Interaktionen des Gegenübers, um eine von mir als negativ empfundene Interaktion des Gegenübers in meiner Wahrnehmung wieder auszugleichen. Hand aufs Herz: An wie viel Gutes erinnern Sie sich bei Ihrem Partner und wie schnell fällt Ihnen ein Fauxpas oder Fehler desjenigen ein? Und woran erinnern Sie sich am Ende eines Tages? An zehn Dinge, die gut gelaufen sind, oder an eine Sache, die schiefging? Fakt ist: Was wir erinnern, prägt unsere Erwartungshaltung, unsere Glaubenssätze, unsere Handlungsstrategien und Stimmungen (vgl. Hanson 2010).

Übung

6 min. täglich goldenen Sirup konsumieren

Um unser Gehirn zum Guten zu verändern, rät Rick Hanson, ein halbes Dutzend Mal am Tag an positive Erfahrungen zu denken, jeweils 30 s lang. Das kann entweder geschehen, während Sie Alltägliches erledigen oder wenn Sie zur Ruhe kommen, auch kurz vor dem Einschlafen, wenn das Gehirn besonders empfänglich ist. Sie können die Übung durch die Visualisierung eines bestimmten Bildes unterstützen, z. B. indem Sie sich goldenen Sirup vorstellen, der in Sie hineinfließt, oder einen Juwel, den Sie in die Schatzkiste Ihres Herzens legen (vgl. Hanson 2010).

5.2   Das Geheimnis der Spiegelneuronen

Die wichtigsten Quellen des Glücks sind neben echter Anerkennung, Komplimenten, Lob und zwischenmenschlicher Beachtung soziale Akzeptanz und Wertschätzung. Und da kommen die Spiegelneuronen ins Spiel. Brennt in Ihnen das Feuer der Begeisterung und strahlen Sie das aus? Hören Ihnen Menschen gebannt zu? Können Mitmenschen Ihre Begeisterung für ein neues Projekt spüren? Können Sie Mitmenschen davon überzeugen, dass Sie es schaffen werden? Wann hat das letzte Mal ein anderer Mensch Sie vollkommen überzeugt, sodass Sie keinerlei Zweifel hegten, dass da jemand für seine Idee brannte? Wir spüren die Überzeugung in unserem Gegenüber. Wie genau? Gähnen ist ansteckend. Das haben Sie sicher auch schon bemerkt. Woher kommt das? Die Antwort steckt in den Spiegelneuronen (siehe Abb. 5.1).

Im Jahr 1992 entdeckte ein Forscherteam der Universität Parma unter Führung des Italieners Giacomo Rizzolatti bei Versuchen mit Affen eher zufällig dieses Phänomen. Rizzolatti beobachtete, dass, wenn ein Affe nach einer Nuss griff, bestimmte Gehirnzellen aktiv wurden. Das Erstaunliche war jedoch, dass

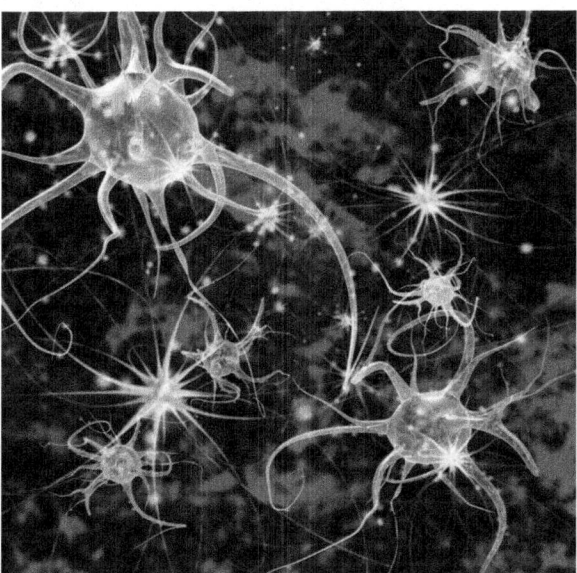

Abb. 5.1 Spiegelneuronen. (Quelle: © fotoliaxrender/Fotolia.com)

bei einem Affen, der selbst nicht nach einer Nuss griff, aber dem anderen Affen dabei zusah, die gleichen Gehirnzellen aktiviert wurden. Diese Beobachtung wurde systematisch erforscht. Das war die Entdeckung der Spiegelneuronen. Spiegelneuronen sind Nervenzellen, die nicht nur beim eigenen Handeln oder Fühlen aktiviert werden, sondern auch bei der Wahrnehmung einer Handlung, eines Gefühls oder eines Wortes mit entsprechender Bedeutung (Fabbri-Destro und Rizzolatti 2008). Der Psycho-Neuroimmunologe Joachim Bauer beschreibt „Spiegelzellen" als Neuronen, die feuern, wenn jemand anderes eine Handlung vollzieht: Im Gehirn des Beobachters feuern die gleichen Nervenzellen (Bauer 2005). Laut Prof. Dr. Dr. Manfred Spitzer müssten sie eigentlich Simulations- oder Empathieneuronen heißen, aber der Begriff „Spiegelneuronen" hat sich allgemein durchgesetzt.

Empathie, also die Fähigkeit, sich in andere hineinzuversetzen und ihre Gefühle nachzuempfinden, beruht auf den Spiegelneuronen. Es feuern dieselben Neuronen, wenn wir etwas tun oder wenn wir jemanden sehen, der es tut (durch Zuschauen lernen), wenn wir denken, jemand hätte es getan, oder wenn wir denken, wir tun es (Vorstellung). Beim Menschen kommt noch zusätzlich die Sprache hinzu. Wenn wir hören, jemand habe es getan, feuern die Neuronen bereits. Oder wenn wir hören, jemand möchte es tun. Ihr Gehirn reagiert also auf die Handlungen Ihres Gegenübers, als ob Sie selbst handeln würden. Spiegelzellen verändern die Handlungsbereitschaft. Dabei können nicht nur beobachtete Handlungen, sondern auch Gefühlszustände, die ein anderer hat, z. B. Angst, im Beobachter eine Resonanz auslösen. Unser Gehirn geht in Resonanz auf das, was andere tun oder fühlen. Das betrifft Handlungen, Körperberührungen, Schmerz, den ich bei anderen sehe, und vegetative Zustände bzw. Reaktionen, z. B. Gähnen bei Müdigkeit (Bauer 2014).

Spiegelneuronen wurden inzwischen auch beim Menschen in vielen Arealen des Gehirns nachgewiesen. Sie ermöglichen es uns,

- die Bedeutung einer Handlung zu verstehen („Simulationsprogramm").
- Handlungen zu erlernen; grundlegende Bewegungsabläufe durch Imitation zu erlernen.
- umgehend auf unsere Umwelt zu reagieren.
- den Ausgang einer Handlung vorherzusagen.
- komplexe Bewegungen einfacher zu erfassen.
- neue motorische Dinge schnell zu lernen (durch Zuschauen).
- Bewegungsabläufe anderer adaptieren zu können. So werden unsere Aufmerksamkeit und unser Verhalten in der Gruppe gesteuert.
- Verhaltensmuster zu erlernen.

- uns in jemanden hineinzuversetzen und die Perspektive zu wechseln.
- empathisch zu reagieren, uns ineinander einzufühlen und „Mitgefühl" zu haben.
- Rapport durch Spiegeln von Mimik und Körperhaltung aufzubauen.

(vgl. Rizzolati et al. 2001)

„Use it or lose it"
Nicht gebrauchte Neuronen sterben mit zunehmendem Alter ab. Nicht benutzte Synapsen gehen zugrunde. Den neurobiologischen Sinn von intensivem Üben begründet der deutsche Psychologie-Professor Jörg Baur fachlich so: „Das Gehirn lernt nach dem Prinzip ‚Use it or lose it'." (vgl. Gesetz der Neuroplastizität). Auf der Grundlage dieses Prinzips des wiederholten, im besten Falle emotional positiv unterlegten Einübens erfolgen der Aufbau und die Stabilisierung kompetenzorientierter (…) Netzwerke. Je häufiger sie aktiviert werden, desto eher verstärken sie sich selbst (…), desto schneller und effektiver können sie abgerufen werden. Ist eine erwünschte Reaktion häufig genug eingeübt und ist dadurch deren zugrunde liegendes neuronales Erregungsmuster gebahnt, erfolgt der Abruf der erwünschten Reaktion mit der Zeit automatisiert (…). Das Erlernen und Automatisieren eines neuen neuronalen Erregungs- und Verhaltensmusters benötigt also Zeit, Übung, Geduld und Ausdauer" (Baur 2010).

Literatur

Bauer, J. (2005). *Warum ich fühle, was Du fühlst. Intuitive Kommunikation und das Geheimnis der Spiegelneurone* (S. 24 ff.). Hamburg: Hoffmann u. Campe.

Bauer, J. (2014). Kongress „Update on Positive Psychology" in Berlin, 12. bis 13. Juli 2014. Vortrag Bauer am 12. Juli 2014, 11 Uhr: „Das Glück und die Hirnforschung".

Baur, J. (2010). Neurowissenschaften und Supervision – ein Überblick. In W. Knopf, I. Walther (Hrsg.), *Beratung mit Hirn, Neurowissenschaftliche Erkenntnisse für die Praxis von Supervision und Coaching* (S. 31–32). facultas.wuv. Wien: Universitätsverlag.

Fabbri-Destro, M., & Rizzolatti, G. (2008). Mirror neurons and mirror systems in monkeys and humans. *Physiology (Bethesda), 23,* 171–179.

Hanson, R. (2010). *Just 1 Thing – So entwickeln Sie das Gehirn eines Buddha.* Freiburg: Arbor.

Hanson, R. (2013). *Denken wie ein Buddha Gelassenheit und innere Stärke durch Achtsamkeit* (S. 30). München: Irisiana.

Hebb, D. O. (1949). *The organization of behavior. A neuropsychological theory.* New York: Wiley.

Rizzolati, G., Fogassi, L., & Gallese, V. (2001). Neurophysiological mechanisms underlying the understanding and imitation of action. *Nature Reviews Neuroscience, 2,* 661–670.

Schwartz, J., & Begley, S. (2003). *The Mind and the brain: Neuroplasticity and the power of mental force.* New York: Regan Books.

Weiterführende Literatur

Bauer, J. (2009). Erziehung als Spiegelung. Die pädagogische Beziehung aus dem Blickwinkel der Hirnforschung. In U. Herrmann (Hrsg.), *Neurodidaktik. Grundlagen und Vorschläge für gehirngerechtes Lehren und Lernen* (2. erw. Aufl., S. 109–115). Weinheim: Beltz.

Bauer, J. (2013). Arbeit als Quelle von Glück und Krankheitsrisiko, Teil 1. Interview mit ORF Radio Voralberg in der Reihe „Focus", 11.10.2013. http://vorarlberg.orf.at/radio/stories/2608682/ Zugegriffen: 21. Okt. 2014.

Bauer, J. (o. J.). Das Glück und die Hirnforschung. Glücksquelle Mitmensch: Eine neurowissenschaftliche Perspektive. Universitätsklinik Freiburg, o. J., S. 4. http://www.seligmaneurope.com/files/bauer_2_2014.pdf. Zugegriffen: 25. Nov. 2014.

Goleman, D. (1997). *EQ. Emotionale Intelligenz.* München: dtv.

Heimsoeth, A. (2008). *Mental-Training für Reiter* (S. 34–36). Stuttgart: Müller Rüschlikon.

Heimsoeth, A. (2012). *Golf Mental* (S. 19). Stuttgart: pietsch.

Heimsoeth, A. (2015). *Chefsache Kopf: Mit mentaler und emotionaler Stärke zu mehr Führungskompetenz* (S. 23 ff.). Wiesbaden: Springer Gabler.

Kilner, J. M., Marchant, J. L., & Frith, C. D. (2006). Modulation of the mirror system by social relevance. *Soc Cogn Affect Neurosci, 1*(2), 143–148.

Navarro, J. (2014). *Die Körpersprache des Datings* (S. 5). München: mvg.

Peters, B., et al. (2012). *Führungsspiel* (S. 76–77). München: Ariston.

Roth, G. (2007). Wie wir funktionieren: Verstand oder Gefühle – wie das Gehirn unser Verhalten steuert. *index 2007(4)*, 46–55.

Spitzer, M. (2012). Soziale Schmerzen. Warum Sie auch weh tun und was daraus folgt. In W. Bertram (Hrsg.), *Das (un)soziale Gehirn. Wie wir imitieren, kommunizieren und korrumpieren* (S. 121–131). Stuttgart: Schattauer.

Swanbrow, D. (2011). Study illuminates the „pain" of social rejection. Ann Arbor, Michigan, U.S. http://home.isr.umich.edu/releases/study-illluminates-the-pain-of-social-rejection/. Zugegriffen: 19. Juli 2014.

Wengel, A. (2009). Interview mit Prof. Gerald Hüther: Die Entwicklung des kindlichen Gehirns (16.06.09). http://www.planet-wissen.de/alltag_gesundheit/psychologie/emotionen/interview_huether.jsp. Zugegriffen: 21. Okt. 2014.

Willems, R. M., & Casasanto, D. (2011). Flexibility in embodied language understanding. *Front Psychol, 2*, 116.

Du bist, was du denkst: Die Macht der Gedanken

6

> *Denkgewohnheiten müssen nicht ewig gleich bleiben.*
> *Eine der bedeutendsten Entdeckungen der Psychologie*
> *in den letzten 20 Jahren ist, dass Menschen ihre Art zu*
> *denken verändern können.*
>
> Martin Seligman

6.1 Pessimistisches Denken

Der US-amerikanische Schriftsteller Mark Twain sagte auf dem Sterbebett: „Ich hatte mein ganzes Leben viele Probleme und Sorgen. Doch die meisten von ihnen sind niemals eingetreten." Wie ist das bei Ihnen? Verstehen Sie mich bitte nicht falsch. Niemand ist frei von negativen Gedanken und selbstverständlich erwarte ich nicht von Ihnen, künftig die Welt nur noch durch eine rosarote Brille zu betrachten. Und es geht auch nicht darum, negative Gedanken einfach zu verdrängen.

Ein Beispiel aus meinem Leben:

Beispiel

Ich segelte mit einem Bekannten rund um Korsika und Sardinien. Wir hatten drei Wochen Zeit. Für alle Mitsegler war es unerheblich, ob wir einen Tag früher oder später zurückkehrten. Mein Bekannter hingegen machte sich vom ersten Tag an Sorgen, dass wir auf dem Rückweg von Sardinien nach Saint-Tropez, Südfrankreich, Starkwind wegen des Mistrals haben könnten. Er drängte uns, täglich große Strecken, bis zu 50 Seemeilen am Tag, zu segeln. Statt entspannt zwischendurch in einer Bucht zu liegen, in Ruhe zu frühstücken, neugierig Städte und Orte entlang der Küste zu erkunden. Was geschah? Die größte Strecke der 157 Seemeilen auf dem Weg zurück von Korsika in

© Springer Fachmedien Wiesbaden GmbH, ein Teil von Springer Nature 2018
A. Heimsoeth, *Frauenpower*, https://doi.org/10.1007/978-3-658-20431-0_6

den Heimathafen Saint-Tropez mussten wir mangels genügend Wind mit dem Motor zurücklegen. Würden Sie sagen, er hat sich als Skipper effizient für die ganze Reise Sorgen gemacht?

Pessimismus ist kein Schicksal. Angst, Zweifel, Sorgen, Skepsis oder Pessimismus beruhen nie auf Tatsachen, sondern auf einer einseitigen Wahrnehmung: Sie sehen nur eine Seite der Medaille.

Ihre Wahrnehmung ist verzerrt. Ihr Angstzentrum ist übermäßig aktiv. Die daraus entstehenden Denkmuster sind Ihnen nicht bewusst.

Die Pessimistin spricht positive Ereignisse dem Zufall oder anderen zu, negative Ereignisse hingegen betrachtet sie als selbst verschuldet. Das zerstört ihr Selbstvertrauen. Sie fühlt sich oft als Opfer. Das begünstigt, dass sie sich selbst als minderwertig und schwach erlebt.

Pessimistinnen schützen sich vor allzu großen Enttäuschungen; schüren die Angst ihrer Mitmenschen und machen sich oftmals unnötig mehr Stress. Die Pessimistin dramatisiert Rückschläge: „Dachte ich es mir doch – das konnte nicht gehen."

Martin Seligman, Professor für Psychologie an der University of Pennsylvania und Autor von Büchern wie „Pessimisten küsst man nicht" und „Der Glücksfaktor: Warum Optimisten länger leben", untersuchte die Denkweisen von Menschen, die sich selbst schnell hilflos fühlten. Pessimistisches Denken, so seine Erkenntnis, stellt in vielen Lebenssituationen ein echtes Hindernis dar: Es lähmt und macht handlungsunfähig. Seligman resümiert: „Nach 25-jähriger Forschungsarbeit auf diesem Gebiet bin ich überzeugt: Wenn wir, wie die Pessimisten, prinzipiell glauben, dass Unglück unsere eigene Schuld ist, dass es sich ständig wiederholen wird und all unsere Bemühungen zunichtemacht, dann stößt uns auch wirklich mehr Unglück zu als bei einer positiveren Einstellung" (Baumgartner 2013).

6.2   Optimismus

So sehr, wie Sie sich mittels Ihrer Gedanken in einen sorgenvollen Zustand bringen können, können Ihre Gedanken Ihre Stimmung auch positiv beeinflussen. Wer an Schönes denkt und positive Botschaften bewusst wahrnimmt, kann sich in eine gehobene Stimmung versetzen. Das zeigt ein Versuch des amerikanischen Psychologen Emmett Velten: Zwei Gruppen von Versuchspersonen erhielten Kartenstapel mit Botschaften. Während die eine Gruppe einen Stapel mit aufbauenden Botschaften vor sich hatte, die von Karte zu Karte positiver wurden, bekam

Abb. 6.1 Optimistin zwischen Pessimisten. (Quelle: © Tatiana/Fotolia.com)

die andere Gruppe neutrale Botschaften. Die Probanden sollten die Karten laut vorlesen. Am Ende des Stapels bat Velten seine Probanden, ihre Stimmung zu beschreiben. Die Gruppe, die die positiven Botschaften laut gelesen hatte, war im Gegensatz zur zweiten Gruppe in guter Stimmung. Das Experiment ist von zahlreichen Psychologen später wiederholt worden. Der Einfluss positiver Botschaften war immer derselbe. Wurden die Probanden darüber hinaus aufgefordert, so zu reden, als ob sie glücklich wären, veränderte das die Stimmung ebenfalls positiv (Corssen und Tramitz 2014).

Optimistinnen geht es grundsätzlich besser, sie sind handlungsfreudiger, flexibler und geben nicht so schnell auf. Optimistinnen (Abb. 6.1) versprühen Lebensfreude. Die Optimistin hält Rückschläge für eher geringfügig: „Das ist doch nicht so schlimm." Die Optimistin übertreibt Erfolge schon mal. Positives Denken ist ein Teil der optimistischen Grundhaltung. Optimisten haben nachweisbar ein leichteres Leben, sie sind gesünder und haben mehr Erfolg im Beruf.

Tragende Säule einer optimistischen Haltung sind positive Emotionen. Die Emotionsforscherin Barbara Fredrickson, Begründerin der Broaden-and-build-Theorie, zeigt durch Studien: Das bewusste Erleben positiver Emotionen wie beispielsweise Vergnügen/Freude oder Liebe löst eine Aufwärtsspirale der Veränderung der Lebenseinstellung zum Positiven aus.

Abb. 6.2 Optimistin oder Pessimistin. (Quelle: © lassedesignen/Fotolia.com)

Beispiel
Finden Sie Beispielsituationen, in denen Sie dank Optimismus zum Ziel gelangen konnten? Sind Sie eher eine Optimistin – so nennt Seligman Frauen mit konstruktiven Einstellungen (Attributionen) – oder eher eine Pessimistin (Abb. 6.2)? Wohin tendieren Sie? Wann genau? Wo genau? Was brauchen Sie, um vom Pessimismus zum Optimismus zu kommen? Was brauchen Sie an inneren und äußeren Ressourcen? Verwenden Sie dazu die Veränderung Ihrer negativen Gedanken und hinderlichen Einstellungen wie auf den folgenden Seiten beschrieben.

6.3   Gedanken: Kleine Ursache, große Wirkung

▶   Gedanken führen zu Gefühlen.
Gefühle führen zu Handlungen.
Handlungen führen zu Ergebnissen.

Doch was ist ein Gedanke? Hirnphysiologisch betrachtet ist ein Gedanke ein biochemischer Prozess. Er ist ein Feuerwerk neuronaler Aktivität, gemacht von

Neuronen, die Information in Form von elektrischen Impulsen darstellen und weiterleiten (vgl. Kumar et al. 2008). Auf wikipedia.de finden sich Erklärungen wie ein Gedanke sei eine Meinung, eine Ansicht, ein Einfall, ein Begriff oder eine Idee, ein Gedanke sei ein bewusster psychischer Akt. Einigen wir uns darauf, dass ein Gedanke das Produkt einer Denkleistung ist, an der unser Gehirn beteiligt ist. Entscheidender als die Definition ist die Tatsache, dass Gedanken sich auf unsere Haltung, unser Verhalten, unser Handeln und unsere Erwartungen auswirken. Wir sind, was wir denken (Buddha).

Ihr eigenes Denken hat Auswirkungen auf Ihre Motivation und Ihr Allgemeinbefinden. Diese wiederum wirken sich über Spiegelneuronen auf Ihr gesamtes Umfeld aus! Das zu wissen und zu verstehen, ist essenziell. Nur wer sich selbst, seine Einstellung, seine Haltung, sein Denken über andere und über Dinge und Situationen, verändert, verändert so auch das System, in dem er sich befindet.

Ich möchte, dass Sie herausfinden, wie Sie lernen können, Ihr eigenes Erleben zu verändern, um etwas Kontrolle über das zu bekommen, was in Ihrem Gehirn tatsächlich passiert. Die meisten Menschen sind Gefangene ihres eigenen Gehirns. Sie verhalten sich, als ob sie am Hintersitz eines Busses festgekettet wären, während jemand anderes lenkt. Ich möchte, dass Sie lernen, Ihren eigenen Bus zu fahren (Bandler 1987). Gewinnen Sie mehr Kontrolle über Ihr Selbst und Ihr Gehirn, steuern Sie Ihre Gedanken bewusst. Ob ein Glas halb voll oder halb leer (Abb. 6.3) ist, hängt ausschließlich vom Betrachter ab. Werden Sie „Busfahrer".

Abb. 6.3 Ob ein Glas halb voll oder halb leer ist, hängt ausschließlich vom Betrachter ab. (Quelle: © Barbara Pheby/Fotolia.com)

Übernehmen Sie in Ihrem Kopf die Führungsrolle. Jeder ist Konstrukteur seiner eigenen Realität.

Die neurowissenschaftlichen Befunde zeigen es: Gedanken und Emotionen verändern die Struktur unseres Gehirns. Wir müssen nicht zu Opfern unseres Gehirns werden, wir können sein Gestalter sein. Die Macht der Gedanken wird noch immer sehr unterschätzt. Doch unsere Gedanken wirken vielfach als sich selbst erfüllende Prophezeiungen. Wie oft haben Sie schon etwas, das Ihnen sehr wichtig war, gar nicht erst versucht, weil Sie Angst hatten, zu scheitern? Wenn Sie sich nicht überwinden können, haben Sie auch nichts zu erwarten. Wenn Sie es nicht versuchen, dann bleiben Sie auch genau dort, wo Sie sind. Wenn Sie es versuchen, haben Sie eine ausgesprochen reelle Chance auf Erfolg. Und werden sich großartig fühlen. Viele Menschen gehen aus Angst vor den Schmerzen und Sorge wegen des Befunds nicht zum Zahnarzt, obwohl sie es dringend müssten. Spüren Sie bei sich selbst nach, was das an Stress in Ihnen auslöst, wenn Sie wissen, Sie müssten gehen, tun es aber nicht und schieben den Besuch weiter vor sich her. Dass davon nichts besser wird, ist offensichtlich.

Kennen Sie Roger Bannister? Der Brite lief 1954 als erster Mensch die Meile in einer Zeit von weniger als vier Minuten. Was ihn ins Ziel und zum Rekord brachte, waren seine Gedanken und inneren Bilder. Er sagte später im Interview, er habe gedacht: „Wenn ich mein Tempo halte bis ins Ziel, werden mich die Arme der Welt empfangen – lasse ich nach, wird diese Welt kalt sein." Bannister gelang damals etwas, was man bis dahin für unmöglich hielt. Heute hofft er, sein Rekord inspiriere Athleten, nach dem Besten zu streben, und zwar durch persönliche Anstrengung allein (vgl. Gernandt 2010). Die Grenzen existieren nur in unseren Gedanken und damit in unserem Kopf. Für die Leistungsfähigkeit des Körpers sind weniger körperliche Grenzen als vielmehr Willenskraft ausschlaggebend.

Negative Gedanken sind bei vielen von uns allgegenwärtig, häufig auch unbewusst. Gehören Sie zu den Menschen, die schon morgens via Funkwecker von schlechten Nachrichten geweckt werden, beim Frühstück und im Auto auf dem Weg zur Arbeit weiter Radio hören, wieder Beschallung mit überwiegend schlechten Nachrichten aus aller Welt, dann tagsüber sich auf dem Gang mit Kollegen über eben diese Neuigkeiten austauschen und abends eine erneute Dosis extrem negative Nachrichten und Katastrophen aus aller Welt zur Tagesschau-Zeit vorm Fernseher konsumieren? Wie lesen Sie Zeitung? Lesen Sie punktuell, lesen Sie alles oder lesen Sie vor allem die Dramen der Welt: von Verschwörungstheorien, Doping, Drogen, Wirtschaftskrise, Vogelgrippe, Steuerbetrug, Mord und Totschlag? Sind

Sie jemand, der sich überwiegend über Fehler unterhält? Fehler, die Sie gemacht haben, Fehler, die Kollegen oder Mitarbeiter gemacht haben? Statt über Ihre Erfolge zu sprechen?

Gedanken sind ein Teil Ihrer inneren Haltung. Stellen Sie sich vor, Sie sitzen nach einem langen grauen Winter am ersten schönen Frühlingstag des Jahres auf einer Berghütte, vielleicht in Begleitung von Freunden oder Familie. Der Himmel ist strahlend blau, der erste Tag seit langem ohne Nebel, und Sie sitzen in der Sonne. Gewähren Sie einer negativen Haltung die Oberhand, dann unterhalten Sie sich mit Ihren Begleitern darüber, wie schlecht der Staat bestimmte Dinge regelt, wie sehr Sie Ihr Job manchmal nervt, warum die Bedienung nicht schneller an Ihrem Tisch ist und die Speisekarte nicht genau das zu bieten hat, was Sie sich wünschen. Oder Sie betrachten die Situation grundsätzlich positiv: Sie genießen den wunderschönen Blick ins Tal, freuen sich darüber, dass Sie so gesund sind, dass Sie auf den Berg gehen konnten, dass Sie Zeit mit lieben Menschen verbringen können, die Ihnen wichtig sind, und dass die Sonne Ihre Haut erwärmt nach einem langen grauen Winter.

> Eines der bedeutendsten Schriftwerke des Judentums, der Talmud, gibt uns eine bemerkenswerte Handlungsanweisung, was unser Leben angeht:
> Achte auf deine Gedanken, denn sie werden Worte.
> Achte auf deine Worte, denn sie werden Handlungen.
> Achte auf deine Handlungen, denn sie werden Gewohnheiten.
> Achte auf deine Gewohnheiten, denn sie werden dein Charakter.
> Achte auf deinen Charakter, denn er wird dein Schicksal.

6.3.1   Das Prinzip der selbsterfüllenden Prophezeiung

Unsere Gedanken können uns entweder blockieren, auf unser Gemüt drücken, uns herunterziehen, uns die Motivation rauben und daran hindern, mutig zu sein und mit Selbstvertrauen etwas zu tun, gar Bestleistungen und Erfolg verhindern oder unsere Gedanken können uns beflügeln und Energien freisetzen. Wenn wir immer wieder das Gleiche denken, dann sind die Chancen sehr groß, dass wir Recht haben und der Gedanke bzw. die Vorhersage zur Realität wird, sie werden zu „selbsterfüllenden Prophezeiungen". Die negativen Selbstgespräche treffen dann auch ein.

Gedanken bestimmen unser Handeln und unsere Gefühle. Zu meinen Klienten zählt eine junge Reiterin, die vor kurzem bei den Landesmeisterschaften zum ersten Mal mit einem Großpferd gestartet ist. Ihre Mutter sagte im Vorfeld zu mir: „Es wird sehr schwer werden." Ich antwortete ihr: „Ja, dann wird es schwer." Wenn wir glauben, dass eine Aufgabe schwer ist, dann wird sie schwer. Vor einer Präsentation macht es einen großen Unterschied, ob ich denke: Wie wird das Publikum wohl mein Thema und Beispiele auffassen? Habe ich die richtigen Worte gewählt? Sind meine PowerPoint-Charts und Illustrationen ansprechend? Oder ob ich voller Selbstvertrauen und mit Leidenschaft auf die Bühne gehe und meinen Vortrag halte.

Wenn Sie sich für einen Pechvogel halten, wenn Sie überzeugt sind, etwas nicht zu schaffen, dann seien Sie nicht überrascht, wenn Sie tatsächlich häufig Pech haben oder vieles nicht erreichen. Im Alltag finden sich Menschen, denen so etwas passiert, oft in ihrer Meinung bestätigt und sagen: „Ich hab's kommen sehen!", „Hab' ich doch gleich gewusst, dass das nichts wird" oder „Ich wusste schon immer, dass er etwas gegen mich hat".

Unsere Erwartungen beeinflussen unser Verhalten. Was wir über andere Menschen denken, wird deshalb meist auch wahr. Was wir über jemanden denken, wird zum einen gespeist aus dem Wissen, dass wir zu dieser Person haben, zum anderen, gerade wenn sie uns noch unbekannt ist, aus der Art und Weise, wie uns

Abb. 6.4 Präsentation. (Quelle: © wellphoto/Fotolia.com)

dieser Mensch gegenübertritt. Begegnet Ihnen jemand kühl und reserviert, werden Sie denjenigen in der Regel nicht freudestrahlend und herzlich begrüßen, sondern selbst zurückhaltend, vielleicht sogar abweisend reagieren. Ihr Gegenüber reagiert darauf entsprechend und schon verfestigt sich ein gewisses Bild dieses Menschen bei Ihnen – Sie sehen Ihre Erwartungen bestätigt. Der eigene Umgangsstil ruft bei Ihrem Gegenüber jene Verhaltensweisen hervor, die Ihren Erwartungen entsprechen. Künftig werden Sie bei dieser Person besonders auf Indizien achten, die Ihr gefasstes Bild bestätigen. Verhaltensweisen, die Ihre Meinung über diesen Menschen widerlegen könnten, werden Sie weniger stark wahrnehmen.

Ihr eigenes Denken – wir wissen das dank der Spiegelneuronen – wirkt sich auf Ihr gesamtes Umfeld aus. Welche einschränkenden, selbsterfüllenden Gedanken und Überzeugungen gibt es in Ihrem Verantwortungsbereich? Eine Klientin von mir, die im Vertrieb arbeitet, litt unter Präsentationsangst (Abb. 6.4). Ob vor dem Vorstand oder auf Tagungen mit bis zu 300 Zuhörern – die Angst packte sie ab dem Moment, in dem sie von der Präsentation wusste. Sie bekam Magenprobleme und weiche Knie während einer Präsentation. Sie sprach ständig von „Horror" im Zusammenhang mit Präsentationen. Wochenlang beschäftigte sie sich in Gedanken mit dem bevorstehenden „Horror", während der Präsentation verstärkten unaufmerksame Zuhörer ihre Angst noch, weil sie sich dann permanent fragte, ob sie sie langweile. Im schlimmsten Fall mündete ihre Angst in einen Kreislaufzusammenbruch.

Was war geschehen? Sie hatte ihre „Horror"-Prophezeiung selbst erfüllt. Sie bahnte mit ihrem Denken eben solche neuronalen Pfade, die hinderlich waren, gewährte ihnen die Chefposition im Kopf und ließ sie zu mentalen Autobahnen werden. Unaufmerksamen Zuhörern unterstellte sie, dass sie gelangweilt seien von ihrer Präsentation, und verstärkte so ihren eigenen Stress. Was hilft in einem solchen Fall? Stress lässt sich zum einen reduzieren, indem man die Beurteilung der Situation verändert und nicht alles auf sich bezieht. Zum anderen, indem man die Herausforderung positiv annimmt. Statt die Präsentation als „Horror" zu bezeichnen, hilft es, sie als „Entwicklungschance zum Lernen" zu sehen. Kommen selbstzerstörerische Gedanken auf, gilt es, diese zu stoppen (eine entsprechende Technik stelle ich Ihnen nachfolgend vor) und sich stattdessen positive Anweisungen zu geben.

Die Veränderung der Sichtweise allein reicht in einem solchen Fall indes nicht aus, um die Probleme in den Griff zu bekommen. Ich habe bei dieser Klientin Entspannungstechniken wie wingwave® und Atemtechniken angewandt, Visualisierung und mit ihr nach einer Ausnahme, einer Referenzerfahrung in der Vergangenheit, gesucht, die ihr vor Augen führt, dass sie sehr wohl in der Lage ist, gute Präsentationen vor einer größeren Zuhörerschaft abzuhalten.

6.4   Der innere Dialog

Mit wem sprechen wir am häufigsten? – Genau, mit uns selbst. Wir sprechen innerlich ständig mit uns selbst. Haben Sie schon einmal bewusst auf Ihre inneren Stimmen gehört? Auf die Frage, wenn man sich wieder einmal als Idioten beschimpft, mit wem man da eigentlich spricht, erhält man meist unisono die Antwort: „Ich spreche mit mir selbst!" Daraus lässt sich ja nur schlussfolgern, dass zwei oder mehr Personen in einem wohnen (müssen), nämlich diejenige, die schimpft und meckert, und diejenige, die sich permanent diese unsäglichen Kommentare anzuhören hat. Manchmal mahnt die innere Stimme uns zu mehr Disziplin, macht uns Vorwürfe, wertet uns ab, kritisiert uns oder erinnert uns an wichtige Dinge o. Ä. Wenn man sich mit seiner „inneren Stimme" also zu etwas auffordert, so entspricht dies nichts anderem als der Kommunikation zwischen Bewusstsein und Unterbewusstsein. Im Grunde gibt Ihr Bewusstsein einen Befehl, und Ihr Unterbewusstsein hat diesen auszuführen. In England sagt man zu den Stimmen auch „drunken monkey". Diesen Affen darf man nicht immer ernst nehmen, er spiegelt die Welt nicht objektiv wider. Innere Stimmen basieren auch auf bisherigen Lebenserfahrungen („Meine Mutter hat mich auch nie gelobt …"). Achten Sie auf Ihre inneren Stimmen: Ist es immer Ihre Stimme oder die eines anderen Menschen?

Ist Ihnen die Bedeutsamkeit Ihres inneren Dialogs und Ihrer Selbstgespräche (Abb. 6.5) für Ihre Leistung bewusst?

Abb. 6.5 Selbstgespräch. (Quelle: © yarlander/Fotolia.com)

Dem inneren Dialog kommt eine große Bedeutung für die Konstruktion unserer subjektiven Realität zu. Im inneren Dialog erklären wir uns, was wichtig und bedeutend ist. Die Qualität Ihres inneren Dialogs spielt in Ihrem Leben eine entscheidende Rolle, denn er kann helfen, unsere Leistung und unser Wohlbefinden zu steigern. Er ist gleichzeitig eine wichtige Grundlage für das Selbstmanagement. Mehr zur Bedeutung der Wechselwirkung zwischen Körper und Psyche in diesem Zusammenhang können Sie auch der Embodiment-Theorie entnehmen (vgl. Storch et al. 2006).

Die zwei „Ichs"
Soll unser innerer Dialog uns nutzen – und das sollte Ihr unbedingtes Anliegen sein –, dann ist es wichtig, dass er wohlwollend und motivierend ist. Seien Sie sich selbst Ihre beste Freundin! Aus welchen Gründen? Weil Höchstleistungen nur möglich sind, wenn Sie Ihren inneren Dialog zielführend und positiv gestalten. Wer Profi-Tennisspieler beim Match beobachtet, stellt fest, dass viele Spieler mit sich selbst reden, sie erteilen sich am laufenden Band Befehle. Diesem Phänomen widmet sich W. Timothy Gallwey in seinem Buch „The inner game of tennis" (2003). Er betrachtet das „Ich" und das „Selbst" als „offenkundig getrennte Wesen", die miteinander kommunizieren. „Das eine ‚Ich' erteilt offenbar die Anweisungen, während das andere, das ‚Selbst', sie ausführt. Daraufhin gibt das ‚Ich' eine Bewertung der Aktion ab." Die Qualität des Tennisspiels hängt, so Gallwey weiter, von der Art der Beziehung zwischen dem „Ich" und dem „Selbst" ab. Der innere Dialog des Spielers sei „entscheidend für seine Fähigkeit, technisches Wissen in wirkungsvolle Handlung umzusetzen" (Gallwey 2003). Mit anderen Worten: Je besser Sie mit sich umgehen, umso leistungsfähiger sind Sie.

Ex-Fußball-Nationaltorwart Oliver Kahn sagt zum inneren Dialog: „Der innere Dialog ist ein Werkzeug, mit dem es gelingt, einen Zustand zu erreichen, den ich mit ‚stark im Kopf' und ‚mental stark' bezeichne. Das ist die Fähigkeit, Herr seiner Gedanken zu sein und sich in einen positiven Zustand zu versetzen, der von tiefer Überzeugung und Zuversicht geprägt ist" (Kahn 2010).

Der innere Dialog läuft in der Regel eher unbewusst ab. Ihr Unterbewusstsein ist wie einer Ihrer gewissenhaften Angestellten. Es braucht und sucht nach Führung. Bekommt es diese Führung nicht von Ihnen, holt es sich die benötigten Direktiven von externen Quellen: von Arbeitskollegen, Mitarbeitern, vom Vorgesetzten, vom Partner oder sogar aus den Medien. Wie viele der Gedanken, die Sie täglich im Kopf bewegen, stammen wirklich von Ihnen? Und wie hören sich Ihre Gedanken an? Unterstützen sie Sie oder behindern sie Sie? Es ist wichtig, die eigenen Gedanken bewusst zu kontrollieren, damit negative Gedanken sich nicht

weiter ausbreiten können und destruktiv wirken. Negative Gedanken wie „Ich
kann das nicht.", „Ich bin so blöd.", „Du Ochse, das hätte deine Oma ja besser
gekonnt.", „Oh Gott, ich glaube, das schaffe ich nicht.", „Es war schon immer
so, es wird wieder so sein.", „Ich bin mir nicht sicher, ob ich gut genug vorbereitet bin.", „Das schaffst du sowieso wieder nicht.", „Jetzt werde ich schwere
Beine bekommen." (im Sport), „Ich weiß nicht, ob ich der Richtige für die Aufgabe bin.", „Er könnte mich ablehnen.", „Ich kann nichts richtig.", „Ich bin
nicht liebenswert.", „Ich bin hässlich.", „Typisch, dass mir das wieder passiert.",
„Ich habe einfach kein Glück.", „Mich mag keiner.", „Aus dir wird nie etwas.",
„Meine Haare sind so …", „Ich habe keine Chance …", „Du bist wie …" führen
zu Stress, Angst oder Verspannung. Diese negativen Gedanken entwickeln sich zu
Gewohnheiten. Das Ergebnis der negativen Gedanken ist in der Regel eine schwache Leistung. Und noch mehr: Ständig negative Gedanken machen krank. Positive
Gedanken hingegen stärken mich, bauen mich auf, machen mich sicherer.

Kennen Sie die „Geschichte mit dem Hammer" aus der Feder des österrei-
chisch-US-amerikanischen Psychologen und Kommunikationswissenschaftlers
Paul Watzlawick (1921–2007)?

Die Geschichte vom Hammer

Ein Mann will ein Bild aufhängen. Den Nagel hat er, nicht aber den Hammer.
Der Nachbar hat einen. Also beschließt unser Mann, hinüberzugehen und ihn
auszuborgen. Doch da kommt ihm ein Zweifel: „Was, wenn der Nachbar mir
den Hammer nicht leihen will? Gestern schon grüßte er mich nur so flüchtig.
Vielleicht war er in Eile. Aber vielleicht war die Eile nur vorgeschützt, und
er hat etwas gegen mich. Und was? Ich habe ihm nichts angetan; der bildet
sich da etwas ein. Wenn jemand von mir ein Werkzeug borgen wollte, ich gäbe
es ihm sofort. Und warum er nicht? Wie kann man einem Mitmenschen einen
so einfachen Gefallen abschlagen? Leute wie dieser Kerl vergiften einem das
Leben. Und dann bildet er sich noch ein, ich sei auf ihn angewiesen. Bloß weil
er einen Hammer hat. Jetzt reicht's mir wirklich." Und so stürmt er hinüber,
läutet, der Nachbar öffnet, doch bevor er „Guten Tag" sagen kann, schreit ihn
unser Mann an: „Behalten Sie Ihren Hammer für sich, Sie Rüpel!"

Für Paul Watzlawick ist die Wirklichkeit das, was wir aus ihr machen.

Übung Gedankenprotokoll

Es ändert sich nichts in unserem Leben, solange unsere alten negativen Denkmuster, stets die gleichen Sorgen und Gewohnheiten uns dominieren.

Welche Gedanken spuken Ihnen immer wieder durch den Kopf? Wie sieht Ihr
innerer Dialog aus? Ärgerlich? Wütend? Schädlich? Ängstlich? Oder positiv?

Förderlich? Liebevoll? Freundlich? Glücklich? Motivierend? Anleitend? Haben Sie sich schon einmal aufmerksam selbst zugehört? Wissen Sie, wie Sie mit sich reden? Wie gehen Sie dabei mit sich selbst um? Was denken Sie über sich und andere? Was denken Sie über das, was gerade ist? Was lösen Ihre Gedanken in Ihnen aus? Beobachten Sie Ihre Gedanken. Während Sie eine leicht stressbesetzte Aufgabe, eine schwierige Aufgabe oder eine aussichtslos scheinende Aufgabe erledigen oder sich in einer typischen Angst- oder Konfliktsituation oder Situation mit maximaler Belastung befinden, sprechen Sie alles, was Ihnen durch den Kopf geht, was Sie denken und wie sich das für Sie anfühlt, laut aus und zeichnen dies mit dem Smartphone oder Diktiergerät auf (vgl. Eberspächer 2007). Beobachten Sie vor, während und nach besonderen Herausforderungen, was Ihnen durch den Kopf geht und ab wann genau sich Ihre Gedanken verändern. Erinnern Sie sich an Ihre letzte erfolgreiche Präsentation, Verkaufsgespräch etc. Was haben Sie sich vor Beginn, währenddessen und danach gesagt? Erinnern Sie sich an Ihre letzte misslungene Präsentation, ein erfolgloses Verkaufsgespräch oder gescheitertes Projekt. Was haben Sie sich vor Beginn, währenddessen und danach gesagt?

Fertigen Sie eine schriftliche Dokumentation an und sortieren Sie Ihre Selbstgespräche (Gedanken) in unterstützende und einschränkende, bremsende, negative Gedanken. Was stellen Sie fest? Leiten Sie Konsequenzen für Ihre Leistung daraus ab. Welche Worte können Sie am besten beruhigen oder entspannen, welche Worte können Sie am ehesten aktivieren?

Halten Sie positive Bekräftigungen und Formeln fest, die Sie zu sich selbst vor, in und nach jeder Präsentation, jedem Gespräch oder Projekt während einer leichten oder schwierigen Aufgabe unterstützend sagen werden, und stellen Sie fest, wann und wie genau Sie sich während der Situation an diese positiven Formeln erinnern werden.

Gerade wenn Sie in einem Stimmungsloch sitzen, ist es hilfreich, die Gedanken zu analysieren, sich zu hinterfragen, die Einstellung zu sich und zum Leben zu reflektieren. Bin ich gerade wieder dabei, mich abzuwerten und den inneren Kritiker sehr laut zu stellen? Wenn Sie sich selbst verurteilen, dann sind Sie auf dem besten Weg, mittels der Abwärtsspirale zu einem negativen Selbstbild zu gelangen.

> Wenn Sie zu den Frauen gehören, die ihr Negativdenken verteidigen, dann fragen Sie sich: Was hält Sie in Ihrer negativen Einstellung fest? Was stellt Ihr jetziges Denken sicher? Was ist der Gewinn davon? Was haben Sie davon?
> Wir sprechen hier im Coaching vom Sekundärgewinn. Was für einen Nutzen hat dieses Denken für Sie? Welche Vorteile?

Brauchen Sie das heute noch? Wie können Sie den Nutzen auf andere Art und Weise sicherstellen?

Ein typischer negativer Gedanke, den Sie hinterfragen und analysieren soll-ten, ist: **„Mir ist alles zu viel!"**

Wachen Sie mit diesem Gedanken morgens auf? Haben Sie viel um die Ohren? Wie lang sind Ihre Arbeitszeiten tatsächlich? Wie intensiv ist diese Zeit mit Arbeit gefüllt? Laufen Sie Ihrer Arbeit nur noch hinterher? Kom-men Belastungen aus dem privaten Bereich hin-zu, zum Beispiel Sorgen um einen Angehörigen, ein Pflegefall, Eheprobleme, schulische Probleme der Kinder oder Schulden? Unterschätzen Sie Ihre Belastungen und über-schätzen Sie Ihre Ressourcen?

Steigern Sie sich nicht hinein und verfallen Sie nicht dem Selbstmit-leid. Schätzen Sie realistisch ein, was Sie leisten können. Sprechen Sie mit Ihrem Umfeld (Familie, Chef, Partner, ...) über Entlastungsmöglichkeiten.

Für Ihr Selbstmanagement: Finden Sie neue Gedanken, die Sie entlasten (Abb. 6.6).

Abb. 6.6 Seien Sie sich selbst Ihre beste Freundin! (Quelle: © Kerstin Diacont & Antje Heimsoeth)

6.5 „Ich schaffe es" – Selbstgespräche

Dieser von dem bekannten Buchautor Hannes Lindemann geprägte Satz begleitete ihn bei seinen Atlantiküberquerungen mit einem Serienfaltboot. Er erkannte den Zusammenhang zwischen inneren Gedanken und der Leistungsfähigkeit seines Körpers. Lindemann war der Meinung, dass erfolglose Handlungen (z. B. eine Aufgabe bei seinen Überquerungen) ihren Ursprung in negativen Selbstgesprächen haben. Sein Fazit: „Ein Schiffbrüchiger gibt zuerst seelisch auf, dann erst folgen die Muskeln, und als letztes überlebt das Rettungsboot!" (Zerlauth 2000).

Der Sportpsychologe Hans Eberspächer hat die Funktion von Selbstgesprächen wie folgt erklärt: „In Selbstgesprächen formuliert man Pläne für sein Handeln, gibt sich selbst Anweisungen, ordnet seine Gedanken oder kommentiert das eigene Handeln" (Eberspächer 2007). In Studien hat sich gezeigt, was einen erfolgreichen Menschen im Bereich des inneren Dialogs auszeichnet: Das Selbstgespräch verläuft konstruktiv, anspornend und handlungsorientiert. Bei Misserfolgen berichten Menschen oft, dass ein vorhergehendes negatives Selbstgespräch bereits die Weichen in Richtung des unerwünschten Verlaufs gestellt habe. Negative innere Dialoge beeinflussen also auch das Handeln negativ.

Negative Gedanken lassen sich nicht vermeiden. Sie können nicht ausgeschaltet, unterdrückt oder verdrängt werden, aber Sie können Ihre passive und negative Einstellung aufgeben und diese mit diszipliniertem Üben durch eine aktive und positive Einstellung ersetzen. Dies erreichen Sie durch die Umwandlung negativer Gedanken in positive Gedanken – mit sogenannten Affirmationen (positive Selbstgespräche), mit denen negative Gedanken, negative Gefühle und Vorstellungen durch positive ersetzt werden.

Mithilfe von Affirmationen programmieren wir unsere Gedanken um und verändern unser Fühlen und Verhalten. Das Wort Affirmation beinhaltet das lateinische Wort „firmare", was so viel bedeutet wie „festigen, verankern". Eine Affirmation ist ein bejahender, autosuggestiver Satz, der bei ausreichender Wiederholung die Kraft hat, Gedanken und Überzeugungen zu verändern. Affirmationen haben eine große Wirkung.

Suchen Sie jetzt sich gut anfühlende Affirmationen für verschiedene Lebensbereiche, egal, ob privat, für den Sport oder für den Beruf. Erinnern Sie sich an Situationen, die Ihnen zugesetzt haben, auch aufgrund Ihrer negativen Gedanken seitens Ihres inneren Kritikers. Wie haben Sie sich gefühlt? Überlegen Sie sich anschließend positive, kraftgebende und förderliche Sätze. Welche Gedanken bringen Sie in eine konstruktive, zuversichtliche, tatkräftige Stimmung?

Im Folgenden ein paar Beispiele

- „Ich darf alles, was gut ist in meinem Leben, annehmen und mich darüber freuen."
- „Ich vertraue meinen Selbstheilungskräften."
- „Ich lebe eine erfüllte und glückliche Partnerschaft."
- „Ich darf unbeschwert mein Leben genießen."
- „Ich lasse los, was mir nicht mehr dient, und gehe weiter."
- „Ich darf immer mehr so werden, wie ich bin."
- „Ich lobe mich selbst."
- „Ich habe schon viel in meinem Leben erreicht. Ich bin stolz auf mich."
- „Ich darf mich mögen, wie ich bin."
- „Ich akzeptiere den Partner, wie er ist, und bleibe gelassen, egal, was er tut."
- „Ich habe viele Fähigkeiten, die mich ausmachen."
- „Ich darf erfolgreich sein."
- „Ich habe Spaß am Sport."
- „Damit werde ich auch noch fertig!"
- „Ich freue mich darauf, …"
- „Ich bin wertvoll."
- „Ich bin in jedem Moment perfekt so, wie ich bin."
- „Ich erlaube mir zu wachsen."
- „Sich weich durchsetzen – das ist mein Motto."
- „Nichts wird so heiß gegessen, wie es gekocht wird."
- „Einsatz wird belohnt!"
- „Ich bin geduldig mit mir."
- „Meine Bedürfnisse sind wichtig."
- „Ich stehe zu meinen Wünschen. Ich stehe für mich ein."
- „Fragen kostet nichts."
- „Ich schaffe das, wenn ich mein Bestes gebe!"
- „Ich konzentriere mich auf die Aufgabe/Handlung!" (statt auf das Ergebnis)
- „Ich kann. Ich will. Ich werde!" (Einstellung zu Verantwortung)
- „Tief atmen!" oder Signalworte wie „Fokus!" helfen Ihnen zum Beispiel, konzentriert zu bleiben.

Wie wirken diese Sätze auf Sie? Suchen, wählen und passen Sie einmal ausgewählte Sätze so lange an, bis Sie sich gut mit den Sätzen fühlen.

Erstellungsregeln für Affirmationen
Wichtig bei der Formulierung von Affirmationen:

- Positive, kraftgebende, förderliche, bejahende Formulierungen.
- Kurze, knappe, einfache Sätze, die leicht zu wiederholen sind.
- Formulierungen, die rhythmisch oder auch lustig und originell sind.
- Formulierungen in der Gegenwartsform, so als hätten Sie es bereits erreicht.
- Ein Satzbeginn mit „Ich", „Ich darf …", „Ich erlaube mir …", „Ich will …", „… immer mehr …", „… jeden Tag mehr und mehr …", „Ich freue mich auf …".
- Keine Affirmation, von der Sie selbst nicht glauben, dass sie auf Sie zutrifft.
- Die Affirmation benennt das, was Sie wollen (und nicht das, was Sie nicht wollen).
- Die Affirmation muss in Ihrem Einflussbereich liegen.

Vermeiden Sie „Ich bin"-Sätze wie „Ich bin schön". Das könnte den inneren Rebellen auf den Plan rufen, der sagt, was das denn für ein Blödsinn sei.

Lassen Sie die Affirmation durch ständiges Wiederholen zum Ohrwurm werden. Gut eignen sich auch Metaphern wie „Ich bin ein Fels in der Brandung" oder „Ich bin stark und selbstbewusst wie ein Löwe".

Abb. 6.7 Affirmation. (Quelle: © motorradcbr/Fotolia.com)

Wohlgemerkt, Affirmationen haben nichts mit dem „Tschaka"-Ruf von Motivationsgurus zu tun. Sie stellen vielmehr eine klar formulierte, konkrete, bekräftigende Anweisung dar, mit der Sie Ihre Gedanken und damit auch Ihr Handeln positiv beeinflussen können. Positives Denken bedeutet indes nicht, dass Sie jetzt alles erreichen, was Sie sich zum Ziel gesetzt haben. Auch dem positiven Denken sind Grenzen durch die objektiven Leistungsbedingungen des Menschen gesetzt (vgl. Baumann 1993). Aber positive Gedanken wirken wie ein Keil, der sich zwischen negative Programme und Ausführungen schiebt. Konsequentes Training positiver Denkinhalte lässt den Keil immer tiefer eindringen, um die Wirkung der negativen Glaubenssätze langsam auszuschalten.

Sagen Sie sich diese Sätze häufig während des Tages – wenn möglich laut, bei Anwesenheit Dritter ansonsten leise. Sie können sie auch singen. Gleich morgens beim Aufstehen, wenn Sie an der Ampel oder Kasse im Supermarkt warten, und abends im Bett, bevor Sie einschlafen. Schlafen Sie mit positiven Gedanken ein. So, wie man einschläft, wacht man meist auf.

Tragen Sie diese Gedanken als Erinnerungsstütze bei sich. Schreiben Sie die Sätze auf einen Zettel (Abb. 6.7). Programmieren Sie das Hintergrundbild Ihres Computers oder Smartphones mit diesen Sätzen, hängen Sie sich eine Haftnotiz mit diesen Sätzen an den Badezimmerspiegel oder den Kühlschrank, kleben Sie die Sätze mithilfe von Tesakrepp auf das Armaturenbrett Ihres Autos. Üben Sie die neuen Affirmationen mindestens sechs Wochen lang.

Affirmationen dienen der Stärkung des Selbstvertrauens, der Selbstmotivierung, dem Relativieren und der Konzentration. Sie programmieren sich mit Affirmationen selbst auf Erfolg.

6.6   Negative gegen positive Gedanken

Übungsanleitung
Angenommen, Sie sitzen in einem Meeting und diskutieren über ein Projekt.

Sie haben alle gleich viele Kugeln, Streichhölzer, Murmeln oder andere kleine Gegenstände in beiden Hosentaschen (5 oder 10). Bei jedem negativen Gedanken oder einer negativen Reaktion müssen Sie einen Gegenstand von der linken Hosentasche in die rechte tun. Bei einer positiven Reaktion nehmen Sie einen Gegenstand aus der rechten Hosentasche und stecken diesen in die linke. Wer zuerst die linke (positive) Tasche voll und die rechte leer hat, hat gewonnen. Hat jemand zuerst die linke Tasche leer und die rechte voll, hat er verloren. Es kann auch eine Tabelle mit einer positiven und einer negativen Spalte auf einen Zettel gemalt werden, in die die Kugeln sortiert werden.

Ziel

Die Gedanken kontrollieren und möglichst mehr positive als negative Gedanken haben (Abb. 6.8).

Negative und positive
Gedanken

Nehmen Sie 10 Murmeln.
Davon verteilen Sie fünf Murmeln in die rechte Hosen-
tasche (positive, unterstützende Gedanken) und fünf
Murmeln in die linke Hosentasche (negative Gedanken).
Bei jedem positiven Gedanken tun Sie eine Murmel von
der linken (negativen) in die rechte (positive) Hosentasche.
Und anders herum. Ziel der Übung ist es, am Abend alle
Murmeln in der rechten (positiven) Hosentasche zu haben.
Zumindest sollten Sie mehr Murmeln in der rechten als
in der linken Hosentasche haben.

So kontrollieren Sie Ihre Gedanken.

Abb. 6.8 Negative gegen positive Gedanken. (Quelle: Urheberrecht bei Autorin/Kerstin Diacont)

6.7   Die Kraft der Worte

Hier ein paar kleine Übungen.
   Beenden Sie folgende Sätze schriftlich:

Ich möchte mehr _____

Ich brauche mehr _____

Ich will mehr _____

Ich sollte mehr _____

Ich wünsche mir mehr _____

Sagen Sie die Sätze laut. Streichen Sie dann „mehr" und sprechen Sie die Sätze ohne dieses Wort wieder laut aus. Fühlen Sie den Unterschied?
   Nun machen Sie dasselbe mit Ihnen geläufigen Muss-Sätzen:

Ich muss _____

Ich muss _____

Ich muss _____

Ich muss _____

Ich muss _____

Sagen Sie diese Sätze wieder laut. Setzen Sie nun anstelle von „Ich muss" „Ich will". Auf diese Weise wird Ihnen bewusst, ob Sie das, was Sie bisher zu müssen glaubten, überhaupt selbst wollen.
   Und:

Ich habe beschlossen, zu versuchen, _____

Ich will versuchen, _____

Ich versuche immer, _____

Ich bin bereit, zu versuchen, _____

Ich werde versuchen, _____

Streichen Sie jeweils das Wort „versuchen" und bilden Sie mit dem eigentlichen Verb des Satzes einen Gegenwartssatz. Sagen Sie beispielsweise statt „Ich will versuchen, dieses Projekt erfolgreich abzuschließen" nun „Ich schließe dieses Projekt erfolgreich ab." Spüren Sie, was dadurch geschieht? Was beim Versuchen in weiter Ferne zu liegen schien, ist auf einmal so nah, dass Sie sofort damit anfangen können.

6.8   Übung Gedankenstopp

Der deutsche Spitzengolfer Martin Kaymer war im Jahr 2010 die Nummer eins der Weltrangliste. Binnen vier Jahren rutschte er auf Platz 61. Doch dann, beim Players Championship 2014 in Ponte Verda Beach, Florida, stürmte er zurück an die Spitze. Kaymer sagte dazu: „Ich habe in den vergangenen zwei Jahren viel über meine Schwungänderungen nachgedacht. Nach jedem Schlag habe ich versucht, herauszufinden, was ich falsch und was ich richtig gemacht habe. Es behindert einen einfach, wenn man zu viel nachdenkt und versucht, perfektes Golf zu spielen." Er brachte sein Erfolgsrezept mit einem Satz auf den Punkt: „Ich habe aufgehört, groß nachzudenken" (Dillenburg 2014). So sehr wir uns auch bemühen, optimistisch und zielfokussiert zu sein – grüblerische, hemmende, zweiflerische und destruktive Gedanken hat jeder von uns. Dann hilft es, negative Gedanken anzuerkennen und sie in positive Gedanken umzuformulieren. Als Erste-Hilfe-Maßnahme hilft der Gedankenstopp, um aufkommenden negativen Gedanken Einhalt zu gebieten.

Sobald negatives Denken oder eine selbsterfüllende Prophezeiung aufkommen, visualisieren Sie ein Stoppschild (Abb. 6.9) wie im Straßenverkehr oder ein ähnliches Symbol, schauen es an und sagen „STOPP!" (leise, wenn möglich laut). Sie können das Wort mehrmals hintereinander sagen. Zusätzlich können Sie noch mit einer Hand auf den Oberschenkel klopfen. Atmen Sie dabei ruhig und tief ein und aus und nehmen Sie eine aufrechte Haltung ein. Wenn es Sie unterstützt, können Sie sich beim Ein- und Ausatmen vorstellen, wie sich dieser Gedanke in Luft auflöst.

Abb. 6.9 Stopp-Karte.
(Quelle: Urheberrecht beim
Autor)

Nach dem STOPP-Signal richten Sie Ihre Gedanken entweder auf etwas, das Ihnen guttut, oder auf die anstehende Aufgabe, suchen nach einer Lösung für die Aufgabe bzw. konzentrieren sich auf die Aufgabe. Dies unterstützen Sie mit einem positiv formulierten und unterstützenden Gedanken, z. B. der Erinnerung an etwas Angenehmes, damit Sie nicht wieder in das alte belastende, negative Denkmuster verfallen! Lassen Sie dieses Stopp-Verfahren zur Gewohnheit werden. Das dauert erfahrungsgemäß etwas. Setzen Sie den Gedankenstopp in stressfreien Situationen ein, damit Sie diesen dann auch an Tagen der „schlechten Befindlichkeit" wirkungsvoll einsetzen können. Wenn Sie sich unter Stress befinden, neigen Sie dazu, gewohnte Verhaltensweisen oder Stereotype durchzuführen, ob diese nun der Situation angemessen sind oder nicht. Das heißt: Verhaltensweisen, die kaum trainiert sind, sind unter Stress nicht abrufbar.

Natürlich ist damit das zugrunde liegende Problem nicht gelöst, doch gewinnen Sie erst einmal innerlich Abstand und verderben sich nicht mit Grübeln die Stimmung. Später können Sie klar entscheiden, ob bzw. wann Sie aktiv werden, und das, was da in Ihnen arbeitet, lösungsorientiert angehen. Ich führte früher selbst unwahrscheinlich negative Selbstgespräche. Ich konnte mich nur selten in einem positiven Licht sehen, Erfolg haben oder mich freuen. Meine negativen Selbstgespräche hatten sich dann auch meist bewahrheitet.

Bitte denken Sie daran: Das neue, bewusste und positive Denken bedeutet Training – wie technisches und körperliches Training im Sport. Geben Sie sich Zeit und haben Sie Geduld! Üben Sie sich im Umformulieren von einschränkenden, hemmenden, negativen Gedanken. Achten Sie so, wie Sie auf Ihre körperliche Hygiene achten, genauso auf Gedankenhygiene: Nehmen Sie wahr, was Sie denken.

Schreiben Sie Affirmationen auf und lesen Sie diese mehrmals täglich, tragen Sie sie bei sich, haben Sie diese als Sprachmemo auf Ihrem Smartphone dabei. Richten Sie Ihre Aufmerksamkeit auf Lösungen statt auf Probleme – das unterscheidet den Erfolgreichen vom Erfolglosen!

6.9   Dankbarkeits- und Erfolgstagebuch

Eine Veränderung der inneren Haltung, Denkweisen und Überzeugungen kommt nicht über Nacht. Aber Sie können jeden Tag ein Stück dazu beitragen: mit dem Führen besonderer Tagebücher. Der amerikanisch-ungarische Psychologe und Motivationsforscher Mihaly Csikszentmihalyi rät dazu, sich abends auf drei Dinge zu besinnen, die am Tag gut gelaufen sind. Glück ist für Csikszentmihalyi die Summe guter Momente, denen wir jeden Tag Aufmerksamkeit schenken. Unaufmerksamkeit sei deshalb der schnellste Weg ins Unglück, so der Wissenschaftler. Die Erkenntnisse der Glücksforschung zu den Effekten einer optimistischen Betrachtungsweise habe ich bereits in der Einführung erläutert. Nun ist es an Ihnen, es an sich selbst auszuprobieren. Es braucht wirklich nicht viel Zeit und ich würde mich freuen, wenn Sie sich auf diese Übung einlassen könnten. Mein Leben hat sich durch das Führen eines Dankbarkeitstagebuches definitiv verändert. Ich bin zuversichtlicher, ja glücklich geworden und schlafe oft darüber ein.

In Ihrem Dankbarkeitstagebuch halten Sie alles fest, was Ihnen tagsüber an Gutem widerfahren ist: All die schönen, kleinen und großen, besonderen Ereignisse, das Gute in Ihrem Leben. Dinge, für die Sie dankbar sind und die Ihnen heute Freude gemacht haben. Ebenso die Namen jener Menschen, die heute positiv auf Sie eingewirkt haben. Der Fokus wird auf die angenehmen Dinge des Lebens gelenkt, Selbst-Bewusstsein und Selbst-Wert werden gestärkt. Auf lange Sicht wird Sie das glücklicher und zufriedener machen. Wenig Aufwand, große Wirkung!

Vorausgesetzt, Sie widmen sich dieser Übung wirklich regelmäßig – und Sie benötigen täglich nur wenige Minuten dafür –, dann werden Sie einen Wandel feststellen. Überprüfen Sie, wie sich Ihr Leben nach einer gewissen Zeit durch das Führen eines Dankbarkeitstagebuchs verändert hat (Abb. 6.10). Der US-amerikanische Psychologie-Professor Barry Neil Kaufman bringt es auf den Punkt: „Dankbarkeit ist der schnellste Weg zum Glück."

Abb. 6.10 Dankbarkeit kann ein Leben verändern.
(Quelle: Urheberrecht bei Autorin/Kerstin Diacont)

Abb. 6.11   Erfolgstagebuch führen. (Quelle: ©anyaberkut/ Fotolia.com)

Nicht wenige Menschen neigen dazu, selbstkritisch mit sich umzugehen und das Augenmerk vor allem auf die eigenen Defizite zu richten. Das schenkt uns aber in herausfordernden Situationen keine Kraft. Sich hingegen auf die eigenen Stärken und bereits verbuchte Erfolge zu besinnen, nutzt uns als Kraftquelle, weil es u. a. positive Gefühle freisetzt. Deshalb lohnt es auch hier, ein wenig Zeit zu investieren, um ein Erfolgstagebuch zu führen (Abb. 6.11). Damit verinnerlichen Sie sich die Erfolgserlebnisse nachhaltig. Diese Übung können Sie auch für Ihr Team nutzen, indem Sie die gemeinsam erzielten Erfolge des Teams in einem für alle zugänglichen Dokument erfassen, z. B. in Form einer PowerPoint-Präsentation, die Sie vor wichtigen Herausforderungen dem Team zur Motivation und Unterstützung zeigen.

6.10   „Tagebuch der Freude"

Ein Freude-Tagebuch fördert positive Emotionen und Optimismus. Führen Sie daher ein „Tagebuch der Freude".
Hier eine konkrete Anleitung dazu:

1. Kaufen Sie sich ein schönes Buch und tragen Sie dort jeden Abend mindestens drei schöne, positive Erlebnisse des Tages ein. Notieren Sie auch Ihren eigenen Beitrag dazu.
2. Nehmen Sie die positiven Emotionen wahr, während Sie es schreiben, oder erinnern Sie sich an das schöne Gefühl, als es geschah.
3. Sie können Ihre positiven Erlebnisse auch gut zum Einschlafen nutzen: Wenn Sie schon im Bett liegen, erzählen Sie sich oder Ihrem Partner diese positiven Erlebnisse und fühlen Sie nochmals hinein.

Ich wünsche Ihnen mehr positive Erlebnisse in Ihrem Leben … und dass die guten Erlebnisse stärker in den Vordergrund der eigenen Wahrnehmung rücken.

6.11 Affirmation „Ich liebe, glaube, vertraue, bin dankbar und mutig!"

Ich liebe … mich selbst, meinen Partner, meine Eltern, die Menschen um mich herum, meinen Sport, meinen Beruf, die Aufgaben, die mir gestellt werden, … Wenn ich mich nicht liebe, wer dann? Wir wollen geliebt werden, aber viele lieben sich selbst nicht. Und wundern sich dann, wenn sie nicht geliebt werden.

… **glaube** … an mich, an meinen Partner, an das Unternehmen, an Wachstum, an die Fähigkeiten, Stärken und Talente, die ich habe, …. Wenn ich nicht an mich glaube, wie sollten die Sportler, die ich als Trainer betreue, an mich glauben? Wenn ich nicht an den Sportler und seine Karriere glaube, spürt dieser das.

… **vertraue** … mir, meinem Trainer, meinen Kollegen, meinem Partner, auf Ethik und Werte … Wenn ich mir nicht vertraue, wie sollen andere mir ihr Vertrauen schenken?

… **bin dankbar** … für das Leben, den Sport, mich, meine Möglichkeiten, für all das, was ich (schon) erreicht habe, für all das, was ich noch erreichen werde, für das bevorstehende Training/Turnier, für die leckere Pizzeria um die Ecke, spielende Kinder, Vogelgezwitscher, problemlose Anreise, ein gutes Glas Wein, Blumen am Feldwegrand, Sonne, die Reinigungskraft in der Umkleidekabine oder im Büro, für den Trainer oder Freund, der sich mit meinen Sorgen beschäftigt …

Eine der neueren Erkenntnisse ist: Dankbarkeit. Ja, Dankbarkeit macht glücklich.

Überlege in jeder Situation, wofür du gerade dankbar sein kannst. Um dankbar sein zu können, musst du wahrnehmen, was um dich herum passiert.

Ergänze Beispiele für alle Bereiche deines Lebens!

Sei dankbar!

... und mutig!

Nichts im Leben ist selbstverständlich.

Literatur

Bandler, R. (1987). *Veränderung des subjektiven Erlebens. Fortgeschrittene Methoden des NLP* (S. 20). Paderborn: Junfermann.

Baumann, S. (1993). *Psyche in Form. Sportpsychologie auf einen Blick* (S. 282). Aachen: Meyer & Meyer.

Baumgartner, E. (2013). Schauen Sie nach vorn, Frau Lot! Wiener Zeitung, 29. April 2013. http://www.wienerzeitung.at/themen_channel/wissen/mensch/542801_Schauen-Sie-nach-vorn-Frau-Lot.html. Zugegriffen: 25. Nov. 2014.

Corssen, J., & Tramitz, C. (2014). *Ich und die anderen: Als Selbst-Entwickler zu gelingenden Beziehungen* (S. 24–25, 80–81). München: Knaur.

Dillenburg, D. (2014). Kaymer mit Platzrekord. In: golf.de, 9. Mai 2014. http://www.golf.de/publish/60102365/pgatour/kaymer-mit-platzrekord. Zugegriffen: 21. Jan. 2015.

Eberspächer, H. (2007). *Mentales Training. Ein Handbuch für Trainer und Sportler* (7. Aufl., S. 21, 106 ff.). München: Copress Sport.

Gallwey, W. (2003). *The inner game of tennis. Die Kunst der entspannten Konzentration* (2. Aufl., S. 29). Königswinter: New School.

Gernandt, M. (2010). Der Ritter von der Traummeile. Süddeutsche.de, Momente der Sportgeschichte, erschienen am 19. Mai 2010. http://www.sueddeutsche.de/sport/momente-der-sportgeschichte-der-ritter-von-der-traummeile-1.927687. Zugegriffen: 22. Okt. 2014.

Kahn, O. (2010). *Ich. Erfolg kommt von innen* (S. 165). München: Goldmann.

Kumar, A., et al. (2008). The high-conductance state of cortical networks. *Neural Computation, 20*(1), 1–43.

Storch, M., et al. (2006). *Embodiment. Die Wechselwirkung von Körper und Psyche verstehen und nutzen.* Bern: Huber.

Zerlauth, T. (2000). *Sport im State of Excellence* (S. 224). Paderborn: Junfermann.

Weiterführende Literatur

Andersch-Sattler, G. (2007). Arbeit zum inneren Team. http://www.syntraum.de/pdf/Arbeit_zum_inneren_Team.pdf. Zugegriffen: 12. Aug. 2014.

Bauer, J. (2013). *Arbeit. Warum unser Glück von ihr abhängt und wie sie uns krank macht* (S. 44). München: Blessing.

Csikszentmihalyi, M. (2013). *Flow: Das Geheimnis des Glücks* (16. Aufl.). Stuttgart: Klett-Cotta.

Fischer-Epe, M. (2012). Das Innere Führungsteam. In C. Rauen (Hrsg.), *Coaching tools III* (S. 136–141). ManagerSeminare: Bonn.

Groher, J. (2014). *Führungskraft. Erfolgreiche Führung beginnt mit Selbstführung* (S. 90). Offenbach: Gabal.

Heimsoeth, A. (2008). *Mental-Training für Reiter* (S. 41–42, 57–58). Stuttgart: Müller Rüschlikon.

Heimsoeth, A. (2012). *Golf mental: Pockettraining* (S. 19–27). pietsch: Springer.

Heimsoeth, A. (2014). Love it – leave it – change it. In P. Buchenau (Hrsg.), *Chefsache Prävention I: Wie Prävention zum unternehmerischen Erfolgsfaktor wird* (S. 81 ff.). Wiesbaden: Springer Gabler.

Heimsoeth, A. (2015). *Chefsache Kopf: Mit mentaler und emotionaler Stärke zu mehr Führungskompetenz* (S. 23 ff.). Wiesbaden: Springer Gabler.

Hoffmann, J., & Engelkamp, J. (2013). *Lern- und Gedächtnispsychologie* (S. 23). Berlin: Springer.

Kahler, T. (1975). Drivers – the key to the process script. *Transactional Analysis Journal*, July 1975.

Redlich, A. (2000). *Führung in Konflikt. Materialien aus der Arbeitsgruppe Beratung und Training.* Fachbereich Psychologie der Universität Hamburg.

Redlich, A. (2009). Wer spricht da gerade? Ein innerer Herold bringt Rollenklarheit in konflikthafte Kommunikation. In A. Redlich (Hrsg.), *Impulse für Führung und Training* (S. 73–87). Reinbek: Rowohlt.

Schulz von Thun, F. (1999). *Miteinander Reden. Störungen und Klärungen* (Bd. 1). Rowohlt: Reinbek.

Schulz von Thun, F. (2010). *Miteinander Reden. Das Innere Team und situationsgerechte Kommunikation* (Bd. 3). Reinbek: Rowohlt (Erstveröffentlichung 1998).

Weck die Visionärin in dir

7

Ein Gastbeitrag von Silvia Ziolkowski

Der schlimmste Fehler von Frauen ist ihr Mangel an Größenwahn.

Coco Chanel

Denken Sie groß. Größer! Genau das ruft uns Coco Chanel Anfang des 20. Jahrhunderts zu.

Und wie sieht es heute aus – gut 100 Jahre später? Zu brav, zu angepasst, zu fürsorglich, zu bescheiden und zu realistisch – habe ich kürzlich gehört, als ich neben einer Gruppe Frauen im Café saß, die sich über Karriere- und Wiedereinstiegsmöglichkeiten im Beruf unterhielten. Ich war schon drauf und dran, an den Nachbartisch zu gehen und den Damen genau das zuzurufen, was uns Coco Chanel mit dem obigen Zitat mitgegeben hat. Just in dem Augenblick kam meine Freundin und ich habe mein Vorhaben vergessen.

Doch die Worte der Runde klangen noch lange in mir nach. Stimmt das, habe ich mich gefragt und möchte auch Ihnen diese Frage stellen: Was glauben Sie? Stimmt das? In jedem Fall merke ich bei meiner Arbeit als Zukunftsentwicklerin immer wieder, dass uns scheinbar unsere Träume, Sehnsüchte und Visionen abhandengekommen sind. Wir sind gefangen im Alltag. Stemmen das Familienleben, kümmern uns um die alt gewordenen Eltern, räumen den Weg frei, damit der Partner Karriere machen kann, sind ständig beschäftigt und abends zu müde, um uns Gedanken um die eigenen Wünsche und Träume zu machen. Und irgendwann im Leben erwischt uns der Satz: „Das kann doch nicht alles gewesen sein …" Spätestens dann wird es Zeit, sich wieder mehr um sich selbst zu kümmern.

Ich möchte Sie mit meinem Beitrag einladen, mit mir ins Möglichkeitenland einzutauchen und sich Ihre Zukunft in den schönsten Farben auszumalen. Denn vor der Umsetzung kommt die Vorstellung. Schon Albert Einstein hat gewusst: „Vorstellungskraft ist wichtiger als Wissen."

© Springer Fachmedien Wiesbaden GmbH, ein Teil von Springer Nature 2018
A. Heimsoeth, *Frauenpower,* https://doi.org/10.1007/978-3-658-20431-0_7

Um Energie, Klarheit und etwas Magie ins eigene Leben zu zaubern, macht es Spaß, die Visionärin in uns zu wecken. Eine Visionärin, die sich von ihren Träumen und Sehnsüchten leiten lässt und die über jene mentale Stärke verfügt, an sich zu glauben und durchzustarten, wie sie in diesem Buch so umfassend beschrieben wird.

Der erste Schritt: Selbstfürsorge!

Kennen Sie das amerikanische Sprichwort „If mamy is happy, family is happy"? Ich bin überzeugt, das stimmt. Wenn Sie keine Familie haben, stimmt es dennoch, denn erweitert heißt das nichts anderes als: „Wenn es mir gut geht, geht es den anderen um mich herum auch gut."

Deshalb gleich eine Frage an Sie: Wer ist der wichtigste Mensch in Ihrem Leben? Haben Sie jetzt gerade an Ihre Familie, Ihren Partner und/oder Ihre Kinder gedacht? Das ist löblich, aber nicht richtig. Der wichtigste Mensch in Ihrem Leben sind Sie selbst! Je besser es Ihnen geht, je mehr Sie sich im Gleichgewicht befinden, umso mehr Freude und Gelassenheit strahlen Sie auch aus – und das strahlt eben auch ab.

Als ich kürzlich eine Freundin fragte, wann sie sich das letzte Mal Zeit für sich genommen hat, um mal ihren Wünschen und Bedürfnissen nachzuspüren, bellt sie mich an: „Das ist jetzt nicht dran – außerdem finde ich das sehr egoistisch." Wie bitte? Ich war wirklich sprachlos. Bitte machen Sie sich klar, an sich zu denken hat nichts mit Egoismus zu tun, sondern mit Selbstfürsorge – und sogar mit der Sorge um Menschen, die Ihnen am Herzen liegen. Nicht ohne Grund wird man im Flugzeug immer darauf hingewiesen, sich zuerst selbst eine Sauerstoffmaske aufzusetzen. Wenn man keine Luft bekommt, kann man auch keinem anderen helfen. Im Alltag gilt Ähnliches: Sobald wir das Haus verlassen, steht unsere Energie zumeist im Dienste anderer Menschen. Umso sinnvoller ist es, dass wir uns um die eigenen Bedürfnisse kümmern (vgl. Spenst 2017).

Zur Selbstfürsorge gehört es, dass Sie sich Freiräume schaffen, und auch, dass Sie wissen, was Ihnen im Leben wichtig ist. Dieses „Wichtig" verbirgt sich in unseren Werten und die wiederum sind die Grundlage für unsere Träume. Je besser wir uns selbst kennen, desto gezielter können wir für uns sorgen und das tun, was unserem Wesen entspricht. Damit entsteht eine Klarheit, die auch unser Umfeld empfindet – und das ist gut so.

Quick Tip

Greifen Sie sich einen Wert, der Ihnen sehr am Herzen liegt, heraus und stellen Sie ihn einen Monat lang in den Mittelpunkt Ihres Lebens.

Beginnen Sie jeden Morgen mit der Frage: „Was kann ich heute für mich und meinen Wert tun?" Machen Sie es spielerisch und sagen Sie sich immer wieder: „Das bin ich mir wert."
(vgl. Ziolkowski 2015a)

Der zweite Schritt: Keck sein – Größenwahnsinnig werden ☺

Beispiel

Monika K. steckt fest – in einem langweiligen Leben. Sie ist gefangen in der Lethargie des Einerleis: „In meinem Leben, egal ob beruflich oder privat, passiert nichts, was mich anregt, und ich habe keine Idee, wie ich wieder mehr Energie kriege oder was ich ändern muss, damit es wieder spannender wird", ist ihre Sorge. Ich schicke sie auf Zeitreise, bitte sie, ein großes Bild ihrer gelungenen Zukunft zu zeichnen. Keck, ein wenig größenwahnsinnig – als ob ein Scheitern ausgeschlossen wäre. Ein wenig widerwillig macht sie mit. „Was soll das denn bringen, ich bin doch Realistin?", erwidert sie stirnrunzelnd.

Als sie fertig ist, sitzt plötzlich eine andere Frau vor mir. Eine, die ein Leuchten in den Augen hat und mich aufgeregt anschaut. „Ich habe da was geschrieben, was ich bisher überhaupt nicht auf dem Schirm hatte. Das ist eine völlig neue Perspektive und Vision, da wäre ich im Leben nicht drauf gekommen. Ich werde für meine Firma bei einer unserer Auslandstöchter arbeiten. Das bringt mein Leben garantiert wieder in Schwung", strahlt sie mich an. „Sie haben ja gesagt, ich brauche eine große Herausforderung. Jetzt habe ich eine und die fühlt sich wirklich groß, aber auch genial an." Der Traum von einem Leben, das sie erfüllt, ist entstanden.

Was ist bei Monika K. passiert, dass sie plötzlich so frei denken konnte und für sich neue Dimensionen entdeckt hat? Sie hat sich getraut, so groß zu denken, dass sie sich selbst damit überrascht hat. Genau das kann uns passieren, wenn wir uns rauswagen aus unserer Komfortzone und zulassen, dass wir ein großartiges Leben leben dürfen.

Wie das geht, das zeige ich Ihnen anhand des sehr wirkungsvollen „Future Zooming®"-Prozesses. Diesen Prozess habe ich in seiner Grundform kennengelernt, als ich selbst in der Falle saß und nicht wusste, wie ich die Unentschiedenheit und Enge in mir vertreiben sollte. Ich war damals Vorstand und Mitinhaberin eines IT-Unternehmens. Nach mehr als zehn Jahren im Haus hatte ich das Gefühl, dass etwas fehlt in meinem so beschäftigten Leben. Ich war 25, als ich in die Firma eingestiegen bin, und nun Ende 30. Fragen wie „Wie lange willst du das eigentlich noch machen?", „Wird es nicht langsam Zeit, etwas anderes zu tun?" etc. tauchten verstärkt in mir auf und fingen an, mich zu beschäftigen. Doch ich kam nicht recht weiter und drehte mich im Kreis. An einem Tag war ich bereit, den Vorstandsposten an den Nagel zu hängen, und am nächsten Tag fand ich wieder alles ganz toll und wollte weiterhin gestalterisch in diesem Unternehmen wirken.

Die Frage, die mich letztendlich nicht mehr losließ, war: „Will ich Vorstand in dem Unternehmen bleiben oder will ich es noch mal wissen und mein ganzes Potenzial leben?" Dass es mir so schwerfiel, eine Entscheidung zu treffen, lag auch daran, dass ich das Unternehmen mit aufgebaut hatte und ich aus meinem Selbstverständnis heraus nicht einfach so gehen wollte und konnte. Außerdem hieß das auch den sicheren, äußerst attraktiven Posten aufzugeben. Um das zu tun, braucht es einen verdammt guten Grund – und den hatte ich nicht. Also wurde ich zum Spielball meiner eigenen Gedanken. Um dieser gefühlten Endlosschleife endlich zu entkommen, habe ich einen Coach aufgesucht, denn alleine konnte ich mir einfach nicht helfen. Heute weiß ich: Wir sind uns selbst zu nah und sehen ganz viele Dinge nicht, die von außen betrachtet oft sehr einfach erscheinen.

Es war verblüffend. Nach einem halben Tag Arbeit hatte ich Klarheit: Ich wusste, ich werde gehen!

Was war passiert? Ich bin mit meiner Vision in Berührung gekommen und hatte plötzlich eine Perspektive und einen Grund, zu gehen.

Diese Arbeit hat mich so fasziniert, dass ich in dem Augenblick beschlossen hatte, genau das zu tun: Menschen und Unternehmen dabei zu unterstützen, ihre Vision auszugraben und sich von ihr verzaubern zu lassen. So wie das bei mir der Fall war.

Denn ich bin überzeugt: Jeder trägt den Traum seines gelungenen Lebens in sich – und er lässt sich erwecken, wenn wir es wirklich wollen.

Lassen Sie sich von der Zukunft ziehen!

Nun will ich Sie nicht länger auf die Folter spannen und Ihnen diesen wertvollen Prozess an die Hand geben. Sie erhalten von mir eine Kurzanleitung, um sich in Ihre Wunschzukunft zu beamen und zu überprüfen, wie wichtig Ihnen das Ziel wirklich ist. Future Zooming® besteht aus zwei Teilen und hilft zum einen, sich über seine inneren Wünsche und Sehnsüchte, also seine Vision, klarer zu werden, und zum anderen, die Wahrscheinlichkeit zu erhöhen, dass wir an unserem ersehnten Ziel auch ankommen (vgl. Ziolkowski 2015a).

7.1   FUTURE – Eintauchen ins Möglichkeitenland

Wenn wir uns von unseren Träumen leiten lassen, wird der Erfolg all unsere Erwartungen übertreffen (Henry David Thoreau).

Was würden Sie tun, wenn ein Scheitern ausgeschlossen wäre? Was wäre, wenn es keine Hindernisse gäbe? Wie würden Sie leben? Was würde Sie umgeben? Von welchen Träumen würden Sie sich leiten lassen (Abb. 7.1)?

Nehmen Sie sich Zeit, diese Fragen zu beantworten. Am besten machen Sie es schriftlich – das macht einen riesigen Unterschied. Bitte zensieren Sie sich nicht und notieren Sie Ihre ersten Gedanken – vertrauen Sie Ihrer Intuition. Wir wissen heute, dass die sogenannten somatischen Marker, also das, was als Erstes in Ihnen auftaucht, auch das sind, was in uns schlummert und raus will. Wenn es Sie erschreckt oder eine Gänsehaut macht, umso besser, dann sind Sie auf dem richtigen Weg, die Visionärin in Ihnen zu erwecken.

Beim Verfassen der eigenen Vision ist nämlich eine Sache entscheidend: Es muss Sie berühren, Sie im Herzen erwischen und im besten Falle unruhig machen.

Abb. 7.1   Eine Vision schenkt Weitblick. (Illustration von Andrea Ernst)

Ich nenne es auch gerne „den Beat in uns drin wahrnehmen". Deshalb bedienen wir uns bei Future Zooming® eines bewährten Tricks – Sie schreiben Ihre Zukunftsvision als Brief an eine gute Freundin oder einen guten Freund.

So geht's

- Bewaffnen Sie sich mit Stift und Papier und suchen Sie sich einen ruhigen Platz, wo Sie mindestens 15 min ungestört sind.
- Schreiben Sie einen Brief aus Ihrer guten Zukunft an eine vertraute Person (die Sie sich auch ausdenken können). Wählen Sie dabei einen Zeitpunkt in der Zukunft (vielleicht Ihren Geburtstag), der ein bis maximal fünf Jahre von heute entfernt ist. Schreiben Sie als Erstes das exakte Datum auf Ihren Brief.
- Denken Sie vom Ende her, als ob Sie dort schon sind, und schicken Sie den Realisten für die Zeit des Schreibens einfach mal vor die Türe.
- Erzählen Sie Ihrem fiktiven Brieffreund einfach, was „jetzt", also in x Jahren, ist und wie sich alles in Ihrem Leben – beruflich wie privat – bestens (weiter-)entwickelt hat. Wichtig dabei: Nur ‚good news' und keine Bescheidenheit. Formulieren Sie keck und mutig – und ja, ein wenig „größenwahnsinnig" darf es ruhig sein.
- Genießen Sie den Flow der guten Nachrichten. Nehmen Sie sich ernst und trauen Sie sich, dort auch Dinge hineinzuschreiben, die Ihnen noch etwas unheimlich sind. Das gibt einen unglaublich positiven Schub. Je kühner Sie sich Ihre gute Zukunft ausmalen, umso attraktiver wird sie Ihnen erscheinen.
- Schreiben Sie diesen Brief in freudiger Stimmung, da Sie dem anderen nun endlich von Ihrem wunderbaren Leben berichten dürfen. Am besten gelingt das mit einer inneren Haltung, die positiv, dankbar und stolz gestimmt ist.
- Passen Sie auf, was Sie schreiben – es könnte wahr werden;-).
- Nehmen Sie sich maximal 20 min Zeit für Ihren Brief. Schreiben Sie los und zensieren Sie sich nicht – vertrauen Sie Ihrer Intuition beim Schreiben.

Wer weiß, vielleicht geht es Ihnen wie Monika K. und Sie haben etwas geschrieben, was Sie echt umhaut. Wenn nicht, ist das o. k. – Sie müssen ja nicht gleich Coco Chanel werden wollen. Es reicht, wenn Sie über Ihre Zukunft „schreibdenken" und sich so Ihrem idealen Bild nähern. Denn wenn Sie es sich schon mal vorstellen können und es dann nicht nur denken, sondern auch aufschreiben, dann ist das der richtige Schritt, um das eigene Glück ins Leben einzuladen. „Phantasie ist wichtiger als Wissen, denn Wissen ist begrenzt", hat schon Einstein gewusst. Wir können eben nur das erreichen, was wir uns auch vorstellen können.

Für mich ist diese Art, sich seinem „Big picture" – wie man eine Vision auch gerne nennt – zu nähern, wie ein Zukunftsmuskeltraining. Je öfter Sie es tun (jedes halbe Jahr genügt völlig), umso mehr werden Sie daran glauben und es zieht Sie förmlich in Ihre gute Zukunft. Seit ich 2001 das erste Mal so einen Brief geschrieben habe, habe ich es mir zur regelmäßigen schönen Gewohnheit gemacht, alle sechs Monate einen Zukunftsbrief zu verfassen – und ich kann Ihnen sagen, es ist unfassbar, wie viel davon schon wahr geworden ist. Auch mit meinen Klienten und Teilnehmern sind schon hunderte von solchen Briefen entstanden. Besonders daran ist, dass der Realisierungsgrad sehr hoch ist. Von der unvorstellbaren Andenüberquerung über den Umzug in ein anderes Land bis hin zu einem völlig neuen Leben ist schon alles passiert, was im ersten Schritt „nur" im Brief über die konstruierte gute Zukunft stand.

Die Wirkung erhöhen – Vision verstärken
Lassen Sie Ihren Brief auf sich wirken: Ist er durchgehend positiv geschrieben? Oder hat sich doch irgendwo ein „endlich", „nicht mehr" oder sonst ein Wort/Satz eingeschlichen, der dem Brief und den Aussagen dahinter Kraft nimmt? Wenn ja, streichen und klar nach vorne gerichtet formulieren. Vielleicht haben Sie ja eine vertraute Person, der Sie den Brief vorlesen wollen – das erhöht die Wirkung noch einmal ungemein und hat oft zur Folge, dass wir bemerken, dass die anderen eh schon in uns sehen, was wir als besonders erstrebenswert aufgeschrieben haben. Ein guter Kick fürs Selbstbewusstsein und für das Spüren der eigenen Größe.

Auch wenn Sie noch ein klein wenig von der großen, ultimativen Vision entfernt sind, macht es Spaß und Sinn, sie stetig zu nähren. Das geht am leichtesten, indem Sie sich immer wieder ausmalen, wie es ist, wenn Sie am Ziel Ihrer Träume angelangt sind.

Quick Tip
Vision verstärken Denken Sie jeden Abend vor dem Einschlafen an Ihre Vision, malen Sie sich diese in den schönsten Farben aus. Färben Sie Ihr Unterbewusstsein damit. Spüren Sie das Glücksgefühl des Siegers. Spüren Sie, wie es sich anfühlt, am Ziel angekommen zu sein. Es reicht, das Bild kurz, maximal fünf Minuten, aufzubauen und es innerlich zu spüren.

Dann lassen Sie das Bild los und schlafen selig ein ☺.
(Ziolkowski 2015a)

Einen weiteren Verstärker bauen Sie ein, wenn Sie sich aus dem Brief ein attraktives Ziel herausgreifen und Ihr Projekt daraus machen. Deshalb fragen Sie sich: Was wäre ein nützliches Ziel für Sie persönlich, damit Sie Ihrer Vision zum Leben verhelfen? Picken Sie etwas heraus, was Sie lernen, verbessern und/oder ändern wollen, um sich in Richtung Ihrer Vision zu bewegen. Achten Sie darauf, dass dieses Ziel positiv und in der Gegenwart formuliert ist, so als ob Sie es schon erreicht hätten (ich habe, ich kann, ich bin ... sind dafür die richtigen Einleitungen). Formulieren Sie es so, dass Sie aktiv daran beteiligt sind. Ein Ziel wie „Ich bin für mein Unternehmen im Ausland tätig", wie es Monika K. für sich aufgeschrieben hat, hat alle notwendigen Attribute vereint, die ihr geholfen haben, einen gewaltigen Schritt in ihre Wunschzukunft zu marschieren. Formulieren konnte sie es, nachdem sie sich über die Punkte klar geworden war, die sie lernen, verbessern und ändern wollte.

- Lernen: mich mehr raustrauen/kein „ja, aber" mehr > Ich bin mutig und neugierig!
- Verbessern: mein Englisch > Ich spreche sehr gut Englisch.
- Ändern: meine langweilige Lebenssituation verlassen > Ich habe ein spannendes Leben und arbeite im Ausland.

Dieses finale Ziel „Ich bin für mein Unternehmen im Ausland tätig" hatte für sie den größten Hebel und war auch das nützlichste Ziel, das die anderen beiden automatisch beeinflusste.

Und was wollen Sie lernen, verbessern und/oder ändern, damit Ihre Vision eine Chance hat, genügend Beachtung im Alltag zu finden? Spüren Sie die drei Ziele dahinter auf und prüfen Sie dann, welches Ziel den meisten Nutzen in Bezug auf Ihre Vision stiftet, sodass ein Ziel übrig bleibt, das Sie gut auf den Weg bringt.

Ihr Projekt wird vervollständigt, indem Sie für Ihr Ziel noch einen coolen, fetzigen Slogan und ein Symbol finden. *Bei Monika K. war das: „Die Welt wartet auf mich" – und als Symbol hat sie sich einen „Globus" besorgt.* Fragen Sie sich deshalb: Unter welchem Motto/welchem Slogan könnte meine Vision stehen? Welches Symbol wäre eine gute Erinnerung an meine Wunschzukunft?

Wenn man seine Aufmerksamkeit auf etwas Bestimmtes richtet, sich zentriert, den Fokus auf ein Ziel ausrichtet, dann können sich ungeheure Energien bündeln. Und das wünsche ich Ihnen.

7.2   ZOOMING – Der Weg zum Ziel

Es sind nicht die äußeren Umstände, die das Leben verändern, sondern die inneren
Veränderungen, die sich im Leben äußern.
Wilma Thomalla

Und diesen inneren Veränderungen wenden wir uns jetzt zu. Sie haben Startge-
schwindigkeit aufgebaut und sich Ihre Vision in den schönsten Farben ausgemalt.
Sie haben sich ein wenig Größenwahn gegönnt und mit dem Brief aus Ihrer guten
Zukunft und Ihrem daraus entstandenen Projekt Ihr eigenes Glück eingeladen.
Und jetzt? Reicht das? Für einen ersten Schritt, ja. Denn Ihre Vision zieht Sie
jetzt schon in die richtige Richtung (Abb. 7.2).

Wenn Sie allerdings den Turbo einschalten wollen, empfehle ich Ihnen, sich
den folgenden Fragen zu widmen, um die Machbarkeit Ihrer Träume und Wünsche erheblich zu erhöhen. Denken Sie bei den nachfolgenden Schritten an Ihr
ausgewähltes Ziel – das macht es sehr konkret und nachvollziehbar.

Gibt es einen guten Grund, sich für Ihr Ziel ins Zeug zu legen?
Was haben Sie davon, wenn Sie sich auf den Weg machen? Warum wollen Sie das?

Es gibt ein Buch mit dem Titel: „Frag immer erst Warum." Der Autor, Simon
Sinek, hat herausgefunden, dass der Grund, warum wir etwas tun oder wollen, der
entscheidende Faktor ist, um uns mit Herzblut in Bewegung zu setzen (vgl. Sinek
2014). Erst dann sind wir wirklich inspiriert und halten auch durch. Sammeln Sie

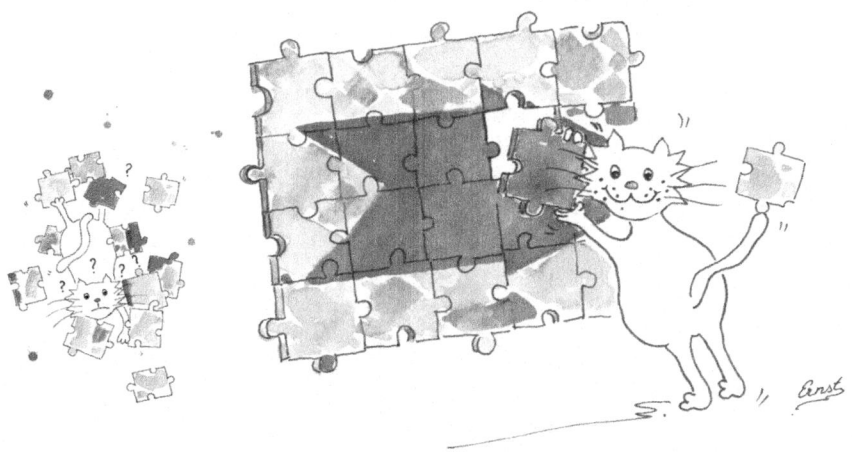

Abb. 7.2 Die richtigen Elemente führen zum Ziel. (Illustration von Andrea Ernst)

deshalb die Gründe, warum Ihr Ziel für Sie bedeutend ist. Achten Sie dabei vor allem auf Ihre Gefühle. Ohne Gefühl sind es meist Vernunftsgründe und die halten nicht lange.

Überprüfen Sie auch, inwieweit andere Ihren Traum inspirieren könnten. Was hat Ihr nahes Umfeld davon? Das ist eine essenzielle Frage. Wenn Sie beispielsweise Ihre Familie für Ihr Ziel nicht begeistern können, ist es ganz schwer, überhaupt vorwärtszukommen.

Wer kann Sie bei Ihrem Vorhaben unterstützen? Wer wäre ein wertvoller Begleiter?
Vielleicht denken Sie gerade: Das ist ganz alleine mein Ding, da muss mich niemand unterstützen. Das kann schon sein, allerdings können Sie es sich damit leichter machen. *Monika K. hat mit Kollegen Kontakt aufgenommen, die schon mal für die Firma im Ausland waren, und hat sich auch mit den Abteilungen vor Ort in Verbindung gesetzt. Das alles hat es für sie sehr viel einfacher gemacht, vorwärtszukommen.* Ich empfehle Ihnen aber nicht nur Experten, die schon Erfahrung mit solchen Vorhaben haben, sondern auch Ermunterer. Wer kann Ihnen positives Feedback geben? Mit wem können Sie die Schritte durchdenken und checken? Wer darf vielleicht sogar Ihr Controller sein, damit Sie Ihr Ziel nicht aus den Augen verlieren?

> **Quick Tip**
> Machen Sie sich eine Liste von möglichen Weggefährten und bitten Sie diese, Sie auf dem Weg zu Ihrem Ziel aktiv zu unterstützen und zu begleiten.
>   (vgl. Ziolkowski 2015a)

Welche Ihrer Heldinnengeschichte kann Sie befeuern?
Haben Sie eine Heldinnengeschichte? Ich bin überzeugt, Sie haben eine. Denken Sie mal zurück in Ihrem Leben: Wo waren Sie mutig? Sind über sich hinausgewachsen? Haben etwas erreicht/getan, wofür andere Sie bewundert haben? Auf was sind Sie stolz? In einem meiner Workshops wird eine Frau auf Ihrem Stuhl ganz nervös, als wir zu diesem Punkt kommen. Ich sehe ihr an, dass sie sich an etwas erinnert, was wohl schon lange zurückliegt und völlig in Vergessenheit geraten ist. Ich spreche sie an und sie sagt: „Ich glaub es nicht, was ich mich früher getraut habe, und jetzt denke ich, ich kann es nicht. Darf ich es erzählen?" Natürlich durfte sie. Und so ist sie von ihrem Stuhl aufgesprungen und hat sich vorne hingestellt und von ihrer Studentenzeit und ihrem Mut erzählt. Es war fantastisch, sie sprühte und war voller Leidenschaft und hat mit ihrer Geschichte alle im Raum inspiriert.

Lassen auch Sie sich inspirieren. Was haben Sie schon alles in Ihrem Leben gemeistert? Häufig denken wir nicht mehr daran, wie diese Frau in meinem Workshop, dass schon vieles in unserem Leben gelungen ist. Das liegt auch daran, dass wir dazu neigen, eher an die Dinge zu denken, die wir noch nicht geschafft haben. Ich möchte Sie ermuntern, blicken Sie mit Stolz auf Ihre vergangenen Erfolge. Schwelgen Sie und lassen Sie sich davon befeuern. Holen Sie sich das Gefühl der Machbarkeit zurück und spüren Sie, was alles möglich ist.

Welche „Baby Steps" nähren Ihre täglichen Erfolge?
„Um Himmels willen, praktiziere dich in kleinen Dingen und schreite voran zu großartigen", sagte bereits Epiktet. Und was tun wir – Gas geben, zu große Vorhaben in den Alltag packen und dann? Oft genug hinschmeißen, weil es nicht machbar ist. Eine meiner wichtigsten Lehren: Wir überschätzen, was in einem Jahr möglich ist, und unterschätzen kolossal, was in sieben bis zehn Jahren möglich ist.

Kontinuierliche kleine Schritte bringen uns weiter als ab und zu ein Gewaltschritt. Möglicherweise haben Sie schon erlebt, dass Sie mit viel Eifer eine Sache angefangen haben und dann ist sie aufgrund von Zeitmangel liegen geblieben. Um sich wieder einzufinden, mussten Sie richtig „Anlauf" nehmen und es war erst mal mühsam (Ziolkowski 2015a).

Wenn Sie täglich ein paar klitzekleine Schritte gehen, etwas für Ihr Ziel tun, bleiben Sie auf dem Weg – egal wie gering der Schritt ist. Das Tolle dabei: So können Sie fast täglich kleine Erfolge feiern und haben das Gefühl, dass Sie etwas für Ihr Ziel getan haben. *Bei Monika K. war der erste kleine Schritt, sich zu überlegen, welche Auslandstöchter für sie interessant sein könnten. Und dann kam der nächste, und der nächste, und der nächste – bis sie letztendlich in Kanada gelandet ist und ihr Ziel erreicht hatte.* Nutzen Sie das Geheimnis der „Baby Steps" und überlegen Sie sich täglich, welche zwei bis drei kleinen Schritte Sie heute anpacken wollen.

Quick Tip
Damit Sie die Baby Steps täglich wahrnehmen und auch für das Gefühl des Stillstands gerüstet sind, empfehle ich Ihnen, sich ein Visions-Logbuch zu besorgen.

In diesem können Sie täglich Ihr Vorhaben festhalten, indem Sie sich gleich am Morgen die Frage beantworten: Welche drei kleinen Dinge möchte ich heute für mein Ziel tun?

Abends, vor dem Zubettgehen, ergänzen Sie kurz die Punkte, die heute gut gelungen sind, auf die Sie stolz sind und die Sie vielleicht hätten besser machen können.

Nehmen Sie sich ab und zu auch Zeit, um wahrzunehmen, was schon alles passiert ist, wofür Sie dankbar sind und welche Ihrer Begleiter Sie unterstützt haben. All das notieren Sie in Ihrem Visions-Logbuch. Sie brauchen dafür täglich nur ein paar wenige Minuten.

Sie haben damit nicht nur ein nachvollziehbares Instrument, sondern installieren auch gleichzeitig eine positive Gewohnheit, die Ihre Lebensfreude nachhaltig beeinflussen kann (wenn Sie dranbleiben).

Was müssen Sie loslassen, um vorwärtszukommen?

Wissen Sie, wieso es heute so schwer ist, sich einer Sache zu verschreiben? Weil wir zu viele Bälle in der Luft halten wollen. Wir leben in einer ZUVIELisation! Die Optionen, die wir haben, sind so vielfältig, dass wir regelrecht davon überfordert sind. Wir könnten ganz viel tun und machen und je nachdem, was Sie für ein Typ sind, finden Sie das spanend und stürzen sich in die Vielfalt des Lebens oder sehen vor lauter Wald die Bäume nicht mehr. Und wenn es um unsere beruflichen und privaten Lebensentwürfe geht, leben wir in einer Zeit scheinbar unbegrenzter Möglichkeiten.

So oder so – dieses ZUVIEL braucht Zeit. Und wenn Sie weiterhin das tun, was Sie schon immer getan haben, dann wird sich diese Zeit nicht finden, das wissen wir alle. Denn möglicherweise ist Ihr Alltag auch heute schon randvoll und Sie brauchen Freiräume, um Ihr Ziel verfolgen zu können.

Nur wer loslässt, hat zwei Hände frei und das ist gerade am Anfang, wenn Ihr Wunschpflänzchen noch klein und empfindlich ist, besonders wichtig. Damit die wichtigen Dinge Platz haben, heißt es also entrümpeln: Was kann weg? Wer oder was erschwert Ihr Leben unnötig? Denken Sie an Tätigkeiten, Zeitfresser, Gewohnheiten und auch Menschen. Welchen Preis sind Sie bereit zu zahlen, um Ihr Ziel Wirklichkeit werden zu lassen?

Quick Tip
Fangen Sie gleich an und machen Sie sich als Erstes eine Liste von allen liegen gebliebenen Sachen und Zeitfressern.
- Was davon ist in max. 5 min erledigt? > Sofort TUN.

- Was davon können Sie delegieren? > An wen? Bis wann?
- Was davon können Sie weglassen? > Streichen Sie es bewusst.

Sie werden sehen, alleine diese Aktion wird Ihnen schon ein Gefühl von mehr Freiraum schenken.

Wie können Sie sich selbst erfolgreich behindern?

Eine komische Frage, oder? Vielleicht liegt Ihnen gerade auf der Zunge, dass Sie dieses gefundene Ziel in jedem Fall schaffen werden, weil es Sie schließlich Ihrer Wunschzukunft näher bringt. Stimmt – und wie viele Menschen kennen Sie, die Ihnen schon von Ihren Plänen und Zielen erzählt haben, aus denen dann doch nichts geworden ist? Welche Gründe nennen Ihnen diese Menschen, wenn sie aufgegeben haben? Überzeugen Sie diese Gründe oder haben Sie eher das Gefühl, das Ziel war möglicherweise doch nicht so wichtig?

Die Fallen, in die man leicht geraten kann, sind zum einen, die oben genannten Schritte nicht durchdacht zu haben, und zum anderen, sich selbst zu sabotieren. Gerade wir Frauen sind da gefährdeter als unsere männlichen Kollegen: Wir können schlechter NEIN sagen, wenn uns jemand um einen Gefallen bittet; sind ständig für andere da und vergessen dabei unser Vorhaben; vermeiden eher kritische Situationen; lassen uns von der Meinung unseres Umfelds verunsichern; …

Danach sind wir frustriert und unzufrieden mit uns – und im schlimmsten Fall beschimpfen wir uns dann auch noch selbst. Warum habe ich nicht Nein gesagt? Jetzt habe ich wieder keine Zeit für mein Ziel. Usw.

Lassen Sie das nicht zu. Weder dass etwas im Außen, nur weil es vielleicht Ihrer Gewohnheit entspricht, wichtiger als Ihr Ziel ist, noch dass Sie sich danach beschimpfen und klein machen. Wenn Sie sich schon entscheiden, dass etwas anderes jetzt Vorrang hat, dann tun Sie es bewusst. Wägen Sie kurz ab, was es für Ihr Ziel bedeutet, und treffen Sie dann eine Entscheidung mit allen Konsequenzen.

Deshalb fragen Sie sich: Was könnte mein Vorhaben erfolgreich sabotieren? Denken Sie auch an die „hausgemachten" Fallen, die Ihnen alte Gewohnheiten und hinderliche Gedanken bescheren könnten.

Ich möchte Sie ermuntern, sich noch eine Frage zu stellen, die vielleicht etwas seltsam anmutet: Was könnte der Gewinn aus einem Rückschritt sein? Gemeint ist hier, was Sie daraus lernen könnten. Vielleicht, dass Sie andere Verbündete brauchen, oder dass Ihr Ziel nicht stark genug ist, oder dass Sie bei Gefälligkeiten nicht NEIN sagen wollen und somit in Kauf nehmen, dass es viel langsamer vorwärtsgeht, als Sie geplant haben. Oft sind auch die Schritte zu groß und wir packen das Tempo im Alltag nicht – der Informationsgewinn daraus könnte sein, sich auf die Baby Steps einzulassen.

Wenn Sie sich bereits im Vorfeld darüber Gedanken machen, dann verlieren mögliche Rückschritte ihre destruktive Kraft und Sie können anders damit umgehen.

Last, but not least: Wie und wann wollen Sie Ihre Erfolge feiern?
„Moment mal. Ich habe noch gar nicht angefangen und da soll ich schon ans Feiern denken?" Ja – sollen Sie. Stellen Sie sich vor, Sie machen eine Bergtour mit mehreren Etappen. Dann werden Sie im Vorfeld überlegen, wo Sie jede Nacht Ihr Lager aufschlagen. Das sind Ihre Meilensteine. Es würde Ihnen nicht einfallen, ohne einen würdigen Abschluss des Tages einfach ins Bett zu gehen und am nächsten Morgen wie eine Wilde bis zum nächsten Etappenziel zu hetzen. Möglicherweise würden Sie den Tag noch einmal Revue passieren lassen, würden vielleicht eine Flasche Rotwein aufmachen und mit Ihren Reisegefährten darauf anstoßen, was Sie heute alles geschafft und erlebt haben. Genau das empfehle ich Ihnen auch für Ihr Visions-Ziel (vgl. Ziolkowski 2015a). Notieren Sie sich Ihre Meilensteine und würdigen Sie diese dann auch.

Bei meinen Vorträgen frage ich mein Publikum gern, ob sie auch innehalten, um Punkte zu würdigen, die ihnen schon gelungen sind. Und wie es zum Beispiel aussieht mit dem Jahrestag der Firmengründung? Viele fühlen sich ertappt und verneinen. Wir übergehen diese Termine gerne, obwohl sie uns zu Beginn Ehrfurcht eingeflößt haben. Wenn die Meilensteine dann geschafft sind, ist schon wieder etwas anderes wichtiger und uns ist gar nicht mehr bewusst, dass wir bei der Planung vielleicht gesagt haben: „Wenn ich diesen Punkt geschafft habe, dann bin ich richtig stolz auf mich." Für mich gehört es zu einer guten Selbstfürsorge dazu, Meilensteine zu feiern und zu würdigen (vgl. Ziolkowski 2016).

Quick Tip
Überlegen Sie im Vorfeld, wann es Zeit ist, innezuhalten und zu feiern. Dazu ist es hilfreich, wenn Sie sich einige Meilensteine überlegen, also Punkte, die einen bedeutenden Fortschritt auf der Zielgeraden markieren. Überlegen Sie sich auch, wie Sie sich belohnen wollen. Halten Sie diese Dinge schriftlich fest und machen Sie sie sichtbar.

Wenn Sie Ihre Vision nach diesem Ansatz Schritt für Schritt planen und auch die inneren Wege mitgehen, verspreche ich Ihnen, dass die Visionärin in Ihnen erwacht. Sie halten damit ein Werkzeug in der Hand, das Ihnen hilft, nicht nur große Visionen zu „spinnen", sondern Ihren Zielen auch die nötige Schwungkraft zu verleihen, um durchzuhalten. Gepaart mit den vielen weiteren wertvollen Tipps und Hinweisen in diesem Buch sind Sie auch mental so gestärkt, dass die Lust auf Ihre Wunschzukunft größer sein wird als vielleicht die anfängliche Angst davor.

Ich möchte Sie ermuntern: Werden Sie zum Future Zoomer und gönnen Sie Ihren Träumen und Wünschen eine gute Planung. Probieren Sie es aus, es macht Spaß und bringt viel Klarheit. Ich wünsche Ihnen eine großartige Zukunft.

Literatur

Sinek, S. (2014). *Frag immer erst: warum: Wie Top-Firmen und Führungskräfte zum Erfolg inspirieren.* München: Redline.

Spenst, D. (2017). *Das 6-Minuten Tagebuch* (S. 36). Paderborn: UrBestSelf.

Ziolkowski, S. (2015a). *12 Impulse für Ihre Zukunft.* Erding: ArtVia net.consult & Impuls 11.

Ziolkowski, S. (2015b). Schubkraft für Ihre Lebensreise gefällig? In U. Schneider (Hrsg.), *Erfolgsrezepte für Ihr Selbstmanagement* (S. 20–21). Zusmarshausen: Webmedia4Business.

Ziolkowski, S. (2015c). *Workbook Future Zooming. Wissen wo's lang geht* (S. 24). Norderstedt: Books on Demand.

Ziolkowski, S. (2015d). *Wissen wo's lang geht* (S. 33). Bielefeld: Profilers Publishing.

Ziolkowski, S. (2016). *Bau Dir Deine Zukunft* (S. 212). Wiesbaden: Springer Fachmedien.

Arbeitsblätter und Zusatzinformationen

www.silvia-ziolkowski.de/gratis
www.silvia-ziolkowski.de/future-zooming

Visionen, Wünsche, Ziele 8

Wir Menschen brauchen unbedingt Visionen und Ziele. Sie geben uns Sinn und Freude am Leben.

8.1 Was ist eine Vision, was ein Wunsch?

Eine Vision ist manchmal wie ein Traum, der Zugkraft entfalten kann, eine Art Über-Ziel. Visionen sind kraftvolle Bilder, für die es lohnt aufzustehen und arbeiten zu gehen. Eine Vision ist die klare Vorstellung, ein Bild von der Zukunft, mit einem großen, kühnen, lebendigen und anspruchsvollen Ziel, das in zehn oder 30 Jahren erreicht werden soll. Aus Visionen können Ziele werden, eine Vision kann mehrere Ziele in sich vereinen. Doch zunächst ist eine Vision (Abb. 8.1) per Definition eine im Hinblick auf die Zukunft entworfene, oft träumerische Vorstellung oder Imagination bezüglich eines Zustands (vgl. www. wissen.de). In Wikipedia findet man u. a. folgende Definition für „Vision": „das innere Bild einer Vorstellung, meist auf die Zukunft bezogen". Eine Vision ist sehr weit weg, einfach und bildhaft. Diese Vorstellung stiftet Sinn, gibt einen Fokus, fokussiert Energie, motiviert und bewirkt, dass wir uns anstrengen, um Bestleistungen zu bringen. Eine Vision stellt einen größeren Zusammenhang her. Sie ist von uns und unserer Zukunft entworfene Vorstellung. Sie gibt die Richtung der Entwicklung vor, wertorientiert, mitreißend, verpflichtend nach innen und nach außen, meist nicht völlig klar, eher verschwommen. Synonyme für das Wort Vision sind z. B. Lebenszweck, Lebensaufgabe oder Mission State.

Um eine Vision zu entwickeln, helfen uns Fragen wie: Wo will ich hin? Wo geht es hin? Wie sehe ich mich in der Zukunft? Was will ich erreichen? Warum tue ich das? Wofür tue ich das? Wofür steht meine berufliche Tätigkeit? Was

© Springer Fachmedien Wiesbaden GmbH, ein Teil von Springer Nature 2018   91
A. Heimsoeth, *Frauenpower*, https://doi.org/10.1007/978-3-658-20431-0_8

Abb. 8.1   Vision. (Quelle: © pixabay.com)

würde mich glücklich machen? Wie soll sich das anfühlen? Welches sind meine
größten Momente von Glück und Erfüllung? Wozu stehe ich auf? Wozu arbeite
ich? Wozu verdiene ich Geld? Welche Werte verkörpere ich? Wie sieht meine
„Mission" aus?

Der deutsche Ex-Nationaltorhüter Oliver Kahn sagt über die Vision, die
seine Karriere begründete: „Meine Vision, und sie stand schon sehr früh für
mich fest, war folgende: Ich wollte der beste Torhüter der Welt werden. Der
beste Torhüter der Welt! Der beste! Eine gewaltige Vision, gewaltig weit weg
damals, ein Über-Über-Ziel. Irgendwie gar nicht nebulös, sondern sehr konkret.
Ein gewaltiger Anspruch an mich selbst, den ich mir mit dieser Vision auflud"
(Kahn 2010).

Weitere Beispiele

„Ich unterstütze Kinder in ihrer Entwicklung."
    „Ich bringe mehr Freude in die Welt."
    „Weltmeister werden."
    „Ich möchte meinen Zuschauern über Storytelling und Powertalk Unterhal-
tung, Impulse und Nutzen bieten."

„Körperlich wieder topfit werden." (nach einem schweren Unfall)
„To create a better everyday life for the many people." – IKEA
„Stell dir eine Welt vor, in der jeder einzelne Mensch freien Anteil an der Gesamtheit des Wissens hat." – Wikipedia

Was der Vision fehlt, ist die Strategie zur Umsetzung. Das gilt auch für Wünsche. Sie sind gefühls- und lustbezogen, wirken als treibende Kraft. Doch die Erfüllung des Wunsches bleibt meist dem Zufall überlassen und unterliegt manchmal allein unserem Einfluss. Der Wunsch ist sozusagen Vater des Ziels. Erst die Entwicklung einer Strategie zur Umsetzung macht aus einer Vision oder einem Wunsch ein Ziel. Der Weg zum Erfolg wird von klaren, positiven, aktiven Zielen (Ergebnis- und Prozessziele) bestimmt. Haben Sie Ihre Ziele klar definiert? Und wissen Sie, wo Sie gerade stehen? Eine Standortbestimmung ist unerlässlich, um zu wissen, welchen weiteren Weg Sie beschreiten wollen. Wenn ich mein Ziel kenne, aber meinen Standort nicht, kann ich meinen Weg zum Ziel nicht planen. Häufig machen wir uns Gedanken über unsere Ziele und die des Unternehmens, für das wir arbeiten, aber keine Gedanken über unseren Standort.

Welche Wünsche liegen Ihren Zielen zugrunde? Haben diese Wünsche noch etwas damit zu tun, wo sie heute stehen? Wer als Kind z. B. den großen Wunsch hegt, Weltmeister zu werden in einer bestimmten Sportart, braucht nicht nur Selbstvertrauen, Fleiß, Willenskraft, Ausdauer und Disziplin, sondern auch gute Trainer/-innen und Unterstützung durch Familie und Freunde – erst dann wird aus einem Wunsch ein Ziel, weil dann eine Strategie entsteht.

8.2 Übungen zur Visionsentwicklung

8.2.1 Das Fernsehporträt

Wir stellen uns vor, dass in zehn Jahren ein Fernsehsender einen Beitrag über unser bisheriges Lebenswerk ausstrahlen will. Einen Film über all die Dinge, die uns wichtig sind. Über Projekte, die wir realisiert haben, und vor allem über jene Menschen, die uns auf unserem Weg begleitet haben. Welche Bilder werden gezeigt? Wer taucht an unserer Seite auf? Worauf sind wir besonders stolz? Welche Ziele haben wir schon erreicht – und welche Träume gilt es noch zu verwirklichen? Was berichtet der Sender? Danach stellt uns der Moderator noch zwei

Fragen: Wie haben Sie das alles geschafft? Und: Welche Ihrer Talente und Stärken waren bei der Umsetzung besonders wichtig?

Für die Antworten haben Sie nur fünf Minuten Zeit. Schreiben Sie alles auf, was Sie sagen wollen.

Diese Übung können Sie regelmäßig wiederholen. Sie ist wunderbar, um uns die eigenen Stärken, aber auch Wünsche und scheinbare Grenzen bewusst zu machen. In Situationen, in denen wir an uns zweifeln, kann die Vision unseres Ichs uns Mut schenken, weiterzumachen und sich selbst treu zu bleiben.

8.2.2 Vision

Diese Übung ist sehr effektiv und kostet Sie nur fünf Minuten täglich. Schreiben Sie schnell, ohne nachzudenken oder zu pausieren, Sätze auf, die wie folgt beginnen: „Ich möchte …", „Ich will …", „Ich hätte gern …", „Ich wünsche …" Bedingung: Die Sätze müssen positiv formuliert sein. Das kennen Sie bereits von den Affirmationen. Worte wie „nicht", „nichts", „kein" sind tabu.

Wenn Sie Ihre Visionen in einem Büchlein dokumentieren, merken Sie rasch, was und wohin Sie wollen, welche Visionen nach Umsetzung schreien. Ich mache diese Übung mindestens einmal pro Jahr. Dann überlege ich bewusst oder unbewusst tagsüber, was ich abends in mein Buch schreiben möchte und muss. Diese Arbeit hält mich im Prozess zur Zielerreichung. Wesentliche Dinge können Sie wiederholen, auch wenn es dieselben Sätze oder Worte sind. Diese Übung kann zu einer Art Gebet werden. Vergessen Sie bei Ihren Überlegungen nicht Ihre Gesundheit. Es sollten nicht nur materielle oder berufliche Dinge auf der Liste zu finden sein.

Für die Realisierung Ihrer Visionen sollten Sie sich, je nach Inhalt, einen Zeitraum von acht Wochen bis zu zwei Jahren setzen. Formulieren Sie erste Umsetzungsschritte: Was ist konkret zu tun, um die Vision zu realisieren? Wir müssen uns klar sein über die Bedingungen. Oftmals haben wir falsche Vorstellungen von den Voraussetzungen zur Realisation. Wenn ich Sie frage, welche Bedingungen fürs Bergsteigen erforderlich sind, werden Sie vielleicht antworten: Leine, Ausrüstung, Berg, Beine, Kleidung etc. Falsch. Es braucht zum Bergsteigen lediglich einen Berg – und den Willen, ihn zu besteigen.

Abb. 8.2 Zielsetzung. (Quelle: © pixabay.com)

8.3 Die Zielsetzung

Der Langsamste, der sein Ziel nicht aus den Augen verliert, geht immer noch geschwinder als der, der ohne Ziel umherirrt.
Gotthold Ephraim Lessing

Kennen Sie Ihre Ziele? Nicht nur Ihr Urlaubsziel oder wirtschaftliche Ziele, sondern auch Ziele im Sport, im Beruf, für Ihre Gesundheit, für Ihre Familie? Wenn ich Sie bitte, mir diese näher zu erläutern, haben Sie eine Antwort parat? Das Thema „Ziele setzen" (Abb. 8.2) ist für mich eines der spannendsten und interessantesten Themen im Coaching und in den Coachingausbildungen, die ich halte. Aus welchen Gründen? Weil es gar nicht so leicht ist, Ziele so zu formulieren (Abb. 8.2), dass sie tragen, aktiv und kraftvoll sind, uns Kraft und Entschlossenheit geben und Emotionen in uns auslösen.

Wer keine Ziele hat, kann nirgendwo ankommen, kann keine konkreten Pläne verfolgen und seltener Erfolge verbuchen, was sich wiederum auf das Selbstvertrauen und den eigenen Energiehaushalt auswirkt. Zielarbeit ist der erste, enorm wichtige Schritt im Mentaltraining (Abb. 8.3). Ohne Ziele generieren wir kein

Abb. 8.3 Der Zielprozess. (Quelle: © Kerstin Diacont & Antje Heimsoeth)

Wachstum, sprich keine Weiterentwicklung. Ohne Ziele keine nachhaltige und kraftvolle Veränderung.

Oliver Kahn sagt dazu: „Man kann nicht nicht wachsen. Sie haben schon recht, wenn sie protestieren. Natürlich kann man auch ‚schrumpfen‘. Was ich meine, ist: Man sollte nicht schrumpfen wollen. Man sollte nicht mal ‚auf der

Stelle treten' wollen. Denn bereits ‚Nullwachstum' zähle ich dem Schrumpfen zu.
Nur wer sich bewegt, kann auch wachsen" (Kahn 2010).

Wenn du ein glückliches Leben willst, verbinde es mit einem Ziel,
nicht aber mit Menschen oder Dingen.
Albert Einstein

8.3.1   Wie setzen Sie Ziele?

Mein Kollege Jörg Löhr hat für die Zielformulierung einen anschaulichen Vergleich formuliert: „Wie beim Autofahren per Navigationssystem führen uns im
Leben nur genaue Zieldaten dahin, wohin wir wollen" (Pfeffer und Pridun 2009).
Wenn wir in ein Taxi steigen, sagen wir dem Taxifahrer auch nicht, wo wir nicht
hinwollen, sondern wo genau er uns hinfahren möchte. Wenn wir im Restaurant
bestellen, sagen wir dem Ober auch nicht, was wir nicht essen und trinken wollen, sondern was er uns konkret von der Speisekarte bringen soll.

> Positiv formulierte Ziele erzeugen motivierende Bilder im Kopf, während
> negativ formulierte Ziele Bilder von dem erzeugen, was Sie nicht wollen.

Mit positiven, realistischen, sinnesspezifisch konkreten, zeitlich fixierten, aktiven,
überprüfbaren, interessanten, individuellen und visionären Zielen überwinden wir
unsere Bequemlichkeit, sind motivierter, übernehmen Verantwortung für uns und
unser Leben. Der POSITIVe Zielrahmen gibt die Kriterien an die Hand, die ein
motivierendes Ziel ausmachen (vgl. Abb. 8.3):

P =   positiv und in der Gegenwart formuliert, ohne Verneinungen und Vergleiche
O =   ökologisch (ohne innere und äußere Widerstände; im Bewusstsein für
       positive und negative Konsequenzen des Ziels)
S =   sensorisch/sinnesspezifisch konkret (den Zielzustand mit allen Sinnen vor-
       weg im Kopf erleben: sehen, hören, fühlen, evtl. riechen und schmecken,
       wie es ist, am Ziel zu sein)
I =   individuell, realistisch, selbst kontrollier- und initiierbar
T =   testbar, überprüfbar, messbar („Ich steigere bis 31.12.2018 meinen Umsatz
       um zehn Prozent." Nicht: „Ich verdiene mehr Geld.")
I =   interessant/relevant (Bedeutung des Ziels für mich; sind noch Zwischen-
       ziele nötig?)

V =   visionär – Formulieren Sie Ihre Ziele so, dass sie den Kern Ihrer Wünsche
       treffen.
       Welches größere (übergeordnete) Ziel gibt es hinter dem Ziel?

Generell müssen Ihre Ziele Sie motivieren! Spüren Sie ein Kribbeln, wenn Sie sich
vorstellen, am Ziel zu sein? Kontrollieren Sie stets, ob Sie mit voller Aufmerksamkeit dabei sind. Denken Sie daran, Ihr Ziel muss erreichbar sein. Der Glaube,
das Ziel erreichen zu können, muss unerschütterlich sein. Die zeitliche Fixierung
(„innerhalb der nächsten sechs Monate") hilft Ihnen, den Eigenantrieb zu erhöhen.
Für (fast) alles gibt es Termine – so auch für Ihr Ziel! Vergleiche („Ich bin besser
als …") haben in Ihrem Zielsatz nichts zu suchen.
    Hilfreiche Fragen zur Zielformulierung und -festlegung sind z. B. hinsichtlich
der einzelnen Kriterien des POSITIVen Zielrahmens:

**Positiv (ohne sprachliche Verneinung, ohne Vergleich mit anderen wie „Ich
möchte besser sein als du", ohne „möchte", „will", „kann")**
„Wenn ich das nicht will, was will ich dann?", „Sondern?", „Was denn …?",
„Wie mache ich etwas ‚nicht'?", „Wenn ich keine Angst hätte, was würde ich
stattdessen empfinden?", „Was würde ich gern tun, statt (mich selbst zu kritisie-
ren)?", „Wie wäre es, wenn ich in der Lage wäre, …?"
    Beispiel: „Ich will nicht mehr rauchen" ist kein Ziel.

Ökologisch (Wo und wann? Konsequenzen? Kosten?)
„Was wird es mir bringen, dass ich dieses Ziel erreiche?", „Was kostet mich das
Erreichen des Ziels?", „Welchen Preis bin ich bereit, dafür zu bezahlen?", „Welche
anderen Ziele habe ich, die damit in Konflikt geraten könnten? Und wie gehe ich
damit um?", „Wie würde meine Umgebung (Familie, Partnerschaft, Arbeitskollegen,
Chef, …) reagieren, wenn ich dieses Ziel erreicht habe? Und wie gehe ich damit
um?", „Was ist es mir wert?", „Passt das Ziel zu meinen Wertvorstellungen und zu
meinem Selbstverständnis?", „Passt das Ziel zu meinen übergeordneten Zielen?"

Sensorisch konkret
„Woran werde ich genau erkennen, dass ich mein Ziel erreicht habe?", „Was sehe
ich, höre ich, spüre ich?", „Welche Bilder, Gefühle, Klänge/Geräusche (evtl. auch
welchen Geschmack und Geruch) verbinde ich mit meinem Ziel?", „Was heißt
… (z. B. Freiheit) konkret? Woran erkenne ich …?", „Wo liegt der Unterschied
zwischen Ist und Ziel?"

Individuell (im eigenen Einflussbereich/in deiner eigenen Kontrolle)
„Was ist mein persönlicher Anteil (an diesem Ziel)?", „Liegt das, was ich mir vorgenommen habe, überhaupt in meiner Macht?", „In wessen Verantwortung liegt die Erreichbarkeit meines Zieles?", „Wer ist dafür zuständig?"

Testbar
„Woran werde ich merken, dass ich auf mein Ziel zugehe oder mich davon entferne?", „Woran werde ich, du oder ein anderer (Mensch) erkennen, ob ich das Ziel erreicht habe?", „Wann darf mich jemand nach dem Ergebnis fragen?"
Setzen Sie sich einen festen Termin, bis wann Sie Ihr Ziel erreicht haben wollen.

Interessant (in der Gegenwart)
„Wie wird es sein, am Ziel zu sein?", „Was bedeutet es für mich?", „Was wird es mir bringen, dass ich dieses Ziel erreicht habe?", „Was macht dieses Ziel reizvoll für mich?", „Was hätte ich dadurch für mich und mein Leben gewonnen?", „Welches wichtige Bedürfnis wäre dadurch befriedigt?"

Visionär
„Warum ist das für mich wichtig?", „Wie passt dieses Ziel zu meiner Vision/ Zukunft?", „Wozu will ich mein Ziel erreichen? Ein größeres Ziel ‚dahinter'?", „Welcher Sinn …?", „In welchem Zusammenhang …?"
Ein Beispiel aus dem Profisport:

Beispiel

Der Weltklasse-Tennisspieler Roger Federer sollte als 15-Jähriger im Tennisinternat seine sportlichen Ziele aufschreiben. Während seine Mitschüler Sätze formulierten wie „Berufsspieler werden" oder „unter die ersten 100 der Weltrangliste vorstoßen", schrieb Roger Federer: „In die Top Ten kommen und dann die Nummer Eins werden" (Weltwoche 2007). Ein hohes Ziel, aber offensichtlich ein sehr motivierendes. Knapp zehn Jahre später, im Jahr 2005, steht der Schweizer auf Platz eins und sagt dazu im Interview: „Das zeigt mir, dass ich mich richtig organisiert habe als Profi, dass ich mein Potential ausspiele" (Berliner Morgenpost 2006). Federer hat stets sehr zielstrebig agiert, immer nach Platz eins gestrebt und mit jedem Erfolg an Durchsetzungskraft gewonnen. Erfolgreiche Menschen eint eines: Sie denken realistisch groß und nicht, wie viele von uns, zu klein.

Der ehemalige deutsche Skispringer und Olympiasieger Sven Hannawald verrät: „Mein Ziel war nicht Weltmeister oder Olympiasieger, sondern mein Ziel war immer der perfekte Sprung – das hat mich länger motiviert" (Tigers Career

Day, Uni Tübingen, Juli 2014). Der Extremsportler Norman Bücher, der mehr als 100 Marathon- und Ultramarathonläufe absolviert hat, sagt zu seiner Zielsetzung: „Für mich als Extremsportler sind nicht Bestzeiten, irgendwelche Platzierungen oder Rekorde entscheidend. Ich habe, außer einem 5-Kilometer-Volkslauf als Jugendlicher, noch keinen einzigen Wettkampf gewonnen. Das stört mich nicht, solange ich meine persönlich gesteckten Ziele erreichen kann. Nicht die Wettkämpfe sind für mich entscheidend, nicht auf das Sammeln von Marathonläufen kommt es mir an und nicht irgendwelche Medaillen und Pokale motivieren mich. Für mich stehen die persönlichen Erfahrungen bei meinen Laufabenteuern im Vordergrund. Die sehr intensiven Laufmomente bei meinen Abenteuern, sich an seine persönlichen Grenzen heranzuwagen und diese zu überwinden und zu erfahren, was man alles im Leben mit dem Willen und der Vorstellungskraft erreichen kann. Diese Erfahrungen und Eindrücke sind in meinen Augen viel mehr wert als irgendeine Zeit in Minuten und Sekunden" (Bücher 2011).

Weitere Beispiele

„Ich bin Geschäftsführerin eines großen Unternehmens und kann mir eine große Dachgeschosswohnung mit Blick in die Berge leisten."

„Ich arbeite ausdauernd an meinem Buch und achte auf meine Pausen."

„Wenn ich mich am 30. Dezember 2018 auf die Waage stelle, dann zeigt diese 72 kg und weniger an."

„Ich spiele ab sofort mindestens dreimal in der Woche eine Stunde lang Akkordeon."

Sich die richtigen Fragen für die Zielerreichung zu stellen, ist enorm wichtig: Wo stehe ich jetzt (Ausgangszustand, Ist-Analyse, Ihr derzeitiges Können)? Was habe ich bereits? Was kann ich bereits? Was muss ich noch lernen? Was sind meine Wünsche? Was will ich in meinem Leben erreichen? Was will ich? Wo will ich hin? Warum ist das Ziel wichtig für mich? Was hindert mich, das Ziel jetzt schon zu erreichen? Welche Pflichten hindern mich an der Erreichung meiner Ziele? Welche Wege und Ressourcen erschließe ich mir? Wen oder was brauche ich noch für die Zielerreichung? Wer kann mir helfen, mich unterstützen, meine Ziele zu erreichen? Prüfen Sie, welche Unterstützer, internen und externen Ressourcen, Fähigkeiten oder Informationen Sie dafür benötigen. Wer wird mich unterstützen, kontrollieren und Strafen verhängen, wenn ich die Dinge schleifen lasse, aber auch mit mir Siege feiern? Welches Vorbild oder Idealbild könnte mich zusätzlich anspornen? Wer könnte mein Mentor oder Wegbegleiter sein, der mich regelmäßig an mein Ziel erinnert und mit dem ich einen Zielvertrag schließen könnte? Welche Anreize zur Veränderung habe ich? Was muss ich für eine Veränderung mitbringen? Welches Wissen? Wie viel Motivation? Was gewinne ich bei der Veränderung? Was gebe ich auf, wenn ich mich verändere?

Fragen Sie sich jeden Tag: Bringt mich das, was ich jetzt gerade tue, meinem Ziel näher? Wie viel Prozent meiner Energie verwende ich zur Erreichung meiner Ziele? Und hinterfragen Sie kritisch: Wofür vergeude ich Zeit oder wofür vergeuden wir im Team Zeit? Gerade bei der Beantwortung dieser Frage gilt es, radikal zu sein – sowohl sich selbst als auch Mitarbeitern gegenüber. Jegliches Tun und Handeln sollte aufs Ziel ausgerichtet sein. Der Fokus zählt.

Und wann dürfen wir ein Ziel aufgeben? Natürlich dann, wenn es erreicht ist. Aber auch immer dann, wenn Sie es wollen. Wenn der „Preis" für die Zielerreichung zu hoch ist oder die Bedingungen sich geändert haben. Weiterentwicklung kann manchmal auch bedeuten, sich von Zielen zu verabschieden, statt sie unbedingt zu erreichen.

Mut zum Kurswechsel

Es ist wichtig, gesetzte Ziele und geplante Wege zwischendurch zu überprüfen, ggf. zu aktualisieren und anzupassen oder gar neue Ziele zu formulieren. Ziele sind nicht in Stein gemeißelt. Ist es noch das, was ich erreichen will, oder haben sich die Rahmenbedingungen verändert? Ist eine Neuausrichtung nötig geworden? Wenn Sie von A nach B segeln und vor Ihnen eine kleine Insel auftaucht, die nicht in Ihrer Seekarte vermerkt ist, was tun Sie dann? Am errechneten Kurs festhalten, auf die Insel zuhalten und Schiffbruch erleiden? Oder korrigieren Sie Ihren Kurs und nehmen nach Umschiffen der Insel wieder Ihr geplantes Ziel ins Visier? Der Bestsellerautor Paulo Coelho sagt: „Es ist richtig, wenn wir uns im Leben Ziele setzen, aber die Wege, die zu unseren Zielen führen, können manchmal erheblich von dem abweichen, wie wir uns das vorgestellt haben (Abb. 8.4)" (Kahn 2010).

Abb. 8.4 Rechnen Sie mit Umwegen auf dem Weg zum Ziel. (Quelle: Kerstin Diacont & Antje Heimsoeth)

Eine korrekte Zielformulierung ist ein entscheidender Erfolgsfaktor. Als der FC Bayern München das Champions-League-Finale 2012 vor heimischer Kulisse verlor, lag das u. U. auch an der falschen Ausrichtung. Monatelang, im Grunde zwei Jahre lang, war das erklärte Ziel gewesen, ein Finale „dahoam" zu bestreiten. Die Medien feierten bereits Wochen vor dem Finale die Zielerreichung. Das Finale im heimischen Stadion darüber hinaus zu gewinnen, war als Ziel lange nicht konkret formuliert worden, zumindest nicht öffentlich und in der medialen Berichterstattung, der Fokus war entsprechend nicht rechtzeitig genug darauf ausgerichtet. Was den Bayern-Spielern im Finale dann fehlte, waren die Bestimmtheit und Durchsetzungskraft, um zu siegen, weil im Kopf kein Programm für das „Siegen dahoam" verankert war, das Ziel Finale war ja bereits mit dem Spiel an sich erreicht.

Erst klar definierte Ziele helfen, herausragende Ergebnisse zu erreichen – im Sport wie in der Wirtschaft. Nur wenn Sie genau wissen, wo Sie hinwollen, können Sie den Weg dorthin festlegen und sofort die ersten Schritte in die richtige Richtung gehen. Die Fokussierung auf etwas, das uns wichtig ist, setzt darüber hinaus Kraft frei, anderes auszublenden.

Ziele motivierend formulieren

Formulieren Sie Ziele motivierend. Denn es gibt einen grundlegenden Zusammenhang zwischen Zielen und Motivation. Bei zu niedrigen und leicht erreichbar wirkenden Zielen sinkt die Motivation, damit ist die Zielerreichung gefährdet. Ziele dürfen ruhig hochgesteckt sein. Sind sie allerdings zu hoch gesteckt und erscheinen von vornherein als unerreichbar, sind Frust und Enttäuschung vorprogrammiert, dann sinkt die Motivation. Die fehlende Motivation und das unterbliebene Engagement schlagen sich im erreichten Ergebnis nieder. Ideal sind ambitionierte Ziele, für die Sie sich anstrengen müssen.

> Dein Ziel sollte außer Reichweite, nicht außer Sichtweite sein.

Ich beobachte, dass die meisten Frauen beim Zielesetzen klein, zu klein denken. Auf Sicherheit setzen. Sie setzen sich kleine Ziele, aus Angst zu versagen oder zu scheitern. Was ist Versagen? Was ist Scheitern? Wann erkennst du, dass du gescheitert bist? Wann erkennst du, dass du versagt hast? Was wäre, wenn das Konzept des Scheiterns, Versagens und Aufgebens nicht existieren würde?

„Alle sagten, das geht nicht, dann kam einer, der wusste das nicht und hat's einfach gemacht."

Begrenzen Sie sich nicht unnötig, denken Sie groß und packen Sie an (Abb. 8.5).

Abb. 8.5 Dream big. (Quelle: © Anson/Fotolia.com)

In Ermangelung klar definierter Ziele halten wir seltsamerweise an alltäglichen Belanglosigkeiten fest, bis wir nicht mehr anders können.
Robert A. Heinlein, Science-Fiction-Autor

8.3.2 Zusammenhang zwischen Zielen und Werten

Ziele sind nur dann authentisch, wenn sie mit den persönlichen Werten und Überzeugungen übereinstimmen. „Ideal ist, wenn die unbewusst vorhandenen Motive
mit den bewusst gesetzten Zielen vereinbar sind. In diesem Fall spricht man in
der Psychologie von motivkongruenten Zielen. Personen, die solchen Zielen
nachgehen, gelingt die Verfolgung ihrer langfristigen Ziele in der Regel besser,
sie sind erfolgreicher und empfinden dabei in einer Leistungssituation weniger
Anstrengung, gleichzeitig mehr Freude. Ist ein motivkongruentes Ziel vorhanden,
dann werden in der Leistungssituation über das Unterbewusstsein automatisch
sämtliche leistungsrelevanten Prozesse (Energiemobilisierung, Energiedosierung,
Aufmerksamkeitsausrichtung) in Gang gesetzt" (Emberger und Prinz 2013).

8.3.3 Ziele aufteilen – langfristige, mittelfristige und kurzfristige Ziele

Es gibt langfristige Ziele (2–3 Jahre), mittelfristige (bis zu einem Jahr) und kurzfristige Ziele (3–6 Monate), auch Quartalsziele. Der Weg zu jedem Ziel lässt sich einteilen in Zwischen- oder Etappenziele. Manchmal lasse ich auch Monatsziele formulieren. Brechen Sie Ihr Jahresziel in zwölf Monatsziele herunter (Abb. 8.6).

Nehmen Sie sich dann ein Monatsziel und brechen Sie es in vier Wochenziele herunter (Abb. 8.7).

Monat	Monatsziel
1	
2	
3	
4	
5	
6	
7	
8	
9	
10	
11	
12	

Abb. 8.6 Monatsziel. (Quelle: © Kerstin Diacont & Antje Heimsoeth)

Woche	Wochenziel
1	
2	
3	
4	

Abb. 8.7 Wochenziel. (Quelle: © Kerstin Diacont & Antje Heimsoeth)

Tag	Tagesziel
1	
2	
3	
4	
5	

Abb. 8.8 Tagesziel. (Quelle: © Kerstin Diacont & Antje Heimsoeth)

Brechen Sie das jeweilige Wochenziel auf Tagesziele herunter (Abb. 8.8). Was müssen Sie jeden Tag erledigen, um Ihr Ziel zu erreichen? Was steht an?

Im Sport sind das dann Trainingsziele für jedes Training.

Mit jedem erreichten Zwischenziel wächst die Erfolgszuversicht. Und das lenkt die Aufmerksamkeit auf die Umsetzung und den Prozess. Wird ein solches Zwischenziel nicht erreicht, gilt es, nach den Ursachen zu suchen (Analyse) und diese zu beheben. Erreichen Sie mehr als ein Zwischenziel nicht, fragen Sie sich, ob Sie sich das Ziel zu hoch gesetzt haben oder es gar unrealisierbar ist. Je erfolgreicher die Zwischenziele verwirklicht werden, desto höher ist die Wahrscheinlichkeit für die Zielerreichung.

8.3.4 Annäherungsziele statt Vermeidungsziele

Jeder kennt das: Unser direktes Umfeld hat unaufgefordert Ratschläge parat, wenn wir vor besonderen Herausforderungen stehen – sei es eine schwierige Verhandlung mit Geschäftspartnern, ein entscheidender Akquisetermin, ein Personalgespräch mit weitreichenden Konsequenzen oder ein Bewerbungsgespräch – stets erhalten wir gut gemeinte Anweisungen, wie wir uns verhalten, woran wir denken sollen. In den meisten Fällen handelt es sich dabei um Vermeidungsanweisungen („Lassen Sie XY immer ausreden, er hasst Unterbrechungen", „Fangen Sie bloß nicht mit dem Thema XY an, darauf sind die anderen gar nicht gut zu sprechen"). Ziele, die sprachlich eine Handlung beschreiben, die vermieden werden soll, heißen Vermeidungsziele, z. B. „Riskiere nichts!", „Ich will nicht mehr unangenehm auffallen", „Ich will mich weniger einspannen lassen". Ihr Fokus liegt auf „weg von …". Solche Aussagen sind wenig hilfreich, da sie nicht aufzeigen, wie Sie sich tatsächlich verhalten wollen. Vermeidungsziele können vorhandene Unsicherheit noch erhöhen statt sie abzubauen. Bei „Riskiere nichts!" ist der Fokus auf die Auswirkungen des Versagens gerichtet. Das erzeugt negative Emotionen, nämlich Versagensangst. Formulieren Sie das Ziel positiv, werden auch positive Gefühle mit dem Ziel verbunden. Das ist wesentlich zuträglicher für die Zielerreichung. Vermeidungsziele lassen sich in Annäherungsziele („Hin zu …") umformulieren. Ziele, die das Thema so beschreiben, dass der angestrebte Zustand enthalten ist, wirken motivierend. Aus „Riskiere nichts!" könnte ein „Ich führe das Gespräch gelassen und konzentriert!" werden, aus „Ich lasse mich weniger einspannen" könnte ein „Ich entscheide bewusst, welche Aufträge ich annehme" werden. Gestalten Sie Ihre Zielformulierung so, dass sie zum Annäherungsziel wird.

Starke motivationale Annäherungsziele sind der Motor aller Veränderungs- und Lernprozesse. Aus welchen Gründen? Weil sie in unserem Gehirn konstruktive Prozesse auslösen. Die messbare neuronale Aktivierung der sinnesspezifischen und emotionalen Zentren ist bei lebhafter Imagination und bei tatsächlicher Wahrnehmung fast identisch. Mit „Riskiere nichts!" sorgen wir für eine dauerhafte neuronale Hintergrundaktivität, weil ich permanent daran denke, dass ich zu viel riskieren könnte. Diese Unabschließbarkeit des Ziels frisst Ressourcen wie Aufmerksamkeit, die für andere kognitive Funktionen benötigt werden. Vermeidungsziele aktivieren unsere Stresssysteme und legen zusätzliche Ressourcen lahm, sie schwächen uns also. Hinzu kommt, dass die dauerhafte Beschäftigung mit einem Vermeidungsziel dank der Neuroplastizität (siehe Abschn. 5.1) die Ausführung der unerwünschten Handlung wahrscheinlicher macht. Es gilt, in den Rezeptoren Kanäle zu öffnen, die die physiologische Neuverknüpfung neuronaler Netzwerke im positiven Sinne ermöglichen. Positiv formulierte Annäherungsziele, verbunden mit angenehmen Gefühlen, beflügeln und beleben. Wollen Sie, dass Ihre Anweisungen Früchte tragen und Ziele in Ihrem Sinne erreicht werden, ist es wichtig, auch in Sachen Formulierung der Neurobiologie Rechnung zu tragen.

8.3.5 Ergebnis- und Handlungsziele

Die meisten von uns legen ihre Ziele auf der Basis von konkreten Ergebnissen fest. Ergebnisziele beschreiben, was erreicht werden soll. Ein Ergebnisziel beschreibt ein klar quantitativ messbares Ergebnis („Ich erfülle die Vorgaben und erreiche noch fünf Prozent mehr", „Im Geschäftsjahr 2015 habe ich 20 % mehr Kunden", „Dieses Jahr steigere ich meinen Umsatz um 12 %", „Bis 31.12. wiege ich 70 kg und weniger"). Oft werden im Sport Ergebnisziele an Platzierungen festgemacht. Sie sind sozusagen sinnvolle „Wunsch"-Ziele, weil sie uns als Grundantrieb dienen. Vorteil von Ergebniszielen: Sie machen die genaue Überprüfung der Zielerreichung möglich. Doch die Zielerreichung unterliegt hier nicht vollständig Ihrem Einfluss, Sie haben sie nicht immer selbst in der Hand und deshalb kann ein Ergebnisziel leicht verfehlt werden. Frust, Unzufriedenheit, Druck und Demotivation sind vorprogrammiert. Haben Sie bei Nicht-Erreichen des Ziels dann versagt? Nicht unbedingt. Ein Handlungs- oder Prozessziel können Sie auch erreichen, wenn das Ergebnisziel nicht erreicht wurde.

Ein Handlungsziel – Wie will ich das Ziel erreichen? Wie will ich vorgehen? – beschreibt die Qualität Ihrer Handlungen und Tätigkeiten auf dem Weg zum Ziel („Ich schaffe optimale Arbeitsbedingungen, um das Erreichen der Vorgaben möglich zu machen", „Ich mache täglich eine Stunde Akquisearbeit und eine halbe Stunde Social Media"). Handlungsziele haben wir in der eigenen Hand. Sie sorgen zudem für das „Sein im Hier und Jetzt". Und das ist ein entscheidender Faktor für die Zielerreichung.

Wenn wir uns nicht allein auf das Ergebnis fokussieren, sondern uns dem Augenblick voll und ganz hingeben, also den Prozess verinnerlichen, unsere gesamte Energie für das Gelingen einsetzen und Fortschritte verzeichnen, dann empfinden wir in der Regel Freude und Flow dabei. Diese Freude wird dann zur Motivation und stützt die Erreichung des Ergebnisziels.

Meine Klienten aus dem Spitzensport arbeiten meist mit einem Mix aus Ergebnis- und Handlungszielen. Das empfehle ich Ihnen auch.

8.4   Zielvisualisierung: Mental arbeiten

Die bisherigen Schritte der Zielarbeit verlaufen überwiegend auf der gedanklich-
kognitiven Ebene. Das vollständige Potenzial entfaltet sich dann, wenn Sie die
Zielerreichung zusätzlich emotional und körperlich erleben. Formulieren Sie
daher Ihr Ziel so konkret, dass Sie den Zielzustand sehen, hören und spüren, vielleicht auch riechen und schmecken können.

Nehmen Sie sich Zeit, um für die Zielvisualisierung tief entspannt zu sein.
Ziehen Sie sich an einen ruhigen (dunklen) Ort zurück, wo keine Störungen für
Ablenkung sorgen. Wenn Sie wollen, hören Sie eine beruhigende Musik. Sie können es sich auf Ihre ganz persönliche Art bequem machen, die Augen schließen
und sanft hinabtreiben an einen Ort, wo Sie alles loslassen, um zu ruhen. Und
Sie können sich erlauben, die Gedanken kommen und gehen zu lassen, so wie
ein Baum ganz entspannt die alten Blätter der Vergangenheit einfach loslässt und
sie hinabtreiben, um Platz für Neues zu schaffen. So können Sie diese Zeit nutzen in einem Reich Ihres Ziels. Atmen Sie langsam und tief in den Bauch. Dann
zählen Sie in Gedanken von eins bis zehn und entspannen mit jeder Zahl tiefer
und vollständiger. Sie sind gleichzeitig aufmerksam und wach. Wenn Sie in Ihrer
Entspannung bei der Zahl Zehn angelangt sind, lassen Sie allmählich ein Bild vor
Ihrem inneren Auge auftauchen, auf dem Sie sehen, wie Ihr Ziel genau aussieht
und was Sie alles sehen, wenn Sie Ihr Ziel erreicht haben. Erleben Sie möglichst
intensiv auf allen Sinneskanälen, wie es sein wird, am Ziel zu sein! Sehen Sie
sich selbst und andere Personen, Gegenstände und so weiter. Hören Sie die Stimmen, Applaus und Geräusche, sehen Sie den Ort des Geschehens in allen Details,
versuchen Sie, Gerüche wahrzunehmen. Erlauben Sie sich, erfolgreich zu sein.
Genießen Sie Ihren Erfolg. Freuen Sie sich, Ihr Ziel erreicht zu haben.

Der Effekt der Visualisierung ist nicht zu unterschätzen: Einer Klientin von
mir, einer Triathletin, wurde bei der gemeinsamen Zielarbeit bewusst, dass der
einzige Triathlon, den sie nicht beendet hatte, obwohl sie topfit war, jener war, für
den sie kein Zielbild entwickelt hatte. Sie hatte sonst für jeden Wettkampf immer
ein Bild vor Augen, das sie beim Zieleinlauf zeigte. Nur für diesen einen Triathlon nicht. Das Resultat spricht für sich. Die Kunst des Visualisierens bildet hinsichtlich Ihres Leistungsvermögens eine Brücke zwischen Geist und Körper.

Eine andere Klientin, eine Marathonläuferin, beschreibt ihre Zielvisualisierung wie folgt: „Ich sehe mich über den roten Teppich am Frankfurter Römer laufen. Sobald ich dieses Bild visualisiere, steigen mir Tränen in die Augen, weil es
noch nie in meinem Leben ein Ziel gab, das ich so bewusst angestrebt und auf
das ich mich so lange vorbereitet habe. Bei jeder Trainingseinheit durchdenke ich
Passagen des Wettkampfs."

Das Vorwegerleben der Zielerreichung weckt Begeisterung und aktiviert Energien. Ziele, die in der Vorstellung bereits mehrfach erfolgreich erlebt wurden, stärken das Selbstvertrauen und die Willenskraft. Sie wirken im Sinne von „sich selbst erfüllenden Prophezeiungen" positiv in die Gegenwart zurück. Sie können dieses Erleben der Zielerreichung so oft wiederholen, wie Sie möchten. Mit jeder Wiederholung (durchaus an unterschiedlichen Tagen) verstärken Sie Ihre innere Motivation und ggf. die Ihres Teams, die Ihnen dabei hilft, Ihre Ziele zu verwirklichen. Es lohnt sich: Zweifel, Stress und Ängste reduzieren sich, positive Gefühle werden in Gang gesetzt, die Konzentration auf das Ziel steigt. Je öfter man sich in diesen Zielzustand versetzt, umso stärker wird die diesbezügliche mentale Landkarte ausgeprägt (Amler et al. 2006).

Sie können die Visualisierung übrigens auch zur Überprüfung Ihrer Umsetzungsstrategie nutzen. Gehen Sie mental zu Ihrem positiv formulierten Ziel und schauen Sie von dort aus in die Gegenwart. Formulieren Sie Tipps und Impulse für sich, die Ihnen in Ihrer gegenwärtigen Situation helfen, dieses Ziel zu erreichen. Was brauchen Sie noch an externen und inneren Ressourcen, damit Sie Ihr Ziel erreichen?

8.5   Zielcollage, digitaler Bilderrahmen, Vision Board

Eine Zielcollage ist eine Collage aus Bildern und vielleicht auch Worten, die Ihre Ziele ausdrückt. Zielcollagen helfen, an Zielen dranzubleiben und sich an Ziele zu erinnern. Dazu schneiden Sie aus Zeitschriften, Illustrierten, ausgedruckten Bildern aus dem Internet und aus Ihrem persönlichen Fundus an Fotos passende Bilder zu Ihren formulierten Zielen aus und kleben diese intuitiv auf ein großes Papier – ich empfehle Ihnen die Verwendung eines Flipcharts – oder Karton. Kleben Sie Ihre Ziele aus den Lebensbereichen Gesundheit, Beruf, Interessen/ Hobbys, soziales Umfeld, Freunde, Familie, Kollegen, Finanzen, Vermögen, Einkommen, Eigentum, Wohnraum, Spiritualität, Körper, sehnlichster immaterieller Wunsch, Sexualität, Lebensstil, „Abenteuer", Reisen, persönliche Weiterentwicklung und Lebensbeitrag auf. Gerne können Sie auch die Zielcollage zeichnen.

Lassen Sie sich von einer Vertrauensperson dazu Feedback geben. Sie assoziiert, was sie im Bild sieht oder ihr besonders auffällt – ohne vorher viel über das Ziel zu wissen. Eine Coaching-Klientin, Reiterin, hatte u. a. das Ziel, bei ihrer Teilnahme an einer Weltmeisterschaft auf dem Siegertreppchen zu stehen. Auf ihrer Zielcollage war zwar ein „Stockerl" abgebildet, aber dort stand niemand drauf! Die glückliche Ehe, von der sie erzählt hatte, war auf der Zielcollage nicht abgebildet. Solche Beobachtungen geben Ihnen wertvolle Hinweise auf die Stimmigkeit Ihres Ziels.

Eine andere Klientin von mir, Pilotin und dreifache Mutter, war beim Kleben der Zielcollage emotional sehr berührt. Die Collage brachte nämlich hervor, dass ihr BWL-Studium für sie kein Thema mehr war, obwohl ihre Mutter sie permanent drängte, aus dem Abschluss etwas zu machen und sich entsprechend zu bewerben. Auch ihr Mann vermisste beim Betrachten der Collage das Thema BWL. Doch sie hatte durch die Zielcollage an Überzeugung gewonnen, dass sie ein sehr zufriedenes und befriedigendes Leben führt, nachdem sie sich zu Beginn des Coachings noch sehr unzufrieden über ihr Leben geäußert hatte. Alles sei gut, so wie es ist. Sie verfolge nun konsequent das Thema Sport-Coach als zukünftige Berufsausübung neben ihrem Job als Pilotin. Das genüge ihr und mache sie glücklich. Sie gelangte durch das Kleben der Zielcollage zu der Erkenntnis: „Mensch, mir geht es ja richtig gut im Leben!" Ich bin sicher, das Gefühl der Unzufriedenheit wird sich total verändern – durch die Zielcollage hat sie sich selbst vor Augen geführt, wie gut es ihr eigentlich tatsächlich geht.

Ein anderer Klient hatte in seiner Zielcollage nur ein oder zwei Menschen. Stattdessen wählte er vor allem Tierbilder, auch für sich und seine Frau. Die Tiere symbolisierten bestimmte Eigenschaften. Z. B. stand ein Krokodil fürs „Zähne zeigen", ein Adler für den „Überblick", ein Chamäleon für „Anpassungsfähigkeit", ein auf dem Rücken liegender Hund für „Hingabe" und ein Schmetterling für „Leichtigkeit". Das Augenpaar eines Löwen, das den Betrachter anschaute, stand für „Ich weiß, was ich will". Durch die Arbeit an der Zielcollage fand er für sich heraus, dass er mit seiner geplanten Selbstständigkeit noch warten möchte. Seine beiden Kinder seien noch zu klein, das dritte Kind war unterwegs. Deshalb möchte er die Sicherheit der Festanstellung noch nicht aufgeben.

Suchen Sie sich einen geeigneten Platz an der Wand für Ihre Zielcollage und blicken Sie jeden Tag drauf. Wenn Ihnen auffallen sollte, dass auf der Zielcollage noch etwas fehlt, dürfen Sie dies jederzeit ergänzen. Wenn sich Ihr Ziel verändert, muss sich auch die Zielcollage ändern.

Wem das Anfertigen einer Collage zu viel Bastelarbeit oder zu „kindisch" ist, dem sei das Nutzen eines digitalen Bilderrahmens empfohlen. Dieser kann in Dauerschleife Bilder zeigen, die Sie mit Ihrem Ziel verbinden. Sie können diese Bilder immer wieder leicht be- und überarbeiten und zusätzlich Affirmationen (bestärkende Sätze) und Fotos Ihrer Erfolge bzw. schöner Orte (Ruhebilder) einfügen. Steht der Bilderrahmen auf Ihrem Schreibtisch, haben Sie Ihr Ziel immer vor Augen – Unterbewusstsein und Bewusstsein beschäftigen sich so oft damit.

Ähnlich wie eine Zielcollage funktioniert ein Vision Board (Abb. 8.9), das Ihnen persönlich zur Motivation dienen kann. Auf eine große Pinnwand oder ein Magnetboard heften Sie alles, was Sie an Ihre Ziele (Lebensziele, Zwischenziele) erinnert: Fotos, Zitate, Smileys, Namen, Affirmationen, Postkarten, Zeitschriftenbilder etc. Sehen Sie es sich oft an. Fügen Sie Dinge hinzu bzw. entfernen Sie etwas, wenn nötig. Das Erstellen der Zielcollage bzw. eines Vision Board ist ein Prozess und braucht etwas Zeit.

Abb. 8.9   Vision Board (Quelle: © by-studio/Fotolia.com)

Handeln Sie jetzt

> Eine Reise von tausend Meilen beginnt mit dem ersten Schritt.
> Sprichwort aus China

Eines gilt es jedoch zu beachten: Die Visualisierung von Zielen allein reicht nicht, um diese zu erreichen. Sie müssen ins Tun kommen und Strategien ausarbeiten, um dorthin zu gelangen, wo Sie hinwollen. Erstellen Sie einen Aktionsplan. Und dann legen Sie los! Nicht morgen, nächste Woche, nach Weihnachten, im Neuen Jahr. *Beginnen Sie jetzt.* Setzen Sie Ihre Pläne in die Tat um. Machen Sie sich unverzüglich an die Arbeit. Einen Plan zu haben, ist ein entscheidender Teil des Erfolgs. Doch diese Pläne sind wertlos ohne die Umsetzung. Legen Sie los.

Wenn Plan A nicht funktioniert, dann kommt Plan B zum Einsatz.

> Es ist besser, auf das Leben zurückzublicken und zu sagen:
> „Ich kann nicht glauben, dass ich das getan habe", als zurückzublicken und zu sagen:
> Ich wünschte, ich hätte es getan.
> Lucille Ball

8.6   Erinnerungshilfen

Soll ein Ziel erreicht werden, entspricht das im Gehirn dem Ausbau eines neuen neuronalen Netzes. Dieses muss nun gestärkt, im Fachjargon „gebahnt", werden, um Neues zu verinnerlichen. Das sogenannte Priming (aus dem Zürcher Ressourcen Modell, kurz ZRM®) ist eine Form unbewussten Lernens. Dabei wird ein Reiz gesetzt, der unbewusst verarbeitet wird und später bei der Bewältigung einer Aufgabe hilfreich ist. Primes wirken sofort und immer. „Die wissenschaftlichen Ergebnisse sprechen dafür, dass wegen der unbewusst verlaufenden Lernprozesse, die in den Primingstudien untersucht wurden, die Wahrscheinlichkeit des Auftretens von zieladäquaten Handlungen deutlich erhöht werden kann. […] Unbewusste – automatische – Informationsverarbeitung […] ist gerade in komplexen und schwierigen Situationen eigentlich das effizientere Handwerkszeug, um das eigene Handeln zu steuern" (Storch 2009b). Wir profitieren davon, so Storch, wenn wir vor und während entscheidender Situationen gute Priming-Prozesse in Gang setzen, damit der unbewusste Verarbeitungsmodus gut instruiert ist.

Wenn Sie sich während der Verfolgung eines Ziels überall Erinnerungshilfen (Primes) platzieren, die im Zusammenhang mit dem Ziel stehen, arbeitet das Unterbewusstsein ständig an der Zielerreichung. Nutzen Sie stationäre und mobile Erinnerungshilfen dafür. Den Zielsatz oder ein Symbolbild dafür können Sie z. B. als Hintergrundbild Ihres Computers oder Smartphones abspeichern, auf einem Haftzettel an Ihrem Arbeitsplatz notieren, als Passwort für Ihren Rechner nutzen etc. Damit setzen Sie Reize, die das Hirn unbewusst verarbeitet. Finden Sie mindestens fünf mobile und fünf stationäre Primes. Je schwieriger eine Situation, desto mehr Primes.

Beispiel

Ein Klient von mir, ein Extremsportler, hatte das Ziel, das härteste, schwerste und längste Radrennen der Welt, das „Race Across America" (RAAM), zu bestreiten. Als das Ziel gesetzt war, ließ er sich umgehend ein entsprechendes Autokennzeichen fertigen mit RAAM 2 (die 1 war in diesem Zusammenhang bereits vergeben). Das Kennzeichen hing zwei Jahre, bevor er überhaupt in den USA an den Start ging, an seinem Auto – und sein Unterbewusstsein hatte viel Gelegenheit, sich mit diesem Ziel zu beschäftigen. Derselbe Klient nutzt Erinnerungshilfen übrigens auch zum Verankern von Erfolgen. Er macht seine Erfolge ebenfalls täglich sichtbar, indem er u. a. seine Handyhülle mit Fotos seiner Rennsiege bebildert hat.

8.7   Übung Stärkendusche

Um sich selbst oder einen Mitarbeiter in einen optimalen Zustand für die Ziel-erreichung zu bringen, ist diese Übung sehr hilfreich. Manchmal stehen uns Selbstzweifel oder Ängste im Weg, um selbstbewusst einer anstehenden Heraus-forderung entgegenzublicken. Dann hilft die sogenannte Stärkendusche, um posi-tive Gefühle hervorzurufen, die uns Zuversicht schenken. Diese Übung lässt sich nur in einer Gruppe durchführen.

Die betreffende Person steht oder sitzt auf einem Stuhl in der Mitte eines Krei-ses. Nacheinander benennt jede/-r aus dem Kreis mindestens eine Fähigkeit, Fer-tigkeit, Stärke und positive Eigenschaft der Person, die in der Mitte weilt. Das kann z. B. etwas sein, was er oder sie an der Person in der Mitte besonders schätzt. Viele von uns wissen gar nicht, was alles in ihnen steckt. Es tut gut, das von anderen zu hören. Das Bewusstsein, über sehr viele Ressourcen zu verfügen und auf sie zurückgreifen zu können, ist beruhigend und räumt Selbstzweifel aus dem Weg.

8.8   Emotionale Bindung an Ziele

Für die erfolgreiche Zielerreichung braucht es eine starke emotionale Bindung ans Ziel. Geeignete Mentaltechniken dafür sind die Musik und das Motto.

Mit Musik können Sie, das werden Sie längst selbst wissen, Stimmungen erzeugen – bei sich oder auch bei Ihrem Team. Geht es darum, sich frei von allen anderen Dingen zu fühlen, um sich ganz und gar aufs Ziel konzentrieren zu kön-nen, dann hilft vielleicht „To be free" von Mike Oldfield oder zur Entspannung klassische Musik und stille Gitarrenklänge. Geht es darum, sich oder andere zu motivieren, sind Pop-Klassiker wie Frank Sinatras „My way", Gloria Gaynors „I am what I am" oder die Rocky-Hymne „The Eye of the Tiger" geeignet. Durchhaltewille, Aggressivität oder höchster Krafteinsatz werden mit schneller, aggressiver, lauter Musik begünstigt. Nützlich sind hier Songs wie „Smells like teen spirit" von Nirvana, „Rolling" von Limp Bizkit oder „Firestarter" von The Prodigy.

Nach Liliane R. Morell und Michael Draksal ist das Motto ein weiterer positi-ver Verstärker für Ihre Ziele, der nicht logisch-sachlich Ihr Handeln begründet, son-dern emotional ein Gefühl der Motivation erzeugt (Morell und Draksal 2003). Wie könnte Ihr persönliches Motto für Ihre Ziele lauten? Passt dazu „Vor dem Erreichen eines großen Ziels liegen viele kleine Schritte" oder „In der Ruhe liegt die Kraft"? Oder eignet sich eher „Wer nicht kämpft, hat schon verloren!" oder „Nicht das, was wir wollen, geschieht, sondern das, was wir glauben!"? Entscheiden Sie, was in Ihren Leitspruch eingeht. Die wirklich wichtigen Dinge sollen so in den Vordergrund treten. Der Leitspruch sollte Ihre Grundwerte widerspiegeln. Er ist wie Ihr persönliches „Grundgesetz", auf dessen Basis Sie Ihre Entscheidung fällen. Ihr Leitspruch leitet sich aus der Beschaffenheit Ihres Innenlebens ab und hat eine starke Verbindung zu Ihren Werten. Ein gutes Motto soll Sie inspirieren und vorwärtstreiben. Legen Sie Ihren Leitspruch in einer für Sie sinnvollen Weise schriftlich nieder. Sie können eine einzige Aussage für Ihr Leben oder verschiedene Leitsprüche für die verschiedenen Bereiche Ihres Lebens formulieren. Damit das Motto einprägsam ist, sollte der Satz nicht zu lang sein. Passen Sie diesen Ihren Lebensveränderungen im Laufe der Zeit entsprechend an.

Die deutsche Fußballnationalmannschaft wählte zur WM 2014 das Motto „Bereit wie nie". In einem TV-Spot stellte sich ein Spieler nach dem anderen vor die Kamera und begründete, warum er bereit wie nie sei für diese WM, Trainer Joachim Löw sprach von „weltmeisterlicher Vorbereitung". Das Team hatte ein Motto gefunden, das für jeden zutraf, mit individuellen Begründungen. Das lässt sich wunderbar adaptieren für Ihre Teamziele. Die Nationalelf stellte ihr Motto, wie wir alle wissen, eindrucksvoll unter Beweis. Eines darf dabei nicht vergessen werden: Hinter diesem Motto verbarg sich jahrelange, harte Arbeit aufs große Ziel hin.

Literatur

Amler, W., Bernatzky, P., & Knörzer, W. (2006). *Integratives Mentaltraining im Sport.* Aachen: Meyer & Meyer.

Bücher, N. (2011). *Extrem. Die Macht des Willens* (S. 27). Wien: Goldegg.

Emberger, G., & Prinz, A. (2013). *Rennfahrer Training. Körperliche und mentale Optimierung im Motorsport* (S. 215). Königswinter: Heel.

Kahn, O. (2010). *Ich. Erfolg kommt von innen* (2. Aufl., S. 51–55, 73). München: Goldmann.

Morell, L. R., & Draksal, M. (2003). *Golf Mental. Praxisbuch für Golfer & Trainer* (S. 22). Leipzig: Draksal.

Pfeffer, A., & Pridun, C. (2009). Locker sein, aber nicht locker lassen. *WirtschaftsBlatt,* 29.10.2009. http://wirtschaftsblatt.at/archiv/1121259/index. Zugegriffen: 21. Jan. 2015.

Storch, M. (2009b). Die Arbeit mit dem Unbewussten messbar machen. In D. Klein & H. Weyerstraß (Hrsg.), *Jung heute* (S. 7–8). (cgjung.com).

Weiterführende Literatur

Allmeroth, J. (2006). Federer: Die ganze Tennis-Welt jagt mich. http://www.morgenpost.de/printarchiv/sport/article259613/Federer-Die-ganze-Tennis-Welt-jagt-mich.html. Zugegriffen: 22. Aug. 2014.

Baumann, N., Kaschel, R., & Kuhl, J. (2005). Striving for unwanted goals: Stress-dependent discrepancies between explicit and implicit achievement motives reduce subjective well-being and increase psychosomatic symptoms. *Journal of Personality and Social Psychology, 89,* 781–799.

Heimsoeth, A. (2008). *Mental-Training für Reiter* (S. 72–74, 100–102). Stuttgart: Müller Rüschlikon.

Heimsoeth, A. (2013). *Mein Kind kann's. Mentaltraining für Schule, Sport und Freizeit* (S. 34–36, 42–43). Stuttgart: pietsch.

Heimsoeth, A. (2015). *Chefsache Kopf: Mit mentaler und emotionaler Stärke zu mehr Führungskompetenz* (S. 71 ff.). Wiesbaden: Springer Gabler.

Jiménez, F. (2013). Was man über andere Menschen denkt, wird wahr. *Die Welt,* erschienen am 04.01.2013. http://www.welt.de/gesundheit/psychologie/article112397907/Was-man-ueber-andere-Menschen-denkt-wird-wahr.html. Zugegriffen: 22. Okt. 2014.

Storch, M. (2009a). Mottoziele, S.M.A.R.T.-Ziele und Motivation. In B. Birgmeier (Hrsg.), *Coachingwissen. Denn sie wissen nicht, was sie tun?* (S. 7–10, 17–19). Wiesbaden: VS Verlag & GWV Fachverlage GmbH.

Ziauddin, B. (2007). Global player. http://www.weltwoche.ch/ausgaben/2007-12/artikel-2007-12-global-player.html. Zugegriffen: 22. Aug. 2014.

Die Erfüllung eines Traumes oder die Fahrt in mein neues Leben abb.– In 27 Tagen auf dem Fahrrad zum Nordkap

9

Ein Erfahrungsbericht von Verena Willinek, die seit ihrem 15. Lebensjahr den Traum hatte, mit dem Fahrrad zum Nordkap zu fahren

2550 km lang mit mir selbst und all meinen Gedanken alleine sein. Was ist die Geschichte meines Traums?

9.1   Wer ich bin

Ich heiße Verena Willinek, wurde 1975 in Bonn als jüngste von drei Töchtern geboren und ich war schon als Kind sehr abenteuerlustig.

Seit meinem neunten Lebensjahr fuhr ich jeden Sommer mit vielen anderen Kindern in die Fußball-Ferienfreizeit ins Knüllgebirge. Wir wanderten, kletterten, verbrachten viel Zeit in der Natur und mit meiner großen Leidenschaft, dem Fußball.

Als ich 15 Jahre alt war, sah ich ein für mich faszinierendes Bild vom Nordkap. Die Sonne schien so unglaublich schön durch die Weltkugel und löste in mir die Sehnsucht nach diesem Ort aus. Schon damals war mir aber eine Fahrt mit dem Auto zu alltäglich und nicht spannend genug. Es entstand in mir der Traum, wenn ich alt genug bin, mit dem Fahrrad zum Nordkap zu fahren.

© Springer Fachmedien Wiesbaden GmbH, ein Teil von Springer Nature 2018
A. Heimsoeth, *Frauenpower*, https://doi.org/10.1007/978-3-658-20431-0_9

9.2   Die Nacht, die mein Leben veränderte

Doch 1992 veränderte sich in einer Nacht mein ganzes Leben. Ein „sehr guter Freund" vergewaltigte mich. Ich habe nur knapp überlebt, doch mein Körper und meine Seele starben in dieser Nacht. Ab diesem Moment war nichts mehr, wie es war. Alle meine bisherigen Träume und Ziele waren verloren. Statt Abenteuerlust, Unbekümmertheit, Spaß und Freude bestimmten fortan Ängste, Selbstentwertung, Unsicherheit, Mutlosigkeit und negative Glaubenssätze mein Leben.

Als ich damals fliehen konnte, bin ich zu meinem besten Freund gelaufen. Der Gedanke „Polizei oder Krankenhaus" kam mir nicht. Ich wollte nur die Geschehnisse der Nacht abspülen. Alles hinter mir lassen. Doch währenddessen kamen die Selbstzweifel, die Scham, die entwertenden und demütigenden Worte des Täters. Ich begann mir immer mehr Vorwürfe zu machen und die Schuld bei mir zu suchen. Ich habe wundervolle Eltern, doch die Worte des Täters hielten mich davon ab, mich ihnen anzuvertrauen. Stattdessen belog ich mein Umfeld und erzählte, ich hätte einen Fahrradunfall gehabt.

Ich suchte einen mir empfohlenen Psychologen auf. Doch statt mir zu helfen, bestärkte er meine Selbstvorwürfe. Ich empfand mich schmutzig und nicht mehr liebenswert. Durch den Psychologen bekam ich noch mehr das Gefühl, eine Schande für mein Umfeld zu sein. Ich wollte nicht mehr leben, denn das Geschehene war unerträglich für mich.

Heute weiß ich, dass mein bester Freund mein Schutzengel war und ist. Er hat mir damals mein Leben gerettet. Er war zur richtigen Zeit am richtigen Ort. Er hörte mir zu und war für mich da.

Ich flüchtete mich immer mehr in den Sport. Der Fußball war mein einziger Lebenssinn. Dafür gab ich alles. Ich hatte ein neues Ziel. Ich wollte in die Bundesliga, was ich 1993 auch schaffte. Der Sport war mein Ventil. Immer wenn ich merkte, dass in mir Ängste oder Bilder aufstiegen, nutzte ich den Sport zum Spannungsabbau. Das war für mich die einzige Möglichkeit, zu überleben. Die Nächte waren schwieriger. Schlaf war kaum möglich und so ging ich nachts viel spazieren. Es waren die Gleichgültigkeit meinem eigenen Leben gegenüber und der Bewegungsdrang, die mich nachts in den Wald trieben.

1994 begann ich eine Ausbildung als Polizistin beim Bundesgrenzschutz. Ausgerechnet ich ging in einen von Männern dominierten Beruf. Heute weiß ich, dass ich mir damit beweisen wollte, dass mir Männer nichts anhaben konnten. Ich wollte zeigen, wie stark ich bin und dass ich mich wehren kann.

Im gleichen Jahr verstarb mein bester Freund. Meine einzige Vertrauensperson war nicht mehr da. Mein Gehirn strich alle Erinnerungen an die Vergewaltigung und mein Körper schaltete jedes gute Gefühl aus. Seit diesem Moment konnte ich nur noch starke Schmerzen empfinden. Ich war innerlich wie tot. Mein Kopf lernte Bewegungen zu machen und nachzuvollziehen, ohne es spüren zu können. Ich lernte „neu", Fußball zu spielen ohne zu spüren wie, wann und wo ich den Ball traf. Rückblickend für mich heute eine unglaubliche Leistung meines Gehirns und Körpers.

Da mir zu diesem Zeitpunkt jegliche Erinnerung an die Zeit vor und während der Vergewaltigung fehlte, erlebte ich mein Leben als völlig normal. Nur meine Schlafstörungen und Albträume beeinträchtigten mich. Mir war nicht bewusst, dass ich sehr gefühllos war und mein Lächeln nur unecht. Für mich fühlte es sich richtig an.

Mein Traum vom Nordkap war zwar noch in mir, aber mir fehlten Mut und Selbstvertrauen. Immer wenn ich an die Reise dachte, tauchten die demütigenden und entwertenden Sätze des Täters in mir auf, die ich längst zu meinen eigenen Glaubenssätzen gemacht hatte. Für mich war es zu diesem Zeitpunkt unvorstellbar, dass ich jemals mit dem Fahrrad das Nordkap erreichen würde.

Selbstvertrauen besaß ich nur noch auf dem Fußballplatz. Da fühlte ich mich wohl, da merkte ich, dass ich recht gut war, es gab nichts, was mich dort einengte, und auch keine negativen Glaubenssätze. Hier bekam ich von außerhalb Anerkennung und manchmal auch von mir selbst, auch wenn ich sehr kritisch mit mir umging.

Mit der Zeit wurde ich immer unzufriedener im Beruf. Ich dachte, es läge an der Arbeit selbst, hatte das Gefühl, keine neuen Herausforderungen zu haben. Dazu kam, dass ich einen ausgeprägten Gerechtigkeitssinn habe und daher vieles im System kritisch sah. Ich hatte das Glück, einen sehr guten Vorgesetzten zu haben, von dem ich mich verstanden und unterstützt fühlte. So konnte ich 2000 den Dienst auf 60 % kürzen und nebenbei eine Ausbildung zur Physiotherapeutin absolvieren.

9.3   Das Trauma drängt zurück ins Bewusstsein

Doch 2001 kam ein erneuter Schicksalsschlag und ich war nach einem Treppensturz teilweise gelähmt. Als ich auf dem Boden lag und merkte, dass ich meine Beine nicht mehr spürte, schoss mir nur der Gedanke „Dann spiele ich jetzt halt Rollstuhlbasketball" durch den Kopf. Dieser Gedanke ist für mich heute noch unbeschreiblich. Ich hatte in diesem Moment keine Angst, dass sich ab jetzt mein Leben total ändern würde und ich meine Ausbildung nicht beenden könnte. Mir war nur der Sport wichtig. Doch von einem auf den anderen Moment fehlte mir mein Sport als Ventil und meine Albträume veränderten sich. Es ging mir psychisch immer schlechter, obwohl ich mit diesen Träumen nichts anzufangen wusste. Sie erdrückten mich, nahmen mir jegliche Luft zum Atmen und ich konnte nicht aufstehen, um mich zu bewegen und damit Spannung abzubauen. Ich war dem Druck ausgesetzt. Ich wurde schwer depressiv und hatte zunehmend suizidale Gedanken. Mein Kopf funktionierte zum Glück noch so gut, dass ich mich in einer psychiatrischen Tagesklinik vorstellte und dort vier Monate Therapien machte.

In der Klinik habe ich wundervolle Menschen und eine ganz besondere Ärztin kennenlernen dürfen. Gerade diese Ärztin hat mir mit ihrer besonderen Art einen Spiegel vors Gesicht gehalten. Das war nicht immer schön, doch heute weiß ich, wie sehr sie mir damit geholfen hat. Langsam konnte ich mich auch wieder besser bewegen und fing an, wieder längere Spaziergänge zu machen. Endlich wieder gehen können, ohne dass mein Bein immer wieder einknickte, war ein unbeschreiblich schönes Gefühl.

Nach dem Klinikaufenthalt machte ich weiterhin ambulante Therapien, spielte wieder Fußball und lebte mein für mich „normales" Leben. Dieses Leben bestand darin, für meine Umwelt zu funktionieren, zu arbeiten, als Spielerin und Trainerin tätig zu sein, als Tochter, Tante, Freundin und Partnerin zu funktionieren. Im Vordergrund standen weiterhin Schlafstörungen, Panikattacken, Ängste, Selbstzweifel, Gefühllosigkeit, eine inzwischen chronische Depression und dissoziative Zustände. Immer wieder tauchten das Bild und mein Traum von der Reise zum Nordkap auf, auch wenn es weiterhin unvorstellbar für mich war, diesen Traum umzusetzen.

Der Bundesgrenzschutz entließ mich 2002, aufgrund meiner posttraumatischen Belastungsstörung, als polizeidienstuntauglich. Das war wie ein Schlag ins Gesicht und kostete mich viel Kraft und Energie, es zu verarbeiten. Ich hatte eine Wohnung, ein Auto und eine Ausbildung zu bezahlen. Doch Gott sei Dank gab es Menschen, die mir viel Halt und Unterstützung gaben, sodass ich 2003 erfolgreich mein Examen als Physiotherapeutin bestand.

9.4   Lebe heute und sei spontan

2004 ereilte mich erneut das Schicksal und ich erkrankte schwer. In diesem Moment wurde mir mal wieder klar, wie schnell das Leben vorbei sein kann und wie wichtig es ist, Dinge zu tun, von denen ich schon immer träumte. Mein Traum vom Nordkap war körperlich nicht möglich, doch es gab und gibt in meinem Leben noch mehr Länder, die ich unbedingt bereisen möchte. So verkaufte ich kurzerhand mein Auto, gab meine Wohnung auf, kaufte mir ein Flugticket nach Neuseeland und Australien, traf mich dort mit meiner besten Freundin und genoss für vier Monate das einfache Leben als Backpackerin. Es war eine unbeschreiblich gute Zeit für mich, auch wenn ich noch immer an den Folgen meines

Traumas litt. Ich konnte abschalten, hatte keine Termine bei Ärzten und Therapeuten, war umgeben von wunderschöner Natur und konnte meinem eigenen Lebensrhythmus nachgehen.

Als ich Anfang 2005 wieder nach Hause kam, hatte sich mein Gesundheitszustand verbessert und ich konnte erfolgreich operiert und behandelt werden. Danach wurde mir erstmals nach meinem Trauma bewusst, wie wichtig es ist, gut für mich zu sorgen und zu schauen, was ich möchte. Mir wurde klar, ich ganz allein bin für mich, meine Gesundheit und mein Leben verantwortlich. Aufgrund meiner Gefühllosigkeit spürte ich häufig meine Grenzen nicht, überschritt sie und bemerkte es erst, wenn mein Körper streikte. Langsam begann ich mehr auf mich zu achten und nach vielen Jahren Signale meines Körpers wieder wahrzunehmen.

Als ich wieder arbeiten konnte, war es mir wichtig, nicht wieder in die alten Muster zu fallen. Ich hatte einen sehr verständnisvollen neuen Arbeitgeber und wundervolle Kollegen gefunden, die mich dabei sehr unterstützten. Ich nahm mir vor, mich jetzt mehr um meine Träume zu kümmern und diese mehr als Ziele zu definieren und umzusetzen. Weit oben auf meiner Liste stand meine Nordkap-Reise. Sobald ich gesundheitlich wieder soweit hergestellt wäre, würde ich mir die Zeit nehmen, um endlich „diese Kugel" in der Sonne zu sehen.

Es ging mir immer besser, und ich erfüllte mir einen beruflichen Traum: eine hochklassige Fußballmannschaft als Physiotherapeutin zu betreuen.

9.5 Vom Traum zum Albtraum

Leider wurde dieser Traum zu einem längeren Albtraum für mich. Es kam zu sexuellen Übergriffen seitens des Trainers. Aufgrund meines ersten Traumas schaffte ich es nicht, mich zu wehren, und ließ es jedes Mal wieder geschehen, wobei ich mich immer in einem dissoziativen Zustand befand. Wieder wurde ich von einem Menschen zutiefst gedemütigt und verbal bedroht, sodass ich es erst nach Monaten schaffte, mich jemandem anzuvertrauen und es zur Anzeige zu bringen. Was ab diesem Augenblick geschah, war wie in einem schlechten Film. Der Täter ging an die Öffentlichkeit, an die Presse und machte mich dort zur Täterin. Ich wurde von Menschen auf der Straße, in Cafés, auf der Arbeit und auf dem Fußballplatz beschimpft. Der Alltag war sehr schwer und als das Verfahren wegen Verfahrensfehlern eingestellt wurde, war auch noch mein Vertrauen in die Justiz verloren. Ich hatte das Gefühl, niemand hört mir zu. Niemand sieht in mir das Opfer.

Ich funktionierte wieder irgendwie, doch innerlich war ich wie tot. Was mich erneut überleben ließ, waren mein Umfeld und mein Traum von der Reise zum Nordkap. Ich wollte diese Welt niemals verlassen, ohne den Sonnenschein am Nordkap gesehen zu haben.

9.6   Der Kampf zurück ins Leben

Mir wurde klar, wenn ich jemals meine Reise antreten wollte, musste ich wieder beginnen, an mir zu arbeiten. Ich ging erneut in eine psychiatrische Klinik, wo ich durch eine ganz besondere Art von Körpertherapie (Konzentrative Bewegungstherapie [KBT]) durch eine kompetente Therapeutin langsam wieder begann, meinen Körper und auch Gefühle zu spüren. Mit KBT machte ich auch nach meinem Klinikaufenthalt noch für zwei Jahre weiter. Der Erfolg ist, dass ich meinen Körper fast vollständig wieder spüren kann.

Doch aufgrund meiner dissoziativen Zustände war es für mich weiterhin unmöglich, meine Reise alleine zu begehen. Weitere Therapien brachten nur kleinere Fortschritte.

Anfang 2014 hatte ich einen Arbeitsunfall, wobei ich mir meine rechte Hand verletzte. Ich wurde operiert und hatte durch die lange Arbeitsunfähigkeit genug Zeit, um mich nochmals intensiv mit mir und meinem Trauma auseinanderzusetzen. So begann ich mich mit alternativen Therapieformen zu beschäftigen und begab mich 2014 in die Hände einer energetisch arbeitenden Therapeutin sowie einer Schamanin. Diese Zeit war sowohl für mich als auch für mein Umfeld die mit Abstand schwerste und auch anstrengendste Zeit. Ich durchlebte wieder und wieder die Nacht von 1992 in dissoziativen Zuständen. Auch verbrachte ich viele Tage in dissoziativen Zuständen, wobei ich erstarrt war oder sie als 16-Jährige am Abend vor der Vergewaltigung erlebte. An all diese Zustände habe ich keine bewussten Erinnerungen. Ich war wieder sehr depressiv und hatte Phasen, in denen ich mich nur noch nach Ruhe und Stille sehnte. Meine Behandlerinnen erklärten mir, dass der gesamte Prozess, in dem sich die positiven Wirkungen entwickeln können, bis zu drei Jahre andauern könnte.

Und genau so war es auch. Es ging mir immer besser. Ich veränderte mich immer mehr. Ich lernte wieder meine Gefühle wahrzunehmen und meine Vergangenheit zunehmend hinter mir zu lassen. Ich weiß bis heute nicht, was sich genau in dieser Nacht im Jahr 1992 und später mit dem Trainer abgespielt hat. Ich dachte immer, es wäre wichtig, es zu wissen, doch dem ist nicht so. Ich kann meine Vergangenheit nicht mehr ändern. Sie hat mich fast 25 Jahre meines Lebens und meiner Lebensqualität gekostet. Und wenn ich weiterhin danach suchen würde, würde es mich viele weitere Jahre kosten. Ich weiß, dass ich eine Erkrankung habe, die mich immer in meinem Leben begleiten wird. Aber ich nehme sie mit, eben als Begleiter und nicht mehr als Feind.

Ich holte mir noch Unterstützung von einer sehr kompetenten KPNI-Therapeutin (Klinische Psycho-Neuro-Immunologie). Sie half mir, einen Teil meiner körperlichen Beschwerden in den Griff zu bekommen. Vor allem lernte ich bei ihr, meine Stärken und Fähigkeiten zu erkennen und mich selbst mehr zu lieben. Ich beginne auch langsam, mir selbst zu vertrauen.

9.7   Die Wende

Aufgrund meiner verletzten Hand, die auch nach einer weiteren OP nicht wieder genesen ist, musste ich meine Arbeit als Physiotherapeutin aufgeben. Erneut verlor ich meinen Beruf, der für mich eine Berufung war und den ich unglaublich gerne ausgeübt habe. Wieder ging es für mich darum, etwas zu finden, was ich mit viel Leidenschaft und Freude machen wollte.

Anfang August 2016 besuchte ich aus Interesse mit einer Freundin einen VHS-Workshop mit dem Thema „Mentales Training". Während einer Pause gab mir die Kursleiterin die Adresse der Heimsoeth Academy mit den Worten, dass dies bestimmt etwas für mich sei, ich dort eine Ausbildung zum Sport Mental Coach machen könne und sie sich mich sehr gut als Coach vorstellen könne. Ich informierte mich auf Antjes Internetseite und überlegte einige Tage hin und her, da mein Selbstbewusstsein und mein Selbstwertgefühl weiterhin wenig spürbar für mich waren. Ich hatte mich nie zuvor mit diesem Thema als Beruf auseinandergesetzt. Schließlich meldete ich mich beim Mental Coach Basis an, denn ich hatte ja nichts zu verlieren.

Im Oktober 2016 besuchte ich den ersten Kurs. Eine Aufgabe dort war, eine Ziel-Collage anzufertigen. Darauf legte ich, unter anderem, meine Nordkap-Reise als Ziel für 2017 fest. Jetzt hatte ich endlich das Jahr und brauchte nur noch zu überlegen, wann der beste Zeitraum dafür ist.

9.8   Die Reise beginnt

Ich gab meinen Trainerjob zwei Wochen vor Saisonende auf und stand am 22.05.2017 mit meinem bepackten Rad auf dem Bonner Hauptbahnhof. Endlich ging meine Reise, von der ich als 15-Jährige geträumt hatte, nun mit 42 Jahren tatsächlich los. Aufgeregt und voller Vorfreude fuhr ich mit dem Zug nach Rostock und nachts weiter mit der Fähre nach Trelleborg, Schweden. Am 23.5. um kurz nach 07.00 Uhr saß ich endlich auf meinem Fahrradsattel. Ein unbeschreibliches Gefühl, nach all den schwierigen Jahren, die hinter mir lagen. Ich war einfach nur stolz auf mich. Natürlich begleitete mich ein wenig Unsicherheit, denn schließlich war ich als Frau jetzt ganz alleine unterwegs. Wie wird es sein, so viel Zeit nur mit mir selbst zu verbringen? Kann ich das? Halte ich das aus? Was werden für Gedanken kommen?

Ich werde häufiger gefragt, ob ich mir bestimmte Themen vorgenommen hatte, um über diese nachzudenken oder sie zu verarbeiten. Nein, das hatte ich nicht. Ich bin völlig frei von allem losgefahren und wollte einfach nur schauen, was passiert.

Meine Reiseroute, die ich nicht sehr lange vorgeplant habe, da ich auch dabei frei und flexibel sein wollte, führte mich durch die Mitte Schwedens. Schon am ersten Tag suchte ich die Einsamkeit und verließ so schnell wie möglich größere Straßen und Städte. Mich erfasste das Gefühl von Freiheit und Unabhängigkeit, wie ich es zuletzt als 15-Jährige gespürt hatte. Es tat so gut, endlich mal nur für mich da zu sein und auf mich und meine Bedürfnisse zu achten (Abb. 9.1).

Die ersten zwei Nächte in der Wildnis waren noch etwas ungewohnt. Angst hatte ich nicht, doch die fremden Geräusche ließen mich anfänglich etwas schwer einschlafen. Ab der dritten Nacht war es für mich, als würde ich schon lange im Freien schlafen. Das Auf- und Abbauen des Zeltes, mein morgendliches Frühstück und das Zusammenpacken meiner Sachen wurden sehr schnell zu einer schönen Routine für mich (Abb. 9.2 und 9.3).

Abb. 9.1   Einsamkeit und Stille in Schweden. (Quelle: Urheberrecht beim Autor)

Abb. 9.2   Eingetaucht in die Natur. (Quelle: Urheberrecht beim Autor)

Abb. 9.3   Rentiere am Morgen. (Quelle: Urheberrecht beim Autor)

9.9   Die Veränderung meiner Gedanken

In den ersten Tagen auf dem Rad drehten sich meine Gedanken sehr viel um meine Vergangenheit. Ich stellte mir Fragen: Welche Menschen in meinem Umfeld tun mir gut und welche nicht? War es gut und richtig, mich von einigen Menschen aus meinem Umfeld zu lösen? Habe ich in bestimmten Situationen richtig gehandelt oder was hätte ich besser/anders machen können? Bin ich mit meinem momentanen Leben zufrieden? Was möchte ich wirklich? Habe ich genug für bestimmte Freundschaften getan? Was genau hat mir die Lust an meinem Fußball-Trainerjob genommen, den ich immer mit viel Leidenschaft ausgeübt hatte?

Als ich auf fast alles eine Antwort für mich gefunden hatte, war ich nach etwa einer Woche vollkommen im Hier und Jetzt. Ich nahm während meiner Fahrt besonders intensiv Geräusche und Gerüche wahr. Meine Gedanken waren voll und ganz bei meiner Reise und ich genoss jeden Tritt in die Pedale. Ich merkte, wie ich immer weiter entspannte. Schmerzen, die mich schon jahrelang begleiteten, verschwanden teilweise. Der Stolz in mir wuchs von Tag zu Tag. Stolz darauf, dass ich in all meinen Jahren nie aufgehört habe, zu kämpfen, dass das Gefühl der Lebensfreude immer irgendwo in mir war und dass ich noch lebe.

Dankbarkeit wurde mein täglicher Begleiter. Zwar hatte ich schon vor meiner Reise ein Dankbarkeitstagebuch geführt, doch hier war das Gefühl ganz anders, viel größer. Zu Hause sind so viele Dinge selbstverständlich, wie zum Beispiel einen Schlafplatz zu haben. Hier war das anders. Je weiter ich in den Norden fuhr, umso schwieriger wurde es, einen geeigneten Schlafplatz zu finden. Der Winter in Skandinavien war in diesem Jahr sehr lang und so gab es neben den zahlreichen Moorgebieten noch etliche Schneefelder im Umland. Dadurch kam es vor, dass ich 20 bis 25 km weiterfahren durfte, um einen geeigneten Platz zu finden. Doch ich fand jeden Tag meinen Platz an Seen, auf saftigen Wiesen oder auch mal an einem grandiosen Wasserfall. Ich genoss es, wenig Materielles zu haben. So entfiel die tägliche Überlegung: Was ziehe ich heute an oder wie verbringe ich meinen Abend? Ich wusch mich an Seen, zog mehrere Tage hintereinander dieselbe Merinokleidung an und verbrachte meine Abende damit, zu kochen, mein Dankbarkeitstagebuch und mein Tagebuch zu schreiben, zu lesen oder einfach nur die Natur und die Ruhe zu genießen (Abb. 9.4).

In meinem bisherigen Leben bin ich immer wieder sehr weit über meine Grenzen gegangen, psychisch, aber vor allem auch physisch. Dadurch, dass ich meinen Körper viele Jahre gar nicht oder nur teilweise gespürt habe, habe ich häufig Sport getrieben, auch wenn ich verletzt war. Ich kämpfte immer gegen die Uhr oder gegen andere Personen. Selbst wandern war für mich immer ein Wettkampf.

Abb. 9.4 Herrliche Seen auf der Route. (Quelle: Urheberrecht beim Autor)

Doch auch hier habe ich eine für mich unglaubliche Entwicklung gemacht. Als ich an einem Morgen einen anderen Radfahrer traf, fuhren wir ein Stück gemeinsam. Nach etwa einer Viertelstunde meinte er, er würde jetzt wieder schneller fahren, da er täglich mindestens 150 km fahren wolle. Er trat schneller in die Pedale und einen kurzen Augenblick lang hatte ich den gleichen Impuls. Im nächsten Moment wurde mir bewusst, dass ich das gar nicht möchte und auch nicht brauche. Ich spürte eine unbeschreibliche Zufriedenheit in mir. Da war das Gefühl von angekommen sein. Ich brauche keine Wettkämpfe mehr, um Bestätigung von außen zu erhalten. Ich weiß jetzt mehr und mehr, dass ich gut bin, so wie ich bin.

Die kommenden Tage verliefen ruhig und auch die Landschaft veränderte sich kaum. Ich fuhr immer wieder auf sehr langen Geraden durch das Hochmoor und der Wind blies mir von vorne ins Gesicht. Vor dieser Reise war mir beim Joggen oder Radfahren wichtig, dass die Strecken abwechslungsreich und stets eine Herausforderung waren. Gerade Strecken langweilten mich. Hier war es anders. Es machte mir fast gar nichts aus und wenn ich doch einmal merkte, dass mein Kopf nicht mehr wollte, schätzte ich die Entfernung und zählte meine Tritte (Abb. 9.5).

Abb. 9.5   Endlos lange Straßen. (Quelle: Urheberrecht beim Autor)

Durch das wilde Campen und meine Fahrt alleine hatte ich relativ wenige Begegnungen unterwegs. Doch wenn ich dann Leute traf, waren diese sehr intensiv. Ich traf gleich gesinnte Radfahrer, Wanderer und Menschen, die an meinem Tun interessiert waren. Es ergaben sich interessante und anregende Gespräche und der Austausch von Erfahrungen. So wie ich diese Begegnungen genoss, so sehr freute ich mich danach, wieder für mich zu sein (Abb. 9.6 und 9.8).

Interessant war für mich, dass sich nach einigen Tagen meine Gedanken wieder veränderten. Irgendwann begann ich, mir vermehrt Gedanken über meine Zukunft zu machen. Wie möchte ich mein weiteres Leben führen? Was habe ich für Träume? Welche Ziele bestehen momentan? Sind sie noch richtig? Und während ich da so vor mich hin radelte, wurde mir klar, dass dies nicht meine letzte Radreise bleiben wird. Von der Idee, mit dem Rad durch das australische Outback zu fahren oder einmal die Ostsee zu umfahren, entstand der Traum von einer Radreise von Deutschland nach Australien in mir. Diese Idee begleitete mich fortan und ließ die Zeit auf dem Rad sehr kurz werden.

Abb. 9.6 Wildcampen an einem Wasserfall in Norwegen. (Quelle: Urheberrecht beim Autor)

9.10   Die letzte Etappe

Am 18.06.2017 war es dann so weit. Die letzten 106 km bis nach Honningsvåg lagen vor mir. Vom dortigen Campingplatz waren es dann noch 27 km bis zu meinem Ziel, dem Nordkap. An diesem Tag war es sehr windig, doch die Sonne schien und es waren nur wenige Wolken am Himmel. Diese traumhaft schöne Etappe führte mich die meiste Zeit an der See entlang. Ich kam gut vorwärts, getragen von viel Euphorie, und stand um 11.00 Uhr vor dem von vielen Radfahrern gefürchteten Nordkaptunnel (Abb. 9.7). Ich habe mich von all den Geschichten, die ich darüber gehört hatte, anstecken lassen. Mein Respekt war groß vor dem, was jetzt käme. Schließlich ist dieser Tunnel sieben Kilometer lang, fällt auf 212 m unter den Meeresspiegel, hat anfänglich neun Prozent Gefälle und auf den letzten 3,5 km steigt er wieder um neun Prozent an. Dazu ist er eng und ziemlich dunkel. Mit einem etwas mulmigen Gefühl fuhr ich in den Tunnel hinein, doch durch den Rausch der Geschwindigkeit wurde ich etwas ruhiger. Der Anstieg war

Abb. 9.7   Nordkaptunnel. (Quelle: Urheberrecht beim Autor)

sehr anstrengend und hinzu kam, dass mich eine riesige Kolonne von Wohnwagen, Wohnmobilen und einigen Bussen überholte. Nach 35 min. war ich wieder am Tageslicht und ich kann zusammenfassend sagen: „Ja, es war sehr anstrengend und sehr stickig. Doch die meisten Autofahrer nehmen sehr viel Rücksicht und es war für mich bei weitem nicht so schlimm, wie es gesagt und geschrieben wird." Nachmittags erreichte ich ziemlich kaputt und müde den Campingplatz am Fuße zum Nordkap. Mein Plan war, erst am nächsten Tag die letzte Etappe zum Nordkap zu fahren. Doch im Laufe des Tages änderte sich die Wettervorhersage so, dass es am 19.06.2017 und auch die darauffolgenden Tage regnen sollte.

9.11   Die Anfahrt zum Nordkap

So entschied ich um 18.00 Uhr, noch ein wenig zu schlafen und um 22.00 Uhr wieder aufzustehen. Fünfzehn Minuten später saß ich dann aufgeregt auf meinem Rad in Richtung Nordkap. Es hatte sich leider auch jetzt schon sehr zugezogen, doch schien die Sonne noch immer zwischen den Wolken hindurch. Die Strecke führte mich direkt zu Beginn wieder über einen neunprozentigen Anstieg auf über 300 m hoch und dann wieder auf 35 m hinunter, wieder hoch und wieder runter. Die Straße ist sehr eng (Abb. 9.8) und an diesem Tag waren zwei Kreuzfahrtschiffe im Hafen von Honningsvåg eingelaufen, wodurch ca. 5000 Passagiere mit Bussen zum Nordkap gefahren wurden. Da viele Busse sehr dicht an mir vorbeifuhren, war die letzte Etappe für mich sehr anstrengend zu fahren. Ich konzentrierte mich auf die wunderschöne Landschaft, die untergehende Sonne und die letzten Kilometer meiner langen Reise.

Abb. 9.8 Auf dem Weg zum Ziel. (Quelle: Urheberrecht beim Autor)

9.12   Am Ziel eines langen Traumes angekommen

Am 19.06.2017 um 00.15 Uhr war es dann so weit. Nach 27 Tagen und 2.550 km stand ich vor dieser Weltkugel, die ich mit 15 Jahren auf einem Bild zum ersten Mal gesehen habe (Abb. 9.9). In diesem Moment hatte ich so viele Gefühle in mir, die ich viele Jahre nicht oder nur wenig gespürt hatte: Glück, Stolz, Freude, Freiheit, Dankbarkeit, Ergriffenheit, Erleichterung, Euphorie, Rührung, Lebendigkeit, Respekt, Überwältigung, Vollkommenheit und Zufriedenheit. Gleichzeitig waren sämtliche Eindrücke der letzten 27 Tage präsent. Ich hatte

Abb. 9.9   Geschafft. (Quelle: Urheberrecht beim Autor)

es wirklich geschafft! Nach all den Jahren und all den Erlebnissen mir meinen Traum zu erfüllen. Zwar schien nicht ganz so stark die Sonne wie auf dem Bild, doch das trübte meine Stimmung keine Sekunde. Nach etwa 20 min merkte ich plötzlich, wie sämtliche Kraft aus meinem Körper wich. Plötzlich ging nichts mehr. Meine Beine wollten nicht mehr. Sie wurden schwer und bekamen Muskelkater, wie auf der ganzen Reise zuvor nicht. Ich fror und saß völlig erschöpft auf einem Stuhl. Doch was blieb, waren meine positiven Gefühle. Gerade in diesem Zustand wurde mir bewusst, was mein Körper und meine Seele all die Jahre und die letzten 27 Tage geleistet haben. Nie zuvor war mir so bewusst, wie wichtig es ist, klare Ziele für mich zu formulieren.

Diese Reise mit all den Gefühlen und Eindrücken wird mich noch sehr lange begleiten und mir Kraft geben. Sie war der Beginn einer Reise zu mir selbst. Ich habe viel über mich, meine Vergangenheit, meine Gegenwart und meine Zukunft erfahren. Ich konnte vieles aus meiner Vergangenheit ablegen, habe gelernt zu sehen, was ich in meinem Leben schon geleistet habe, durfte erleben, woran ich noch arbeiten kann und darf, und bin mir bewusster geworden, was ich in Zukunft machen möchte. Ich habe gelernt, wie mich dieser Traum vom Nordkap all die Jahre am Leben gehalten hat und wie wichtig Träume im Leben sind. Ich habe noch viele Träume und manche habe ich schon als Ziel definiert, wie beispielsweise meine Weltreise mit dem Rad.

Nach dieser Reise weiß ich, was ich kann und wer ich bin. Ich hadere nicht mehr mit der Vergangenheit, sondern habe sie angenommen und bin dankbar. Denn ohne all die Erfahrungen und Schicksalsschläge wäre ich nicht die Frau, die ich heute bin.

9.13   Mein Dank

Ich möchte mich noch bei einigen Menschen bedanken, die mich in meinem Leben sehr unterstützt haben, immer wieder an mich glauben, wenn ich es mal nicht tue, und Kritiker und Förderer für mich sind. Da sind meine Frau Marie-Therese, die mich trotz allem sehr liebt und immer für mich da ist, meine Eltern, die sehr stolz auf mich sind, meine besondere Freundin Dagmar, die immer ein offenes Ohr und eine Schulter zum Anlehnen für mich hat, meine beste Freundin Mareike, die trotz großer Entfernung für mich da ist, all meine Ärzte/Ärztinnen und Therapeuten/Therapeutinnen, die es geschafft haben, mich auf meinen neuen Weg zu bringen, und meine Kollegen und Kolleginnen der Physiopraxis, die mir immer den Rücken gestärkt haben.

Und ich danke mir, dass ich niemals aufgegeben habe zu träumen, zu kämpfen und zu leben.

Stärken-Management – Stärken stärken 10

Abb. 10.1 Spiegelbild. (Quelle:© xixinxing/Fotolia.com)

Selbstannahme, Wertschätzung für die eigene Person, Selbstverantwortung und Akzeptanz sich selbst und anderen gegenüber sind Grundvoraussetzungen, um gesund zu bleiben. Je genauer Sie Ihre Stärken und Schwächen kennen, je realistischer Sie in Ihrer Selbsteinschätzung sind, desto besser gelingt Ihnen Ihr Selbstmanagement. Umso schneller erkennen Sie, wo Sie sich selbst sabotieren, und können entsprechend gegensteuern. Das verleiht Ihnen Souveränität, Gelassenheit, Stabilität und Glaubwürdigkeit (Abb. 10.1).

© Springer Fachmedien Wiesbaden GmbH, ein Teil von Springer Nature 2018   135
A. Heimsoeth, *Frauenpower,* https://doi.org/10.1007/978-3-658-20431-0_10

Wissen Sie, wer und was Sie sind? Je bewusster Sie sich Ihrer selbst sind, desto besser können Sie mit sich umgehen. Finden Sie Antworten auf Fragen wie: Was tue ich? Wo will ich hin? Was und wer will ich sein? Was zeichnet Ihre Einstellung, Ihre Haltung aus? Welche Prinzipien haben Sie? Was bedeutet das für Ihr Umfeld?

Eine gute Selbstführung zeichnet sich auch dadurch aus, dass Sie in der Lage sind, Abweichungen zu erkennen zwischen dem, was Sie wollen, und dem, was Sie wirklich tun. Das Ziel klar vor Augen zu behalten ist essenziell – auch wenn es Hindernisse auf dem Weg dorthin gibt. Solche Unwegsamkeiten sind nichts anderes als ein Feedback, wo Anpassungen und Korrekturen auf dem Weg zum Ziel nötig sind. Stephen R. Covey liefert ein anschauliches Beispiel für das Zusammenspiel von Planung, Aufbruch, Vertrauen und Feedback:

Denken Sie daran, dass unsere Reise als Individuum, Team oder Organisation wie der Flug eines Flugzeugs ist. Vor dem Start reichen die Piloten einen Flugplan ein. Sie wissen genau, wohin sie wollen. Während des Fluges wirken aber viele Faktoren – Wind, Regen, Turbulenzen, Luftverkehr, Fehler und Versehen von Menschen – auf die Maschine ein und bewegen sie leicht in verschiedene Richtungen, so dass sie die meiste Zeit über gar nicht auf der vorgeschriebenen Flugroute ist. Solange jedoch nichts wirklich Schlimmes passiert, wird sie ihren Zielflughafen trotzdem erreichen. Das ist nur möglich, weil die Piloten während des Fluges ständig Feedback erhalten (Covey 2006).

So wenig wie ein Flug geradlinig verläuft, verhält es sich mit unser aller Leben. Das Leben ist ein Auf und Ab, ein Auf und Nieder immer wieder. Wo lernen Sie am meisten – in den Tälern oder auf den Gipfeln stehend? Gerade die Täler bescheren uns neue Erkenntnisse und Erfahrungen, die Lernen möglich machen und unsere Persönlichkeit weiterentwickeln. Das Vermögen jedes Einzelnen ist es, den Widrigkeiten des (Berufs-)Lebens mit Stärke zu begegnen, sich gegenseitig Vertrauen zu schenken, zu wissen, wo die eigenen Grenzen liegen, Beziehungen positiv zu gestalten, seinem Team Sicherheit zu vermitteln, stets zuversichtlich, kraftvoll und aufmerksam zu bleiben, aus Fehlern zu lernen und Präsenz zu zeigen.

10.1   Das Verständnis von Werten

Was nutzt Ihnen das Wissen um Werte? Wie können wir Werte für die Kommunikation und unser Handeln nutzen? Warum tun Menschen das, was sie tun? Lassen sich Werte entwickeln und steuern?

Werte geben Orientierung für unser tägliches Handeln und den Umgang mit Freunden, Kollegen, Kunden und Partnern, bestimmen unser tägliches Arbeiten, steigern die Effizienz, „regulieren unser Verhalten" (Kahn 2008), bilden die Grundlage der Zusammenarbeit und sorgen für Zusammenhalt. Werte sind recht stabile Orientierungspunkte im Leben eines Menschen.

Jeder von uns hat seine persönlichen Werte, die unser Denken und Handeln prägen. Ein persönlicher Wert ist etwas, was für mich gut ist, was mich angeht, woran mein Herz hängt. Werte sind das, was wir für lebenswert halten. Werte bestimmen die Bedingungen, unter denen es gut für uns ist, zu leben. Werte lösen Gefühle in uns aus.

Werte sind Grundlagen unserer Entscheidungen: mit wem wir befreundet sind, wen wir lieben, welche politische Richtung wir unterstützen, die Art und Weise, wie wir mit Kindern umgehen, wie wir unsere Arbeit machen und wie wir uns kleiden. Werte verleihen unserer Existenz Sinn und Bedeutung. Werte bewegen, motivieren und bilden den ethischen Rahmen; sie sind Teil der eigenen Identität. Die Werte eines anderen zu erkennen und zu respektieren, kann zu einer besseren Beziehung führen und ermöglicht es mir, den anderen zu motivieren. In der Regel sind sich die meisten Menschen ihrer Werte und der Quellen ihrer Werte nicht bewusst.

Werden unsere Werte missachtet, fühlen wir uns verletzt. Konflikte mit eigenen Werten oder den Werten anderer (Familie/Arbeit) können zu Belastungen und schließlich auch zu Krankheit führen. Werteverlust macht Angst und erzeugt Abwehrmechanismen wie Aggression und Regression.

Werte sind Dinge, die man NICHT auf eine Schubkarre packen kann.

Welche Werte gibt es? Hier eine Auswahl:

Abwechslung, Abenteuer, Achtsamkeit, Arbeit, Ästhetik, Aufmerksamkeit, Aufrichtigkeit, Aktivität, Anerkennung, Akzeptanz, Austausch, authentisch sein, Autonomie, Balance von Arbeit und Freizeit, Balance von Geben und Nehmen, Balance von Sprechen und Zuhören, Balance von Aktivität und Ausruhen, Bewegung, Bewusstheit, Beständigkeit, Bildung, Bodenständigkeit, Besitz, Bewunderung, Bescheidenheit, Dankbarkeit, Disziplin, Dynamik, Energie, Echtheit, Effektivität, Ehrlichkeit, Einfachheit, Einfühlsamkeit, Engagement, Entspannung, Entwicklung, Erfolg, ernst genommen werden, Erotik, Feiern, Flexibilität, Freiheit, Freizeit, Freude bereiten, freundschaftlicher Umgang, Freundschaft, Frieden, Geborgenheit, gehört werden, Gemeinschaft, gesehen werden, Gelassenheit, Genießen, Gesundheit, Gemeinsamkeit, Gemeinschaftssinn, Gleichwertigkeit, Glück, Großzügigkeit, Harmonie, Herausforderung, Hilfsbereitschaft, Humor, Hygiene, Identität, Initiative, innerer Friede, Integrität, Inspiration, Klarheit, Konfliktfähigkeit, Kongruenz, Kontakt, Konzentration, Kraft,

Kreativität, Lebensfreude, Lebenserhalt, Liebe, Menschlichkeit, Mitgefühl, Mitgestalten, Mut, Nähe, Natur, Offenheit, Optimismus, Orientierung, partnerschaftlicher Umgang, Privatsphäre, Raum für persönlichen Ausdruck, Raum, Respekt, Ruhe, Rücksichtnahme, Selbstbestimmung, Selbstrespekt, Selbstverantwortung, Selbstvertrauen, Selbstverwirklichung, Sicherheit, Sinn, Sinnhaftigkeit, Schutz, Umweltschutz, Sexualität, Spiritualität, Stärke, Solidarität, Sorgfalt, Stil, Stabilität, Struktur/Ordnung, Treue, Tatkraft, Toleranz, Unterstützung, Unabhängigkeit, Umweltschutz, Verantwortlichkeit, Verbundenheit, Verständnis, Verstehen, Verlässlichkeit, Vorwärtskommen, persönliches Wachstum, Wahrheit, Wandel, Weisheit, Wettkampf, Wissbegierde, wahrgenommen werden, Wärme, Weitblick, Wertschätzung, Wohlergehen, Zeit/Energie sinnvoll nutzen, Zärtlichkeit, Zufriedenheit, Zuneigung, Zusammenarbeit, Zuverlässigkeit.

Übung Selbsterkundung der eigenen Werte
Für die eigene Klarheit ist es wichtig, sich die Frage nach seinen Werten zu stellen. Gehen Sie nun auf die Suche nach Ihren Werten, beruflich wie privat:

Warum? Was ist Ihnen wichtig? Was ist Ihnen an X wichtig? Warum lohnt es sich, täglich aufzustehen? Wofür lohnt es sich Ihrer Meinung nach, morgens aufzustehen? Wofür lohnt es sich, sich einzusetzen? Warum ist Ihnen das so wichtig? Was bringt Ihnen das? Was soll dadurch in Ihrem Leben entstehen? Was ist Ihnen an Ihrer Arbeit wichtig?

Auf welche Werte kommt es Ihnen an? Wozu arbeiten Sie? Was fehlt Ihnen manchmal? Was schätzen Sie besonders? Wie motivieren Sie sich, wenn's richtig schwer wird? Was muss erfüllt sein, damit Sie rundum zufrieden sind?

Was ist Ihnen in einer Beziehung wichtig (Partnerschaft, Freundschaft, Verwandtschaft)? Was fehlt Ihnen da manchmal? Was schätzen Sie besonders?

Sie haben verschiedene Freizeitaktivitäten. Was stellen Sie damit sicher? Sie lesen viele Fachbücher. Wozu ist das wichtig? Was gewährleistet das?

Passen Ihre Werte zu dem Leben, das Sie führen?

Welche Werte hat das Unternehmen, für das Sie arbeiten? Stimmen diese mit Ihren Werten überein?

Könnte darin ein möglicher Grund für Meinungsverschiedenheiten bzw. Konflikte innerhalb des Unternehmens, mit dem Vorstand, mit Ihrer Familie etc. liegen? Wie wirken sich die Werte aus, die überhaupt nicht zwischen Ihnen übereinstimmen? Welchen Wert sähen Sie gern fester in der Gesellschaft verankert, als es derzeit den Anschein hat?

Suchen Sie drei Menschen, mit denen Sie sich schwertun. Welche Werte verletzen diese bei Ihnen? Aus welchen eigenen Wertigkeiten könnte das Handeln bzw. Verhalten dieser Menschen kommen?

Aufgabe: Suchen Sie nach Möglichkeiten, die Wertewelt Ihrer Familie und Ihres Unternehmens noch genauer zu erforschen.

Übung Werte

1. Schritt: Sammlung Ihrer Werte im Sinne eines Brainstorming
Notieren Sie alles, was Ihnen einfällt. Sammeln Sie alles, was Ihnen spontan in den Sinn kommt. Sie sind es wert! Und je mehr dieser Werte erfüllt sind, desto zufriedener und glücklicher werden Sie sein.

- Welche Werte sind wichtig für mein Leben? An welchen Werten orientiere ich mich? Welche Werte sind wichtig für folgende Lebensbereiche?
- Beruf, Sport, Tiere, Karriere, Partnerschaft und Sex, Familie, Freunde, Körper, Gesundheit, Intellekt, Wissen, Freizeit, Interessen, Hobbys, …
- Wie weiß ich, dass meine Werte erfüllt sind? Welche inneren und äußeren Kriterien geben an, dass der Wert gelebt wird? Kriterien sind innere und äußere Erkennungssignale, die sinnlich wahrnehmbar sind.
- Gibt es Werte, die in der Vergangenheit wichtig waren, aber sich verändert haben?
- Was kann mich dabei unterstützen?
- In welchen Lebensbereichen oder Situationen sind meine Werte nicht erfüllt? Was denke ich warum? Was ist meine Begründung dafür?
- Gibt es Werte, die sich nicht vertragen? z. B. Freiheit und Sicherheit?
- Wie definiere ich Wert X?

2. Schritt: Priorisierung der eigenen Werte
Erarbeiten Sie eine Hierarchie Ihrer persönlichen Werte. Markieren Sie in Ihrer Wertesammlung 6–14 Werte, die für Sie am wichtigsten sind. Und bringen Sie diese in eine Reihenfolge: Was ist Ihr wichtigster Wert, Ihr zweitwichtigster Wert etc.?

3. Schritt: Skalierung – Zu viel Prozent leben Sie in der letzten Zeit Ihren Wert X, Wert Y, …? = Ist-Wert
Wenn Ihr Ist-Wert niedriger als Ihr Wunschwert ausfällt: Was wäre für Sie eine Verbesserung, also ein Wert auf der Skala von 0–100 %, bei dem Sie sagen: „Das ist in Ordnung so"? Was genau müsste geschehen, damit Sie diesen Wert erreichen? Was werden Sie tun, damit Sie sich Ihrem Wunschwert annähern?

Wert Wie wichtig ist mir …	Inwieweit lebe ich meine Werte in meinem aktuellen Leben? (in %)	Bei Abweichung IST – Wunschwert: Was werde ich tun?
Kameradschaft	60	• Mehr Anerkennung aussprechen • Bekannte zur nächsten Geburts- tagsfeier einladen

Die schriftliche Dokumentation dieser Arbeit unterstützt Ihren Prozess nachhaltig. Dann können Sie eine abschließende Vereinbarung über das, was Sie ändern und was Sie konkret tun werden, mit sich selbst treffen (Selbstkontrakt).

10.2 Stärken stärken

Wird das Beste in uns angesprochen, antwortet das Beste in uns.
Marcus Buckingham

Dreht sich Ihr Leben um die Optimierung und den systematischen Ausbau Ihrer Stärken und Talente? Oder um den Abbau Ihrer Schwächen, Blockaden und Bremsen? Glauben Sie, Sie hätten keine besonderen Stärken? Kennen Sie die Fähigkeiten und Stärken Ihrer Mitarbeiter, Kinder, Ihres Partners? Kennen Sie Ihre eigenen Stärken und Talente? Was macht Sie aus? Wie selbstbewusst sind Sie? Wie stark ist Ihr Selbstwertgefühl? Verfügen Sie über Selbstachtung?

Es ist ein Phänomen, das wir nicht nur aus der Arbeitswelt, sondern bereits aus der Schule, dem Sport, in der Partnerschaft und der Freizeit kennen: Unsere Gesellschaft ist überwiegend defizitorientiert. Meist geht es darum, Fehler zu reduzieren und Schwächen zu beheben. Was gut läuft, wird indes als selbstverständlich angesehen.

Ein Beispiel aus meiner Coaching-Praxis:

Beispiel

Eine Führungskraft, im Dienst einer Tochterfirma einer großen deutschen Airline, berichtet, dass sie aufgrund von Unternehmensrichtlinien gezwungen war, einen Mitarbeiter, der 25 Jahre lang mit großem Einsatz fehlerfrei fürs Unternehmen tätig war, abzumahnen. Der Grund: Der Mitarbeiter hatte eine Dichtung an einem Flugzeug falsch ausgewechselt. Der Führungskraft tat dies nach eigener Aussage sehr leid, denn es schien ihr nicht angemessen, mit der Abmahnung all jenes in den Hintergrund zu rücken, von dem das

Unternehmen zuvor profitiert hatte. Keine Frage, es gibt Fehler, die so folgenschwer sind, dass sie einer Ahndung bedürfen. Doch bringt es uns weiter, wenn wir nur darauf fokussieren? Die Führungskräfte dieses Unternehmens hatten vor meinem Coaching ein Auswertungsgespräch mit ihren Vorgesetzten. Eine Führungskraft erzählte davon im Coaching: „Wir haben festgestellt, dass wir in vier Projekten einen wirklich guten Job gemacht hatten und es in einem Projekt nicht so gut läuft. Auf diesem Projekt wurde den restlichen Vormittag herumgeritten und die anderen vier Projekte gingen unter. Das frustriert mega!"

Selbstverständlich muss man Missstände hinterfragen, analysieren und nach Verbesserungsmöglichkeiten suchen. Aber rechtfertigt diese Notwendigkeit, alles andere außer Acht zu lassen? Es nicht zu würdigen? Motivation funktioniert auf diese Weise nicht. In dem obigen Beispiel wurden satte 80 %, auf die die Mitarbeiter stolz sein konnten, nicht gewürdigt, der Fokus lag auf den verbesserungswürdigen 20 %. Dieses Vorgehen hat leider Methode.

Beispiel
Wenn ich Ihnen ein Flipchart mit sechs einfachen Rechnungen zeige ($12 + 7 = 19$, $4 + 3 = 7$ etc. und $15 - 6 = 8$), und Sie dann frage, ob Ihnen etwas auffällt, was werden Sie wohl antworten? In der Regel lautet die Antwort: „Da ist eine Rechnung falsch." Fast niemals höre ich die Antwort: „Da sind fünf Rechnungen richtig." Das Benennen von Defiziten kommt bei den meisten von uns an erster Stelle.

Machen Sie sich bewusst, über welchen Schatz an Fähigkeiten, Begabungen, Talenten und positiven Eigenschaften Sie verfügen (Abb. 10.2). Je bewusster Sie sich Ihres Potenzials sind, desto gezielter können Sie Ihre Stärken nutzen und beim Verfolgen Ihrer Ziele, Visionen oder Wünsche einsetzen. Der Einsatz Ihrer Stärken sorgt auch dafür, dass Sie zufriedener sind, und trägt dazu bei, Aufgaben erfolgreich zu meistern. Das hilft beim beruflichen Vorankommen. Wer sich seinen Stärken zuwendet und um sie weiß, geht selbstsicher und selbstbewusst durchs Leben, steigert seinen Selbstwert, geht mental gestärkt an Herausforderungen heran.
   Ihre Stärken sind das Fundament, auf dem Ihr Leben aufbaut. Je solider dieses Fundament ist, desto besser können Sie darauf bauen. Wenn das Fundament Ihr

Zufriedenheit   Freude   Antrieb
Glück
Fokussierung
Bewusste kleine Auszeiten
Ein gutes Gespräch
Innere Ruhe
Neugier
Humor   Unterstützung
Ziel und Vision vor Augen
Selbstbewusstsein
Intuition
Gelassenheit
Flexibilität
Spaß
Begeisterungsfähigkeit
Inspiration
Motivation
Willen
Dankbarkeit für die Möglichkeit   Anerkennung
Struktur   Ausdauer
Erfolg   Mut   Mentale Stärke
Kraft
Konzentration

Abb. 10.2 Ressourcenbaum. (© Erika Vogl-Kis + Kudryashka/Fotolia.com)

Lebenshaus tragen soll, braucht es einen stabilen Grund und langlebiges Material. Je fragiler die Konstruktion, desto größer ist die Einsturzgefahr.

Je besser Sie sich Ihres Selbstwertes bewusst sind, desto weniger geraten Sie in stressigen und schwierigen Situationen unter Druck. Denn Sie wissen, Sie können sich auf sich verlassen! Selbstvertrauen räumt Zweifel aus. Selbstachtung und Selbstwert haben nichts mit Perfektion oder mit der Vermeidung von Fehlern zu tun. Doch eine Person, die über genügend Selbstvertrauen verfügt, hat keine Angst vor Misserfolgen, sondern weiß, dass diese Lernerfahrungen sind. Sie hat es nicht nötig, ihre Schwächen zu leugnen. Und sie sorgt sich nicht darum, was andere über sie denken.

Selbstvertrauen bedarf:

- keiner Zweifel.
- keines Vergleichs mit anderen.
- keiner Angst vor Misserfolgen.
- keiner Sorge über das, was andere denken.

- keiner Leugnung (der eigenen Schwächen), keiner Ausreden.
- der Kenntnis persönlicher Stärken.

Die Schatzkiste der Selbstachtung
Was stärkt nun Selbstwert und Selbstvertrauen (von innen und außen)?

- Beachtung.
- Wertschätzung, Anerkennung.
- Sich selbst kennen, seine Kompetenzen und Stärken kennen, Selbstwahrnehmung, sich auf sich selbst verlassen können.
- Wer bin nun ich? Was macht mich aus? „Erkenne dich selbst" stand einst über dem Orakel zu Delphi.

10.2.1 Stärkenanalyse

Welche Fähigkeiten, Stärken, Talente, Gaben, Kompetenzen, Ressourcen, welche tollen Anlagen und
Eigenschaften zeichnen Sie aus? Was sind Ihre Stärken? Auf welche Fähigkeiten und Fertigkeiten von sich können Sie bauen? Was geht Ihnen besonders leicht von der Hand? Was fällt Ihnen leicht – zu Hause (in und ums Haus und/oder mit Ihrer Familie)/in sozialen Situationen (mit Freunden, in Gruppen, in Teams oder unter Fremden)/am Arbeitsplatz? Welche Aufgaben/Aktivitäten (zum Beispiel im Verein, Hobbys, ehrenamtliche Tätigkeiten) erledigen Sie sozusagen spielerisch, ohne groß darüber nachzudenken? Bei welchen können Sie brillieren? Was haben Sie schon alles erreicht? Welche Erfolge konnten Sie schon feiern? Was können Sie besonders gut? Was machen Sie besonders gerne? Woran haben Sie Freude? Was machen Sie mit Begeisterung und Leidenschaft? Was fiel Ihnen schon als Kind leicht? Was lernen Sie schnell? Wofür bewundern oder beneiden Sie andere? Wofür bekommen Sie Komplimente, Lob oder Bewunderung von anderen? In welchen Fächern waren Sie in der Schule gut? Was hilft Ihnen besonders bei der Lösung von Aufgaben? Wo erzielen Sie gute Ergebnisse? Zu welchen Themen werden Sie öfter um Rat gefragt? Worauf konzentrieren Sie sich besonders? Welche Themen verfolgen Sie aufmerksam? Welche Themen finden Sie spannend? Welche Charaktereigenschaften und Stärken schätzen andere an Ihnen besonders? Was motiviert Sie und gibt Ihnen Energie? Wann fühlen Sie sich „echt"? Wann verwenden Sie Worte wie „super" und „toll"?

Abschätzend	Erfindungsreich
Achtsam	Engpässe erkennend
Adrett	Ermutigend
Akkurat	Ethisch
Aktiv	Experimentierfreudig
Alternativen erkennend	Fähig
Analytisch	Fantasievoll
Anleitend	Fleißig
Anpassungsfähig	Flexibel
Aufgeschlossen	Fortschrittlich
Aufgeweckt	Freundlich
Aufmerksam	Führungsstark
Aufrichtig	Fürsorglich
Ausdauernd	Geduldig
Ausgeglichen	Geistesgegenwärtig
Ausgleichend	Gelehrig
Autoritär	Gemeinschaftlich
Begeisternd	Genau
Begeisterungsfähig	Genießerisch
Beharrlich	Geschäftsorientiert
Bilingual	Gewissenhaft
Belastbar	Glaubwürdig
Besonnen	Großzügig
Beständig	Handwerklich geschickt
Bringt Dinge zu Ende	Hart arbeitend
Darstellend	Hartnäckig
Detailorientiert	Hilfsbereit
Diplomatisch	Höflich
Durchsetzungsfähig	Humorvoll
Effizient	Initiativ
Ehrgeizig	Innovativ
Ehrlich	Intelligent
Einfallsreich	Interessiert
Einfühlsam	Introspektiv
Einsatzbereit	Intuitiv
Energetisch	Klug
Engagiert	Kollegial
Enthusiastisch	Kommunikativ
Entschlossen	Kompetent
Entschlussfreudig	Konfliktfähig

Konsequent	Scharfsinnig
Kontaktfreudig	Schlichtend
Konzentriert	Selbstbewusst
Kooperativ	Selbstmotivierend
Kreativ	Selbstsicher
Kritikfähig	Selbstständig
Künstlerisch	Sensibel
Leistungsbereit	Seriös
Lernbereit	Sorgt für gutes Gruppenklima
Liebenswürdig	Sozial
Logisch denkend	Spezialisiert
Loyal	Spontan
Lustig	Sportlich
Mächtig	Stabilisierend
Moralisch	Tatkräftig
Motivierend	Tolerant
Musikalisch	Überzeugend
Nachdenklich	Umsichtig
Neugierig	Umsorgend
Nüchtern	Unabhängig
Offen	Unterhaltsam
Optimistisch	Verantwortungsbewusst
Organisiert	Verantwortungsvoll
Philanthropisch	Verbissen
Positiv	Verbindet Menschen
Praktisch	Verlässlich
Präsent	Verständnisvoll
Präzise	Vertrauensvoll
Produktiv	Vielseitig
Professionell	Visionär
Pünktlich	Vorausschauend
Qualifiziert	Vorsichtig
Rational	Wandlungsfähig
Reaktionsschnell	Willensstark
Realistisch	Wohltätig
Reisefreudig	Zielstrebig
Respektvoll	Zusammenhänge erkennend
Risikobereit	Zuverlässig
Rücksichtsvoll	Zuversichtlich
Ruhig	

1. Schritt:

Mithilfe der folgenden Fragen können Sie zu einer ersten Selbsteinschätzung gelangen:

Können Sie Nein sagen? Vertreten Sie Ihre Meinung und Ihren Standpunkt? Sind Sie stolz auf Ihre Leistungen und Erfolge? Stehen Sie zu Ihren Fehlern und Niederlagen? Lieben Sie sich? Akzeptieren Sie sich, so wie Sie sind – mit Ihren Stärken und Schwächen? Können Sie Krisen und Schwierigkeiten aushalten?

An welchen Eigenschaften und Verhaltensweisen möchten Sie arbeiten? Was wollen Sie in Sachen Selbstbewusstsein und Selbstwertgefühl gerne verändern?

2. Schritt:

Bitte benennen Sie mindestens 15 Stärken z. B. in der Führung, im Umgang mit Mitmenschen, im Umgang mit sich selbst, Fähigkeiten oder Eigenschaften, die Ihnen helfen, mit Aufgaben, Menschen und Situationen gut umzugehen.

Welche Stärken und Talente nutzen Sie zurzeit am meisten/am häufigsten?

Welche Stärken und Talente beglücken Sie? Welche Talente und Stärken begeistern Sie am stärksten bzw. geben Ihnen am meisten Energie, wenn Sie diese einsetzen können?

Überschneiden sich die Stärken und Talente, die Sie oft nutzen, und die Stärken, die Sie glücklich machen? Oder nutzen Sie viele Stärken, die Sie gar nicht so recht begeistern?

Formulieren Sie dann ganze Sätze dazu: „Ich kann ganz besonders gut …" oder „Was mich auszeichnet, ist …"

Tipp

Wenn Sie sich schwertun, diese Fragen zu beantworten, fragen Sie Freunde, die eigenen Kinder, Ihren Chef, Kollegen, Bekannte, den Lebenspartner, einen vertrauten Menschen, welche Fähigkeiten diese an Ihnen schätzen.

Was liebe Menschen über Sie denken

Wertschätzung, die uns andere entgegenbringen, stärkt unser Selbstbewusstsein und unseren Selbstwert. Suchen Sie sich Menschen aus Ihrem Umfeld, die Sie gut kennen und die Sie gern mögen. Fragen Sie diese Menschen, welche Fähigkeiten, Stärken oder positiven Eigenschaften sie an Ihnen schätzen. Bitten Sie sie um Feedback. Was finden sie besonders sympathisch an Ihnen? Was schätzen sie an Ihnen?

Fragen Sie, welche Stärken Sie wann häufiger einsetzen könnten. Schreiben Sie die Antworten auf.

Das führt häufig zu Aha-Erlebnissen. Das liegt daran, dass Mitmenschen oft Stärken in einem erkennen, die einem selbst gar nicht bewusst sind.
    Was sagen Sie zu der Einschätzung aus Ihrem Umfeld? Stimmt sie mit Ihrer Selbsteinschätzung überein? Oder eher nicht? Machen Sie sich dazu Notizen.

3. Schritt: Skalierung
Zu wie viel Prozent leben Sie in der letzten Zeit Ihre Stärke X? Was ist Ihr Wunsch-Wert?
Fragen bei hoher Bewertung:
Wodurch wurde der hohe Wert der Stärke bewirkt? Was werden Sie zukünftig tun, damit der Wert Ihrer Stärke auf dieser Höhe bleibt oder sogar noch steigt? Denn Ihre Stärken gilt es zu erhalten und zu verstärken.
Fragen bei niedriger Bewertung:
Was wäre für Sie eine Verbesserung, also ein Wert auf der Skala, von dem Sie sagen: „Der Wert dieser Stärke ist in Ordnung so"? Was genau müsste geschehen, damit Sie diesen Wert erreichen? Was werden Sie zukünftig tun, damit Sie sich Ihrem Wunschwert annähern?

4. Schritt: Umsetzung der Stärken
Wie können Sie Ihre Stärken im Beruf und Alltag konkret ein- und umsetzen? Geht das in Ihrem aktuellen Umfeld? Wie müssten Sie Ihr Umfeld (privat, Arbeit, Sport etc.) gestalten, damit Sie Ihre Stärken einsetzen können?

5. Schritt
Finden Sie zu jeder Stärke eine Situation, in der Sie diese intensiv erlebt haben bzw. in der Sie Ihre Stärke unter Beweis stellen konnten.
    Die schriftliche Dokumentation dieser Arbeit unterstützt den Prozess nachhaltig.

Übung
Welche Talente haben Sie geerbt?
Denken Sie einmal an Ihre Mutter: Was sind (oder waren) ihre starken Seiten? Finden Sie davon etwas bei sich wieder? Und Ihr Vater: Hat (oder hatte) er Charakterzüge, die Sie bei sich erkennen?
    Natürlich haben Sie auch Eigenschaften geerbt, die Sie nicht so sehr mögen.

Angeboren oder erlernt

Ihre Eltern haben Sie mehr oder weniger in Ihrer Entwicklung unterstützt. Was wurde bei Ihnen zu Hause gefördert? Was haben Sie sich von Mama und Papa abgeschaut? Vielleicht wurden Sie auch von einer anderen Person in Ihrem Umfeld „geformt"? Oder sind Sie besonders selbstständig geworden, weil Sie auf eigene Faust nach Möglichkeiten gesucht haben, sich zu entwickeln?

Welche starken Seiten haben Sie von Ihrer Mutter geerbt?

Welche starken Seiten haben Sie von Ihrem Vater geerbt?

Das habe ich von meinen Eltern gelernt

Erstellen Sie eine Top 5 der Stärken, für die Sie Ihren Eltern am dankbarsten sind:

1.
2.
3.
4.
5.

Übung

Was tun Sie in einer Krise?

Erinnern Sie sich an eine Krisensituation. Was ist damals passiert? Notieren Sie die genauen Umstände.

Wie haben Sie sich aus dieser Situation gerettet? Was genau haben Sie getan? Überlegen Sie sich, welche Talente und Stärken damals in Ihnen zum Vorschein kamen.

Was Sie an sich mögen

Schreiben Sie mindestens 15 positive Eigenschaften auf, die Sie an sich mögen.

Beispiele:

Dinge, die ich an mir mag/liebe:

„Meinen Humor."

„Dass ich verrückt bin."

„Dass ich eine Kuscheltante bin."

„Meine Hände, Arme, eigentlich alles."

„Meine Sicht auf das Leben."

„Meine Stimme."

„Meine Unbeschwertheit."
„Meine Intelligenz."
„Meine Zielstrebigkeit."
„Meinen Geruch."
„Meine absolute Ehrlichkeit."
„Meine romantische Ader."
„Mein musikalisches Talent/handwerkliches Geschick."
„Meine Zuverlässigkeit."
„Dass ich so gut kochen kann!"
„Mein Selbstbewusstsein."
„Meine Bodenständigkeit."
„Meinen süßen Hintern."
Lassen Sie sich Ihre Liste von einer Freundin vorlesen. Wie geht es Ihnen, wenn Sie das hören?

10.2.2 Komplimente machen

Ehrliche Komplimente von anderen Menschen sind Geschenke, die unser Selbstwertgefühl stärken. Leider tun sich viele Menschen damit schwer.

Wenn wir jemand anderem ein aufrichtiges Kompliment machen, wirkt sich das auch positiv auf uns aus. Andere Frauen können auch attraktiv, erfolgreich, gut aussehend, intelligent, überzeugend im Job und auf der Bühne etc. sein. Das tut dem eigenen Können und Wissen keinen Abbruch, sondern zeugt von Selbstbewusstsein und Souveränität.

Und jetzt sind Sie dran: Überlegen Sie, wem Sie gern ein Kompliment machen möchten (Abb. 10.3). Was schätzen Sie an diesem Menschen?

Ehrlich gemeinte Komplimente sind immer Geschenke. Überlassen Sie es daher der Beschenkten, ob sie es annehmen möchte oder nicht.

10.2.3 Schluss mit Neid und Vergleichen

Frauen fürchten oftmals den Erfolg von Kontrahentinnen. Neid und Missgunst steuern das Handeln, wenn die Kollegin, Mitbewerberin oder Geschäftspartnerin zu stark, zu schön oder zu klug erscheint. Der Psychologe Rosario Zurriaga sagt: „Frauen mit vielen weiblichen Konkurrenten sind missgünstiger, wenn die Konkurrenz attraktiver, einflussreicher und dominanter ist. Bei männlichen

Nimm ein **Kompliment** und verschenke es:

Du bist ein ganz toller Mensch.

Ich mag deinen Bart.

Du bist einzigartig!

Du bist grandios!

Du bist ein toller Freund!

Dein Outfit ist wunderschön!

Du bist perfekt, so wie du bist!

Du hast eine Wahnsinns-Ausstrahlung.

Du bist bezaubernd.

Du bringst mich zum Lachen!

Du hast einen tollen Musikgeschmack.

Du riechst so unglaublich gut.

Du bist das Beste, das mir in meinem Leben passiert ist.

Du bist echt attraktiv.

Abb. 10.3 Nehmen Sie ein Kompliment und verschenken Sie es. (© Antje Heimsoeth & Kerstin Diacont)

Rivalen gibt es Charakteristiken wie Neid oder Missgunst nicht untereinander. […] Diese Emotionen können Stress auslösen und negative Effekte auf die Qualität des Arbeitslebens haben" (Buunk et al. 2012). Nicht nur, dass wir Frauen uns mit unserer Stutenbissigkeit gegenseitig torpedieren – wir verschwenden damit zudem unsere Energie und sabotieren die eigene Leistungsfähigkeit. Neid nagt an unserem Selbstwertgefühl, am Selbstvertrauen und an der Zufriedenheit.

10.2.4 Erfolge würdigen

Erfolge wollen gefeiert werden! Das Zelebrieren von Erfolgen hilft zum einen als Motivation für weitere Erfolge, zum anderen dient die Erinnerung an vergangene Erfolge bei der Bewältigung von Misserfolgen. Ein Klient von mir, ein ehemaliger Rad-Extremsportler, hat sich seine außerordentlichen Erfolge stets bewusst gemacht: Auf den Seitentüren seines Autos prangen Bilder seiner fünf größten Erfolge, die er als Extrem-Radsportler erfuhr. Zusätzlich ziert ein großer Husky den hinteren Teil des Autos – als Symbol für Ausdauer, Zähigkeit und Willenskraft. Auf diese Weise verankerte er seine Spitzenleistungen im Bewusstsein. Die deutsche Nationalelf kehrte mit dem „Siegerflieger" der „Fanhansa" von ihrem gewonnenen WM-Finale 2014 aus Brasilien zurück. Die Airline Lufthansa hatte kurzerhand den Schriftzug auf den Jumbojet spritzen lassen und würdigte auf diese Weise den Erfolg der Kicker.

Sie können die Erinnerung an Erfolge auch wachhalten, indem Sie Fotos von Erfolgen, Prämierungen etc. aushängen und Auszeichnungen in Form eines Pokals o. Ä. aufstellen. Spitzensportler richten sich häufig einen eigenen Raum für ihre Trophäen ein. Das hat nichts mit Arroganz oder Überheblichkeit zu tun, sondern dient der Motivation und Bestätigung. Ich lade mir z. B. Fotos meiner jüngsten Erfolge als Bildschirmschoner auf meinen Rechner. Eltern von Nachwuchssportlern, die ich als Sport Mental Coach begleite, animiere ich, Fotos von Erfolgen ihrer Kinder zu erwerben und in ein Buch oder einen Ordner zu kleben. Mit einem solchen „Erfolgstagebuch" kann man auch die Weiterentwicklung leichter und besser nachvollziehen.

Die „Nachbearbeitung" eines Erfolgs ist ebenso wichtig wie die eines Misserfolgs. Unmittelbar nach erlebtem Erfolg gilt es, die positive Erfahrung mental zu speichern. Was fühlen Sie, wenn Sie an Ihr jüngstes konkretes Erfolgserlebnis denken? Es ist wichtig, dass das Gefühl, das Sie mit dem Erfolg verknüpfen, verbal reproduziert werden kann. Sie können für sich ein Ritual installieren, das Sie regelmäßig nach erbrachten Erfolgen zelebrieren.

10.2.5 Die Erfolgsanalyse

Die Reflexion und Auswertung eines Erfolgs ist nötig, weil sie dem Lernprozess dient, dem optimistischen Herangehen an die weitere Arbeit und der Weiterentwicklung. Eine erste Auswertung sollte unmittelbar nach der bestandenen Herausforderung, wie einer vollbrachten Präsentation oder dem abgeschlossenen Verkaufsgespräch, erfolgen. Im schnell wieder einsetzenden Alltag wird vieles vergessen oder das Vorhaben der Auswertung geht unter. Später sollten Sie sich dann einer detaillierten Analyse widmen. Werten Sie auch aus, was gut funktioniert hat. Was waren die besten Aktionen? In welchem Bereich können Sie in Zukunft mehr tun bzw. Vollzogenes wiederholen, damit Sie auch in Zukunft weiter erfolgreich agieren? Und wo habe ich Optimierungsbedarf? Wo müssen Dinge im nächsten Projekt anders laufen? Das sind im Spitzensport jene Lektionen, die Sportler in den nächsten Trainingseinheiten verstärkt trainieren. So bekommen Sie zusätzliches Wissen und Anregungen, die Sie in künftige Vorbereitungen von Herausforderungen integrieren können. Diese Analyse sollte schriftlich erfolgen.

Bernhard Peters, ehemaliger Hockey-Nationaltrainer und Führungsexperte, hat zu seinem Umgang mit Erfolgen gesagt, dass es für ihn wichtig war, aus den Beifallsbekundungen, die er nach großen Erfolgen erntete, das für ihn Wichtige herauszufiltern. „Nicht der Erfolg als solcher war für mich wertvoll, sondern der Weg dorthin. Siege waren für mich deshalb so genugtuend, weil ich sie als Bestätigung meiner langfristigen Überlegungen und nicht vorrangig des gewonnenen Finales betrachtete" (Peters et al. 2012). Bei der Auswertung ist es also auch hilfreich, zu betrachten, welche konkreten Schritte Sie zum Erfolg geführt haben.

10.2.6 Das Erfolgstagebuch

Bernhard Peters räumt dennoch unumwunden ein, dass er den öffentlichen Siegesjubel sehr wohl genießen konnte. „An den Morgen nach Siegen lese ich auch heute noch jede Zeile in den großen Zeitungen, spiele mir die entscheidenden Tore und unsere Jubelszenen immer wieder vor" (Peters et al. 2012).

Das kennen Sie bestimmt: Negative Ereignisse oder Situationen bleiben viel länger und besser im Gedächtnis haften. An die vielen positiven Dinge und Erfolge denkt man hingegen eher selten. Und damit Erfolge nicht in Vergessenheit geraten, hilft das Führen eines persönlichen Erfolgstagebuchs. Dort dokumentieren Sie Ihre Erlebnisse und Erfolge möglichst detailgenau, schaffen auf diese Weise ein schriftliches Bild der erfolgreich bestandenen Herausforderungen. Wenn Sie dieses Buch in Momenten der Niederlage oder des Zweifels hervorholen, macht Ihnen die Dokumentation bewusst: Es ist und war nicht alles schlecht in der Vergangenheit, im Gegenteil.

Nehmen Sie sich ein Heft, ein leeres Tagebuch oder einen schönen Schreibblock und denken Sie über Ihre Erfolge in den letzten Wochen nach. Schreiben Sie künftig am besten täglich oder mindestens einmal wöchentlich die kleinen und großen Erfolgserlebnisse im Berufs- und Privatleben sowie im Sport auf, damit keiner Ihrer Erfolge verloren geht bzw. in Vergessenheit gerät.

Was haben Sie gut gemacht, was ist Ihnen gut gelungen, wofür können Sie sich auf die Schulter klopfen, was war ein Schritt nach vorne? Apropos Erfolge: Hängen Sie die Messlatte nicht zu hoch.

Was hat Ihnen besonders Spaß gemacht? Was haben Sie dazugelernt, z. B. beim letzten Projekt? Welche Probleme haben Sie gelöst? Was genau haben Sie getan? Welche Eigenschaften und Fähigkeiten haben zum Gelingen beigetragen? Welche Hürden und Widerstände mussten Sie dabei überwinden? Von wem haben Sie Anerkennung dafür bekommen?

Was sind Ihre positiven Seiten? Wo haben Sie Ihre Stärken? Was können andere nicht so gut wie Sie? Was spricht für Ihre Kompetenz? Denn Erfolge regnen nicht vom Himmel. Sie haben etwas dazu beigetragen, dass das Geschehene zu einem Erfolgserlebnis wurde.

Worauf können Sie stolz sein?

Listen Sie alles auf, was Sie als Erfolg definieren, losgelöst von Erfolgs-Definitionen.

„Eigenlob stinkt", hieß es früher. Ich sage: Eigenlob hilft!
Wenn Sie von anderen gelobt werden, können Sie sich hoffentlich freuen. Ein genauso gutes Gefühl erfahren Sie, wenn Sie sich selber loben. Das meine ich auch als reale Geste: Führen Sie öfters mal die rechte Hand zur linken Schulter (Abb. 10.4) und klopfen Sie sich selbst für gut gelungene Aktionen und Taten auf die Schulter!

10.2.7 Erfolg erfordert nächste Schritte

Wer erfolgreich ist, dem ist die Konkurrenz auf den Fersen. Erfolg macht zufrieden, aber er darf nicht satt machen. Wer an der Spitze bleiben will, muss sich den Hunger auf „mehr" bewahren. Deshalb gilt: Nicht auf Erfolgen ausruhen. Wie es im Fußball heißt: „Nach dem Spiel ist vor dem Spiel", so gilt fürs Business: Nach dem Erfolg ist vor dem Erfolg. Und was führt zum nächsten Erfolg? Richtig, Weiterentwicklung. Und was bedeutet das? Veränderung und

Abb. 10.4 Klopfen Sie sich für eine Leistung auf die Schulter und würdigen Sie, was Sie geschafft haben. Es konnte nur aufgrund Ihrer Persönlichkeit mit Ihren Erfahrungen, Wissen und Eigenschaften so gelingen. (© Kerstin Diacont & Antje Heimsoeth)

Optimierung. Doch Veränderungen nach Siegen umzusetzen ist nicht unbedingt selbstverständlich. Herrscht doch häufig die Auffassung: Warum etwas ändern, das so erfolgreich war? Im Sport kalkuliert man für die Zeit nach einem Sieg eine Talsohle ein. Unmittelbar nach einem errungenen Titel heißt es, loszulassen.

Doch nach dieser Phase ist es wichtig, das weit verbreitete Phänomen der Sattheit und Genügsamkeit nach verbuchten Erfolgen zu überwinden. Im Sport wird der Fokus auf das nächste große internationale Turnier ausgerichtet, im Business sollte die nächste Aufgabe im Fokus stehen. Und um diesen Fokus herzustellen, sind Veränderungen hilfreich. Bernhard Peters beschreibt in seinem Buch „Führungsspiel", wie er die deutsche Hockeynationalmannschaft nach ihrem WM-Sieg 2002 für die nächste große Aufgabe, die Olympischen Spiele 2004, fokussierte: „[…] nach der ganzen Feierei und dem Stargehabe wusste ich, dass ich etwas verändern musste, um die Aufmerksamkeit schnell wieder auf 100 Prozent zu bekommen." Peters quartierte die umjubelte Mannschaft zum Trainingslehrgang in einem sehr bescheidenen Hotel in einem kleinen Ort in Sachsen-Anhalt ein, fernab vom Presserummel. Natürlich war das Team nicht begeistert, aber Peters gelang es auf diese Weise, die nötige Ruhe herzustellen, die er und die Mannschaft für die Neuausrichtung auf die anstehende Aufgabe brauchten. Peters: „Erfolg, besonders der Erfolg, erforderte den nächsten Schritt. […] Wer führt, hat Ziele – und wer diese erreicht hat, muss verändern. [Das betrifft] sowohl den faktischen, planerischen als auch den emotionalen Teil der Arbeit einer Führungskraft" (Peters et al. 2012).

Reflektieren Sie für sich nach einem Erfolg, wie Sie sich neu ausrichten können und wollen.

10.2.8 Der Sprung in der Schüssel

Beenden möchte ich dieses Kapitel mit der folgenden Geschichte (Abb. 10.5):

Es war einmal eine alte chinesische Frau, die zwei große Schüsseln hatte, die von den Enden einer Stange hingen, die sie über ihren Schultern trug. Eine der

Abb. 10.5 Der Sprung in der Schüssel. (© Kerstin Diacont & Antje Heimsoeth)

Schüsseln hatte einen Sprung, während die andere makellos war und stets eine volle Portion Wasser fasste. Am Ende ihrer langen Wanderung vom Fluss zum Haus der alten Frau war die andere Schüssel jedoch immer nur noch halb voll. Zwei Jahre lang geschah dies täglich: Die alte Frau brachte immer nur anderthalb Schüsseln Wasser mit nach Hause.

Die makellose Schüssel war natürlich sehr stolz auf ihre Leistung, aber die arme Schüssel mit dem Sprung schämte sich wegen ihres Makels und war betrübt, dass sie nur die Hälfte dessen verrichten konnte, wofür sie gemacht worden war. Nach zwei Jahren, die ihr wie ein endloses Versagen vorkamen, sprach die Schüssel zu der alten Frau: „Ich schäme mich so wegen meines Sprungs, aus dem den ganzen Weg zu deinem Haus immer Wasser läuft." Die alte Frau lächelte. „Ist dir aufgefallen, dass auf deiner Seite des Weges Blumen blühen, aber auf der Seite der anderen Schüssel nicht?" Ich habe auf deiner Seite des Pfades Blumensamen gesät, weil ich mir deines Fehlers bewusst war. Nun gießt du sie jeden Tag, wenn wir nach Hause laufen. Zwei Jahre lang konnte ich diese wunderschönen Blumen pflücken und den Tisch damit schmücken. Wenn du nicht genauso wärst, wie du bist, würde diese Schönheit nicht existieren und unser Haus beehren.

(Autor unbekannt)

Literatur

Buunk, A. P., Gonzalez, P., Castro-Solano, A., & Zurriaga, R. (2012). *Studie „Sexueller Wettkampf bei der Arbeit: Geschlechtliche Unterschiede von Neid und Missgunst am Arbeitsplatz".*

Covey, S. R. (2006). *Der 8. Weg. Mit Effektivität zu wahrer Größe* (S. 175, 279). Offenbach: Gabal.

Kahn, O. (2008). *Ich. Erfolg kommt von innen* (S. 109). Riva: München.

Peters, B. et al. (2012). *Führungsspiel* (S. 112–115, 129, 203, 239). München: Ariston.

Weiterführende Literatur

Bär, M., Krumm, R., & Wiehle, H. (2010). *Unternehmen verstehen, gestalten, verändern. Das Graves Value System in der Praxis.* Wiesbaden: Gabler.

Buckingham, M., & Clifton, D. O. (2011). *Entdecken Sie Ihre Stärken jetzt! Das Gallup-Prinzip für individuelle Entwicklung und erfolgreiche Führung* (S. 12). Frankfurt a. M.: Campus.

Cszikszentmihalyi, M. (2011). *Flow im Beruf: Das Geheimnis des Glücks am Arbeitsplatz.* Stuttgart: Klett-Cotta.

Drucker, P. F. (1999). Managing oneself. Best of harvard business review, managing yourself. Januar 2005. http://hbr.org/2005/01/managing-oneself/ar/1. Zugegriffen: 4. Nov. 2014.

Gallup GmbH. (2014). Engagement index Deutschland, Berlin. http://www.gallup.com/strategicconsulting/168167/gallup-engagement-index-2013.aspx. Zugegriffen: 25. Sept. 2014.

Heimsoeth, A. (2008). *Mental-Training für Reiter* (S. 156–158). Stuttgart: Müller Rüschlikon.

Heimsoeth, A. (2013). *Mein Kind kann's. Mentaltraining für Schule, Sport und Freizeit* (S. 143). Stuttgart: Pietsch.

Heimsoeth, A. (2014). Love it – Leave it – Change it, Gesundheit im Kontext von Führung und Eigenverantwortung. In P. Buchenau (Hrsg.), *Chefsache Prävention I – Wie Prävention zum unternehmerischen Erfolgsfaktor wird* (S. 87–88, 98–99). Wiesbaden: Springer Gabler.

Heimsoeth, A. (2015). *Sportmentaltraining. Mit einem Vorwort von Oliver Kahn* (S. 38 ff.). Stuttgart: Pietsch.

Krumm, R. (2014). Erfolg durch werteorientierte Führung. In L. Seiwert (Hrsg.), *Die besten Ideen für erfolgreiche Führung: Erfolgreiche Speaker verraten ihre besten Konzepte und geben Impulse für die Praxis* (S. 35–43). Gabal: Offenbach.

Matyssek, A. K. (2013). Wertschätzung und psychische Gesundheit. Wie Führungskräfte zum Wohlbefinden ihrer Mitarbeitenden beitragen können. Vortrag beim Potsdamer Dialog 2013, Unfallkasse des Bundes, S. 11. http://www.uk-bund.de/downloads/podi/vortr%E4ge_podi_2013/matyssek_vortrag_podi-2013.pdf. Zugegriffen: 9. Okt. 2014.

11

Abb. 11.1 Neid. (© sk_design/fotolia.com)

Mitleid bekommt man geschenkt, Neid muss man sich verdienen.
Robert Lembke

Vier Wochen Portugal direkt am Meer im Surfcamp. Dort vormittags und abends am Laptop arbeiten, dazwischen den Strand und die Wellen genießen. Eingebunden sein in einer Community aus Menschen, die genauso viel reisen und ihren Sport leben. Das ist die Bilanz meiner Freundin Jana aus diesem Sommer. Unterm Jahr ist sie eher selten zu Hause, ihre Wohnung vermietet sie dann gerne unter und verbringt irgendwo auf der Welt mehrere Wochen und Monate. Die Social-Media-Managerin ist ein digitaler Nomade, wie es neudeutsch so schön heißt. Sie ist Freiberuflerin und arbeitet völlig ortsunabhängig, führt ein multilokales Leben, geht Snowboarden und Wandern, Wellenreiten und global auf Tour.

Ihren Lebensunterhalt verdient sie sich trotzdem – von unterwegs. Und auf Facebook und Instagram sehe ich dann ihre wunderschönen Bilder – beeindruckende Impressionen von den vielen Locations, die sie besucht. Irgendwie macht mich das neidisch. Ein Leben führen wie Jana, denke ich mir manchmal, das wär's doch. Diese völlige Freiheit und Unabhängigkeit, das Entdecken so vieler Erdteile, der Kontakt mit schillernden Persönlichkeiten, der Blick über den Tellerrand – und das alles finanziert. Der Neid, der mich da überkommt, ist für mich ein ungewohntes Gefühl (Abb. 11.1).

Da wird einer grün oder gelb vor Neid – kennen Sie diese Redensart? Beide Farben gelten als Symbolfarben für den Neid. Seinen Ursprung hat das in der sogenannten Säftelehre der antiken Ärzte Hippokrates (gestorben 377 v. Chr.) und Galen (gestorben 199 n. Chr.). Neid, Missgunst und ärgerliche Erregung erzeugen einen Überfluss an gelber Galle, gleichzeitig entzieht uns das Gefühl Saft und Kraft – so die Feststellung der Lehrmeister (Udem). Und die umgangssprachliche Formulierung, dass einer vor Neid platzt, war als Redensart schon im Altertum gebräuchlich. Sie geht zurück auf eine Fabel des römischen Dichters Phaedrus: Auf einer Wiese erblickte einst ein Frosch einen Ochsen, und berührt von Neid auf die so große Gestalt blähte er seine runzelige Haut auf. Dann fragte er seine Söhne, ob er größer sei als der Ochse. Die verneinten, also spannte er seine Haut mit größerer Anstrengung wieder an und fragte nochmals, wer jetzt größer sei. Und weil das immer noch der Ochse war, wollte sich der Frosch beleidigt zuletzt noch stärker aufblähen, doch sein Leib zerplatzte (Phaedrus, wikipedia.de). Was soll die Fabel lehren? Zum einen, dass wir nicht etwas vortäuschen sollten, was wir in Wirklichkeit nicht sind. Der Dichter appelliert, dass wir zufrieden sein sollten mit dem, was wir haben – anstatt uns dem Neid hinzugeben und zu begehren, was andere mehr haben. Das kann mal die fehlende Körpergröße sein oder eben auch Reichtum und Macht.

Wie entsteht Neid? Das Gefühl kommt auf, wenn wir uns mit anderen vergleichen und uns dabei klar wird, dass wir etwas nicht besitzen, das der andere hat. Das nagt am Selbstbewusstsein, denn unweigerlich fragen wir uns, warum das so ist, wie das sein kann. Wir missgönnen dem anderen etwas. In meinem Umfeld gibt es Menschen, die von sich sagen, dass sie niemals neidisch sind. Ob ich das glauben kann? Denn neidisch sein heißt doch auch menschlich zu sein. Neid ist ein intensiver und in der Regel ein negativ bewerteter Gefühlszustand des Menschen. Ursprünglich kommt der Begriff aus dem Mittelhochdeutschen „nit" und umschreibt eine bestimmte Gesinnung, durch die wir dem Feind im Kampf einen Schaden zufügen wollen.

Eine kleine Szene in einem Lokal: „Nein, der Schober!" ruft ein Anzugträger einem anderen zu. Der kommt freudig erregt an den Tisch: „Ach, der Schröder!" Da haben sich also zwei alte Schulkameraden nach Jahren zufällig wieder getroffen, tauschen Erinnerungen aus, ziehen Bilanz. „Mir geht es blendend", protzt Schröder und zieht aus der Jackentasche drei Fotos, die er nacheinander auf die weiße Tischdecke knallt: „Mein Haus! Mein Auto! Mein Boot!" Er strahlt dabei genügsam. Ein Moment der Stille, Blicke werden ausgetauscht. Plötzlich reagiert Schober, zeigt die Fotos von einem noch größeren Haus, einem noch schnelleren Auto, einem noch besseren Boot. Und setzt noch einen obendrauf: „Meine Dusche! Meine Badewanne! Mein Schaukelpferd!" Zu sehen sind ein Springbrunnen, ein riesiger Außenpool und ein stolzes Tier. Während sein Gegenüber Schröder blass vor Neid wird und zu stammeln beginnt, zieht Schober einen weiteren Trumpf aus dem Ärmel: „Die Karte meines Anlageberaters" (YouTube Sparkasse). So ziemlich jeder Deutsche kennt den Spot der Sparkasse aus dem Jahr 1998. Der Dialog der beiden alten Bekannten wurde gewissermaßen zum geflügelten Wort.

Die Werbung spielt hier mit beliebten Statussymbolen. Und sie führt uns auch vor Augen, welchen Einfluss bestimmte Besitztümer auf unsere Lebenszufriedenheit haben. Neidisch geworden? Hätten Sie auch gerne einen Swimmingpool und ein Rennpferd? Neid macht sich breit, wenn es um Besitz und materielle Güter geht. Doch wir können auch auf Erfolg, auf Leistung oder auf körperliche Vorzüge neidisch sein. Wenn uns der Neid regiert, steckt darin auch ein Stück weit Anerkennung für die Leistung und die Fähigkeiten eines anderen Menschen. Der Volksmund macht das mit Aussagen wie „Das hat er gut gemacht, das muss der Neid ihm lassen!" deutlich. Wem Neid entgegengebracht wird, der kann das also durchaus auch als Kompliment interpretieren. Bei Männern und Frauen ist Neid unterschiedlich ausgeprägt und auf verschiedene Dinge bezogen. „Der Neid ist die aufrichtigste Form der Anerkennung." So hat es der berühmte Karikaturist und Zeichner Wilhelm Busch einmal formuliert. Es geht dabei also nicht nur um Eigentum, Geld und Beruf, sondern oft auch um Intelligenz, Aussehen, Status und Attraktivität. Und wer die Unterbegriffe von Neid nachschlägt, findet sogar Formulierungen wie Futterneid und Sozialneid.

Grundsätzlich ist das Gefühl nicht zu verurteilen, Neid kann durchaus seine positiven Effekte haben. Neid kann uns als Ansporn und Motivation dienen. Wie bei anderen Emotionen gilt jedoch auch hier: Wichtig ist, sich darin nicht festzubeißen oder darin stecken zu bleiben, denn dann wird es ungesund. Im Umgang mit Neid hilft eine einfache Selbstcoaching-Technik: Wenn Sie der

Neid überkommt, dann analysieren Sie, worauf Sie eigentlich genau neidisch sind. Was hat der andere dafür getan, dass er sein Ziel, den Erfolg, den Status, das Wissen erreicht hat? Was wären der Preis und die Auswirkungen auf mein Leben, wenn ich dasselbe investieren würde – finanziell, zwischenmenschlich und zeitlich? Wäre ich bereit, diesen Preis zu zahlen?

Neid entsteht genau dann, wenn wir innerlich jemand anderen größer machen, als er ist. Genau das ist mir als Rednerin früher so gegangen: Bei den jährlichen internationalen Speaker-Treffen habe ich die Vorträge und Auftritte meiner Kollegen verfolgt und sie innerlich viel größer gemacht, als sie eigentlich sind. Erst viel später habe ich erkannt, dass auch in dieser Branche viele Menschen sehr dünne Bretter bohren und mehr vorgeben, als sie wirklich sind. Viel wichtiger war für mich jedoch die Einsicht, dass ich mich in dem Moment, in dem ich andere er- oder überhöht habe, selbst kleiner machte. Die intensiven Vorbereitungen, die langjährigen Erfahrungen und die eigenen Erfolge habe ich mir selbst gegenüber nicht anerkannt. Viele Menschen tun sich genau damit schwer. Neidgefühle entstehen auch dann, wenn wir zu hohe Erwartungen an uns und das Leben haben oder uns gerade in einer Lebenskrise befinden. Was dann hilft, ist das Bewusstsein über die eigene Einzigartigkeit.

Übung

Reflektieren Sie: Was genau macht mich einzigartig? Was macht mich als Individuum aus? Was sind meine besonderen Stärken, Fähigkeiten und Fertigkeiten? Was habe ich bis hier und heute schon alles geschafft? Sind es die äußeren Dinge wie Uhren, Autos und Klamotten, die mich so einzigartig machen? Oder was fällt mir noch dazu ein?

Schreiben Sie einmal alle Schätze auf, die Sie umgeben, und finden Sie für jeden Begriff ein passendes Symbol. Legen Sie diese Schätze anschließend einzeln in eine Schatztruhe, die Sie sich vor Ihrem geistigen Auge vorstellen. Malen Sie sich diesen besonderen Platz möglichst genau aus – mit dem vielen Gold und den glitzernden Edelsteinen. Sie steht Ihnen jetzt immer dann zur Verfügung, wenn Sie an sich selbst zweifeln oder neidisch auf jemanden sind. Holen Sie sich geistig dann einen Gegenstand als Anker aus der Schatztruhe – zum Beispiel die Krone, die vielleicht für Ihre innere Größe und Würde steht.

Literatur

Wikipedia. https://de.wikipedia.org/wiki/Rana_rupta_et_bos. Zugegriffen: 14. Okt. 2017.

Weiterführende Literatur

Phaedrus. Fabulae, Rana Rupta et Bos, Liber primus. http://www.lateinheft.de/phaedrus/phaedrus-fabulae-124-rana-rupta-et-bos-ubersetzung/. Zugegriffen: 14. Okt. 2017.
Udem, P. Redensarten-Index. https://www.redensarten-index.de/suche.php?suchbegriff=~~-der%20blasse%20%2F%20gelbe%20Neid&bool=relevanz&suchspalte%5B%5D=rart_ou. Zugegriffen: 14. Okt. 2017.
YouTube. Sparkassen-Werbung. https://www.youtube.com/watch?time_continue=5&v=Z-rv-b5qoalY. Zugegriffen: 14. Okt. 2017.

Beruf kommt von Berufung

12

Petra Sonntag zeigt: Wer seine Stärken wahrnimmt und nutzt, hat gute Chancen, Erfüllung zu erfahren

Wenn du deinen Stärken folgst, erfährst du mehr als Erfolg: Erfüllung
Wäre es nach meinem Vater und meinen Vorgesetzten im ersten Job gegangen, wäre ich heute noch immer Teil eines der weltweit größten Automobilkonzerne. Wäre es nach meiner Mutter gegangen, wäre ich heute vor allem eine fürsorgliche und aufopferungsbereite Mutter ohne Karrierewunsch. Nach den Vorstellungen späterer Vorgesetzter wäre ich Seniorberaterin in einer PR-Agentur oder Führungskraft in der Kommunikationsabteilung eines international agierenden mittelständischen Konzerns geworden. Egal, für welchen Weg ich mich entschieden hätte, es hätte stets gute Gründe dafür gegeben, ihn zu beschreiten. Doch ich habe mich in einem entscheidenden Moment für den Trampelpfad abseits der ausgebauten Straßen entschieden, auf den inneren Ruf einer Stärke gehört – und diese Entscheidung noch keinen Tag bereut. Dabei wusste ich nicht, ob ich als freiberufliche Redakteurin Erfolg haben würde – aber ich hatte die Entschiedenheit, meiner Ausdrucksstärke und dem damit verbundenen Schreibbedürfnis endlich dauerhaft nachzukommen. Das gab den Ausschlag für meinen weiteren beruflichen Weg. Und ebnete den Weg zum erfüllenden Erfolg.

Für mich liegt darin das Geheimnis der Tragkraft unserer Stärken. Wenn wir unsere Berufung entdecken und uns trauen, sie zu leben, und beruflich einsetzen, dann erfahren wir eine Erfüllung, die jeden Erfolg noch versüßt und permanent Lust auf mehr macht. Nüchtern betrachtet war mein Leben bis zum Tag X durchaus erfolgreich verlaufen. Schließlich hatte ich bereits verschiedene Stärken zum Einsatz gebracht, wie Disziplin, Einsatzbereitschaft, Verlässlichkeit, Kreativität oder Teamfähigkeit, aber meine Kompromissbereitschaft führte mich mitunter auf Abwege – sozusagen weg vom eigenen Bedürfnis als Ausdruck vorhandener Stärken, hin zum Konsens mit dem Umfeld und dessen Wert- und Zielvorstellungen.

© Springer Fachmedien Wiesbaden GmbH, ein Teil von Springer Nature 2018
A. Heimsoeth, *Frauenpower*, https://doi.org/10.1007/978-3-658-20431-0_12

▶ **Achtung:** Im Streben nach Konsens gehen uns manchmal jene markanten Spitzen verloren, die von unseren Stärken geformt und eigentlich prädestiniert dafür sind, uns weiterzubringen.

12.1   Kompromisse – Killer oder notwendiges Übel?

Meine Liebe zum Schreiben und mein Talent dafür hatten sich schon früh gezeigt. Am Gymnasium managte ich bis zum Abitur die Schülerzeitung. Doch nach dem Abitur ordnete ich mich zunächst den väterlichen Vorstellungen meines beruflichen Werdegangs unter. Eine kaufmännische Ausbildung im Automobilkonzern sollte als solide Basis für die Zukunft dienen. Während ich auf die Zulassung zum Studium wartete, verdiente ich mir meine ersten Sporen als Sachbearbeiterin im Konzern. Dass aus dem Kompromiss, vor dem Studium eine kaufmännische Ausbildung zu absolvieren, keine Sackgasse in Richtung Ziel wurde, verdanke ich meiner von der Stärke befeuerten Entschlossenheit, nicht im renommierten Konzern zu bleiben, sondern mich der Medienwelt zuzuwenden.

Merke: Wer den Lockruf seiner Stärken vernimmt und mit dieser Ahnung im Gepäck Ziele anvisiert, sollte den Fokus auf selbige bewahren. Sich dessen bewusst zu sein, ist nicht selbstverständlich. Aber wer in sich hineinspürt, hat zumindest ein Gefühl dafür, ob das eigene Agieren stimmig ist bezüglich vorhandener Bedürfnisse oder ob es davon abweicht.

Mein angestrebtes Studium wählte ich nach Interesse, nicht nach Gusto meines Umfelds. Da Journalistik und Germanistik völlig überlaufen und mit langer Wartezeit auf einen Platz verbunden waren, folgte ich dem Rat der Studienberatung für mein erklärtes Ziel, später in der Öffentlichkeitsarbeit tätig zu sein: Geisteswissenschaften, Hauptsache abgeschlossen. Es wurde Englische Literatur und Sprachwissenschaften im Hauptfach, Psychologie und Volkswirtschaftslehre in den Nebenfächern als Magisterstudiengang. Studien belegen, dass die eigene Persönlichkeit und die Wahl des Studiengangs zusammenhängen. Studenten des Ingenieurwesens oder der Naturwissenschaften seien z. B. eher introvertiert, Marketingstudenten hingegen besonders extrovertiert, so die Empirie. Wer gegen sein Naturell und seine Neigungen studiert, also nur aus Vernunft ein bestimmtes Fach wählt, tut sich damit keinen Gefallen, sagen die Forscher. Denn in der Regel fühlt man sich nicht wohl in einem Umfeld, das nicht der eigenen Persönlichkeit entspricht. Das geht zulasten des Selbstbewusstseins und der Motivation (Vedel und Thomsen 2017). Wir tun also gut daran, auch für die Wahl des Studiums auf unsere echten Stärken zu hören – und nicht nur auf Eltern, Lehrer oder Freunde.

▶ **Stärken entwickeln, die Stärken stärker machen**
Die Autorin und Karriereberaterin Svenja Hofert rät, sich für kritische Nachfragen (hier bei der Wahl der Geisteswissenschaften) ein dickes Fell zuzulegen: „Die Resonanz von außen verunsichert. Dagegen hilft nur, Coolness zu trainieren und am besten frühzeitig Wirtschaftsluft zu atmen. [...] Nehmen Sie die Empfindsamkeit als Stärke an, die gerade verbunden mit Introversion auch zu einer größeren Nachdenklichkeit führt.
Üben Sie frühzeitig, Stärken zu entwickeln, die Ihre Stärken stärker machen, z. B. Ihren Standpunkt zu argumentieren und bauen Sie Ihr Selbstbewusstsein auf, in dem Sie sich aktuelle und nachgefragte Themen erschließen" (Hofert 2016).

Von der viel beschworenen Achtsamkeit war Anfang der neunziger Jahre noch nicht die Rede, aber ich bin überzeugt: Wer eine Ahnung von seinen Stärken hat, hat auch eine Ahnung davon, wann er oder sie sich von ihnen abwendet, sie vernachlässigt, missachtet oder ignoriert. Kompromisse einzugehen ist manchmal unumgänglich. Wichtig dabei ist, dass ein Kompromiss nicht zum K.-o.-Kriterium für die Zielverfolgung wird. Es gilt also, trotz Kompromissen den Fokus aufs Ziel zu wahren und seinen Stärken treu zu bleiben.

Tief in meinem Herzen wusste ich, dass ich nicht glücklich werden würde als Sachbearbeiterin im Automobilkonzern, als kleines Rädchen eines riesigen Werkes, beschäftigt mit Zahlen und Tabellen, die mich nicht interessierten. Wann immer die Komfortzone mit ihrem Lockruf des sicheren Arbeitsplatzes und guten Gehalts mich während der Wartezeit auf einen Studienplatz ins Wanken zu bringen drohte, half es mir, mich auf mein Herz zu besinnen. Die Frage „Willst du wirklich aus vollem Herzen hier bleiben?" konnte ich jedes Mal klar mit einem ehrlichen „Nein" beantworten. Der Kompromiss konnte keine Dauerlösung sein.

▶ **Hand aufs Herz** Wenn du haderst mit einer Situation oder unsicher bist, welche Richtung du einschlagen sollst, dann stelle dir eine entscheidende Frage: Kann ich dazu aus vollem Herzen JA sagen? Ist es wirklich das, was ich will? Stellst du fest, dass dir ein JA nicht leicht über die Lippen kommt und das NEIN dir viel näher ist, dann akzeptiere diesen Wink deines Herzens und handele danach. Alles andere ist Selbstbetrug – und führt dich nicht zum Ausleben deiner Stärken, sondern fort von ihnen.

Ob du Kompromisse auf dem Weg zum Ausleben von Stärken machst und wie weit diese Kompromisse gehen, ist Teil deiner Eigenverantwortung. Es geht um deine Stärken – und damit auch um deine Entscheidungen, wie du sie zum Tragen bringst. Die Entwicklungspsychologin Pasqualina Perrig-Chiello an der Universität Bern sagt zu dieser Eigenverantwortung:

„Man muss entdecken, dass man nicht nur ein Spielball der Umstände und der eigenen Biographie ist, sondern eine Selbstverantwortlichkeit hat und die auch wahrnehmen kann. Ich habe in vielen Projekten gearbeitet, in denen wir nach den Voraussetzungen für Wohlbefinden und Gesundheit gesucht haben […]. Am Ende war die stärkste Determinante die Selbstverantwortlichkeit – also die Einsicht, dass man größtenteils selbst für seinen Lebensweg und seine Befindlichkeit verantwortlich ist. Und man nicht die Eltern, den Partner, die Gesellschaft oder das Schicksal dafür verantwortlich machen kann" (Simon 2012).

Es liegt also im Wesentlichen in deiner Hand, ob Kompromisse zum Killer deiner Ausbaupläne in Sachen Stärke werden oder ob sie temporär für Konsens sorgen, der dir beim Erreichen deiner Ziele weiterhilft. Es ist ein Abwägen, es erfordert Entscheidungen und Entschiedenheit – aber egal, was du tust, es ist vor allem deine Verantwortung für dein Leben und für deine Stärken.

12.2   Stärken sind wie ein Juckreiz – hartnäckig und wiederkehrend

Da das Ziel meines Studiums ein Job in der Öffentlichkeitsarbeit war, suchte ich früh nach Möglichkeiten, im Bereich Öffentlichkeitsarbeit Erfahrung zu sammeln. Mit Anfang 20 wollte ich keine Zeit mehr auf dem Weg zum Ziel verlieren. Ich jobbte in Fotoredaktionen, absolvierte Praktika in Agenturen und Pressestellen. Das positive Feedback meiner Arbeitgeber bestätigte mich in dem guten Gefühl, das mir die Tätigkeiten ohnehin schenkten: Der Medienbereich war mein Metier. Durch geknüpfte Kontakte ergab sich im Anschluss an das Studium ein Volontariat in einer kleinen PR-Agentur. Für meine Stärken Kreativität und Organisationsvermögen war es eine wahre Spielwiese, meine Stärke Schreiben indes kam nur selten zum Einsatz, schließlich kümmerte sich eine Texterin um alle wichtigen Textjobs. Zwar ließ sie mich an ihrem Wissen teilhaben, aber für die eigene Entfaltung fehlte der Raum.

Als ich im Zuge des Volontariats einige Wochen bei der „Hamburger Morgenpost" verbrachte, geriet ich erstmals ins Wanken. War die PR wirklich die richtige Wahl gewesen? Der Job als rasende Reporterin mit dem gedruckten

Ergebnis am Folgetag, gelesen von Tausenden anderen, erfüllte mich mehr, als ich erwartet hatte. Er führte mir vor Augen, wie sehr ich das Schreiben liebte – und beherrschte. Doch mir fehlte der Mut, um in der Agentur hinzuschmeißen. Ich wollte endlich fertig werden und Geld verdienen, also setzte ich meinen Weg fort. Der Wunsch, mehr zu schreiben, wuchs indes täglich.

> Stärken, die nicht genutzt werden, sind wie ein Juckreiz: Sie melden sich immer wieder und stören uns im Verfolgen gewohnter Abläufe. Auch wenn wir sie zu ignorieren versuchen, bleibt der hartnäckige Impuls des Reizes, der unsere Aufmerksamkeit fordert.

Nach dem Volontariat blieb ich zwar in der Agentur, sah aber bald kein Entwicklungspotenzial mehr für meine Neigungen. Der Juckreiz forderte seinen Tribut, mein Sicherheitsdenken suchte den Kompromiss – und fand ihn in Form einer Mitarbeiterzeitung. Ich wechselte auf Unternehmensseite und managte mit Inbrunst das Mitarbeitermagazin eines bekannten, international tätigen Kaffeekonzerns. Nun war ich also als rasende Reporterin im Unternehmen im Einsatz. Geliebtes Neuland, wenn auch geprägt von Marketingvorgaben und unternehmenspolitischen Interessen. Aber ich war glücklich, endlich schreiben zu dürfen, jede Einschränkung war Nebensache. Und dann kam unerwartet eine Wegkreuzung.

Nach der Geburt meines ersten Kindes gab es keine Möglichkeit, weiterzuarbeiten, gleichzeitig stand ein Umzug an. Ich musste neue Jobperspektiven entwickeln – und entschied mich zur Selbstständigkeit als Redakteurin. Vom Schreiben wollte ich mich nicht mehr trennen. Der Juckreiz war zur Triebfeder geworden. Meine Stärke gab die berufliche Ausrichtung vor. Feste Jobs mit reduzierter Stundenzahl gab es nicht. Warum also nicht als Freelancer mein Glück versuchen? Denn schon Hermann Hesse sagte: „Man hat nur Angst, wenn man mit sich selber nicht einig ist" (zitate.net).

12.3   Stärken sind wie unsichtbare Flügel – sie tragen dich weiter und höher, als du es für möglich hältst

Ich hatte weder Kunden in Aussicht noch Kontakte am neuen Wohnort, aber die Entschlossenheit, das zu tun, was ich wirklich wollte: Schreiben. Ich bewarb mich bei hiesigen Redaktionen und bekam erste Aufträge. Für sehr kleines Geld, aber mit Abdruck, also Referenzen. Parallel dazu erledigte ich kleine PR-Jobs, stets als Texterin, wohlgemerkt. Als mein zweites Kind kam, machte ich nur drei Monate Pause, um meinen Kundenstamm nicht zu verlieren. Die Jobs stiegen in Anspruch und Bezahlung, ich arbeitete für PR-Agenturen und Redaktionen. Staunend nahm ich zur Kenntnis, dass auch andere meinen Stil schätzten und würdigten. Zwar war ich noch immer weit entfernt von dem Gehalt, das ich als Festangestellte verdient hatte, aber ich war zumindest inhaltlich dort angekommen, wo ich hinwollte. Die Ahnung, die mich beruflich in diese Richtung getrieben hatte, sozusagen der innere Widerhall des Rufes meiner Stärken, wurde allmählich zur Gewissheit.

Und dann tat sich eine Tür zur Vollzeitreporterin auf. Mein Mann verlor überraschend seinen Job, kümmerte sich um den Nachwuchs und ich gab Vollgas. Der Chefredakteur der Lokalredaktion einer großen Tageszeitung vor Ort hatte schon lange um mehr Zeit gebuhlt, nun fiel auch noch der bis dahin größte Missbrauchsskandal der evangelischen Kirche in meinen Vollzeitauftakt. Ich hatte nicht nur meinen Traumjob – wenn auch bei schlechter Bezahlung –, sondern fand mich über Nacht auch in der ungewohnten Rolle einer investigativen Journalistin wieder. Immer wieder ertappte ich mich, wie ich dachte: „Aber das kann ich doch gar nicht!", wenn ich z. B. mit erfahrenen Redakteuren eines renommierten Nachrichtenmagazins Hand in Hand arbeitete. Gleichzeitig trieb mich eine große Neugier voran, zu entdecken, wie das, was mir noch fremd war, denn funktioniert. Nicht zu verzagen, sondern mutig voranzuschreiten – darin bestärkte mich mein Chef, der seinen Job mit Leidenschaft und Begeisterung machte. Nie zuvor hatte ich einen Vorgesetzten gehabt, der mir so viel Freiraum schenkte, Verantwortung zuwies und mich ohne Vorbehalte an seinem Wissen teilhaben ließ. Wir arbeiteten im Team, mit Respekt und Achtung vor den Stärken des anderen.

Stärken von Frauen brauchen starke Führungskräfte
Die meisten Frauen, die ich kenne, sind sich selbst gegenüber kritisch und zweifeln mitunter an ihrem Können. Trifft eine solche Frau mit ihren vorhandenen Stärken auf einen Vorgesetzten oder eine Vorgesetzte, der oder die selbst von Unsicherheit oder Unzufriedenheit geprägt ist, dann werden diese Stärken selten gefördert. Entweder nimmt die Führungskraft sie nicht wahr, weil sie viel zu sehr mit sich selbst beschäftigt ist, schätzt sie falsch ein oder gar als Bedrohung. Erkennt ein Chef jedoch das Potenzial der Frau und sieht den Nutzen darin, dann darf sie sich freuen. Denn mit dem Zutrauen des Chefs ins eigene Potenzial wächst auch der Mut, die eigenen Stärken zu entdecken und zu leben.

Ich gewann jene Flugfähigkeit, die einem nur Stärken verleihen können, die Raum zur Entfaltung bekommen. Dieses Gefühl der Beflügelung trägt auch dazu bei, Anstrengungen besser zu meistern. Die arbeitsintensiven Tage, Abendtermine und Wochenendschichten waren anstrengend, keine Frage, aber diese Anstrengung wurde nicht zur Bürde oder Hürde, sondern ließ sich gut aushalten – weil der Lohn der Arbeit echte Erfüllung war. Und die schenkt erstaunliches Durchhaltevermögen.

Meine Stärken einsetzen und nutzen zu können, ließ mich zudem Neues über mich selbst lernen. Das Vertrauen auf die eigenen Fähigkeiten wuchs ebenso wie das Erkennen, dass ich mehr konnte, als ich bis dahin dachte. Ich verdiente mir nicht nur die Anerkennung jener Kollegen, die für mich Vorbilder waren, sondern schätzte meine Leistung selbst wert. Der Wert meiner Stärken trat für mich erst zutage, als ich diese Stärken auch wirklich lebte.

> Das Nutzen von Stärken beflügelt – nicht nur zu mehr Leistung, sondern auch zur persönlichen Weiterentwicklung. Das Wahrnehmen, Erkennen und Anwenden unserer Stärken beflügelt uns im Denken, im Glauben und im Handeln. Mit anderen Worten: Stärken verleihen uns Auftrieb.

12.4 Stärken sind wie die beste Freundin – sie begleiten dich durch dick und dünn

Als ich mich aus wirtschaftlichen und familiären Gründen entschied, nicht länger in Vollzeit bei einer Tageszeitung zu arbeiten, sondern mich wieder in den Dienst mehrerer Auftraggeber zu stellen, hatte ich dank des Erlebens meiner Stärken die Gewissheit, dass dies erneut gelingen würde. Meine Stärken waren zu einem Fundament geworden, auf das ich bauen konnte. Die Wahl des beruflichen Weges war keine Frage mehr. Aus dem Fragezeichen war ein Punkt geworden. Zwar fiel mir der Abschied vom Tagesgeschäft einer Journalistin nicht leicht, aber das Schreiben ist mein treuer Begleiter geblieben. Genau genommen wurde die Spielwiese größer, weil die Bedürfnisse und Anforderungen meiner Kunden bis heute breit gefächert sind. Ob ich gelegentlich einen Schauspieler für die Tageszeitung porträtiere, einen Fachbeitrag als Ghostwriterin für ein Wirtschaftsmagazin verfasse oder Texte für eine Website schreibe – meine Stärke kommt bei jedem Auftrag zur Geltung. Schließlich geht es stets um den versierten Umgang mit Worten, um Inhalte erfolgreich zu kommunizieren.

Und es ist diese Stärke, die mich sicher macht, dass ich neue Themen und Aufgaben als Texterin gut meistern kann – egal, wie ungewöhnlich oder fremd sie mir sind. Es ist ein Gefühl der Selbstsicherheit und Zuversicht, das mir das Wahrnehmen meiner Stärke schenkt. Es lässt mich mutig Aufträge annehmen, die Neuland für mich bedeuten, und es schenkt mir Souveränität im Erledigen vertrauter Aufgaben. Ich weiß mittlerweile, dass ich mich auf mein Können verlassen kann – selbst dann, wenn ich nicht in guter Verfassung bin –, und das ist ein Wissen, das stark macht. Die Schriftstellerin Marie von Ebner-Eschenbach sagte einst: „Wenn es einen Glauben gibt, der Berge versetzen kann, so ist es der Glaube an die eigene Kraft" (zitate.net). Das ließe sich abwandeln in den „Glauben an die eigene Stärke". Dieser Glaube ist Stütze und Motor gleichermaßen im täglichen Tun.

> Auf deine Stärke kannst du dich verlassen – sie verschwindet weder über Nacht noch wird sie weniger, auch wenn dein Leistungsvermögen vorübergehend eingeschränkt ist.
> Deine Stärken stützen dich bei jedem Schritt – sie sind die Trittsteine auf dem Weg zum Erfolg.
> Deine Souveränität erwächst aus deinen Stärken. Setzt du sie ein und erntest gute Ergebnisse, macht dich dies sicherer beim Annehmen neuer Herausforderungen.

Im Laufe der Jahre habe ich gelernt, meine Stärke wie eine gute Freundin zu betrachten und mich an ihrem Dasein zu freuen. Ich bin ihr dankbar, dass sie zu meinem Leben gehört und mir die Treue hält. Sie hat mein Leben geprägt und seinen Verlauf entscheidend beeinflusst. Tatsächlich freue ich mich jeden Tag darüber, dass ich einen Beruf ausübe, der mich wirklich erfüllt und bereichert.

12.5 Stärken sind wie ein Polfilter – sie schärfen deine Facetten in der äußeren Wahrnehmung

Charisma leitet sich vom griechischen „Gnadengabe" oder „aus Wohlwollen gespendete Gabe" ab. In der christlichen Tradition wird es als Gottesgeschenk betrachtet, die Religionswissenschaft verwendet den Begriff Charisma u. a. für die Begabung oder Befähigung zum Empfang von Offenbarungen, Inspirationen oder Erleuchtungen (wikipedia.de). Nehmen wir an, uns offenbaren sich dank dieser Befähigung unsere vorhandenen Stärken und wir lassen uns von ebendiesen inspirieren, so kann man Charisma auch als Produkt gelebter Stärken auslegen. Es liegt auf der Hand: Welcher Mensch hat mehr Ausstrahlung, wirkt also charismatischer – jener, der Tätigkeiten nachgeht, die ihn ernähren, aber nicht beflügeln, oder jener, der in seinem Tun völlig aufgeht und liebt, was er tut?

Wer seine Stärken nutzt, trägt sie nach außen. Denn die Zufriedenheit, die das Ausleben von Stärken bei uns hervorruft, spiegelt sich in der Ausstrahlung wider. Diese Ausstrahlung erzielt eine Wirkung bei unserem Umfeld. Wir werden anders wahrgenommen: positiver, sicherer, überzeugender. Die Erfüllung und der Einklang mit sich und seinem Tun lässt uns sozusagen strahlen. Dort, wo Stärken ein Schattendasein führen und ihr Dasein im Verborgenen fristen müssen, fehlt das Licht auch in der Ausstrahlung. Woher sollte es auch kommen? Aus permanenten Kompromissen auf Kosten eigener Bedürfnisse kann kaum strahlende Zufriedenheit hervorgehen.

Unsere Stärken überhaupt wahrzunehmen und sie trotz Widerständen zum Blühen zu bringen, ist sicher eine der größten Herausforderungen unseres Lebens. Der Psychologe Michael Lehofer hat sich in seinem Buch „Mit mir sein" mit unserem Verhältnis zu uns selbst beschäftigt und dabei Folgendes festgestellt:

> Wir dressieren uns gegenseitig zu Gemeinschaftswesen. Leider verstehen viele darunter, dass der andere so werden soll, wie es dem Dresseur passt. Das erzeugt Verletzung und Hass und macht uns zu psychisch behinderten Wesen. Der Machtkampf der Kindheit setzt sich das ganze Leben lang fort: Kannst du mich dressieren oder dressiere ich dich?" […] Anpassung ist natürlich per se nichts Schlechtes, aber sie wird zur Entfremdung, wenn damit nicht gleichzeitig eine Selbstbestärkung verbunden ist. […] Die Wertschätzung der eigenen Person ist ein Akt, bei dem wir unsere eigene Identität stärken (Lehofer 2017).

Das bedeutet für mich auch: Das Schätzen und Berücksichtigen der eigenen Stärken ebnet den Weg zur Erkenntnis des eigenen Ichs und zum Einklang mit sich selbst. Meine Anpassung ans Umfeld hätte mir vor 25 Jahren zwar das Wohlwollen anderer gesichert, aber sie hätte gleichzeitig wahrscheinlich meine eigene Entfremdung begünstigt. Was unser Charisma vor allem nährt, ist Authentizität. Und die lässt sich gewinnen und wahren, wenn wir ganz bei uns sind, also wir selbst sind, mit Schwächen und Stärken. Die Psychologin Eva Wlodarek sagt:

Die meisten erwerben ihre Ausstrahlung erst im Laufe des Lebens. […] Wir haben leider bei dem Wort Charisma immer eine charismatische Führungspersönlichkeit vor Augen, zu der eine gewisse Extrovertiertheit gehört. Aber auch ruhige Menschen können charismatisch sein, denn Charisma heißt ja vor allem, dass man sich selbst wertschätzt und authentisch bleibt (Niemann 2013).

Wertschätzung bedeutet auch, die eigenen Stärken wertzuschätzen, sie zu nutzen, statt sie verkümmern zu lassen. Wer sich selbst wertschätzt, ebnet den Weg dafür, von anderen wertgeschätzt zu werden.

Das Nutzen unserer Stärken stärkt unser Selbstbewusstsein und unseren Selbstwert. Das bemerken auch andere. Wir gewinnen an Profil. Unsere Stärken machen uns einzigartig. Sie heben uns ab von anderen, sie verleihen uns Ecken und Kanten, sie lassen uns sozusagen zur Marke werden.

In der Fotografie macht der Polfilter Farben satter und schärft Kontraste, weil er Licht schluckt. In der Ausstrahlung verleihen gelebte Stärken unserer Persönlichkeit Konturen und heben unser Potenzial hervor. Stärken sind sozusagen der Polfilter für unser Persönlichkeitsbild nach außen, denn sie schlucken Verwässerndes.

Wenn andere unsere Stärke zur Kenntnis nehmen, ist sie in der Wahrnehmung mit uns verknüpft. Kontinuierlich zum Vorschein gebracht, kann sie zu unserem Kennzeichen werden.

12.6   Weibliche Stärken sind ein Mehrwert – in der Arbeitswelt 4.0 gehören sie zur gewünschten Qualifikation

„Will die Menschheit in Frieden leben, braucht sie die Liebe und das Mitgefühl, das Mütter ganz natürlich zum Ausdruck bringen. Diese Qualitäten sind bei Frauen stärker ausgeprägt als bei Männern, daher ist es an der Zeit, dass weibliche Werte jene männlichen Werte ablösen, von denen die Gesellschaft seit Jahrtausenden beherrscht wird" (Dalai Lama 2010). Was das religiöse Oberhaupt der Tibeter und der Friedensnobelpreisträger hier beschreibt, sind weibliche Stärken, die im Berufsleben in der Vergangenheit oft auch als Schwächen ausgelegt wurden. Zu viel Empathie mit Mitarbeitern und Kollegen, zu viel Verständnis für die Nöte anderer könnten mitunter zum Bremsklotz von Produktivität werden, so die Sorge von Führungskräften. Weibliche Führungskräfte wurden mitunter besonders kritisch hinsichtlich ihres konsequenten Vorgehens beäugt. Doch die vermeintlichen Schwächen werden mittlerweile als nützliche Stärken geschätzt.

Denn es sind u. a. unser weibliches Einfühlungsvermögen und unser mütterlich geprägter Wunsch, andere miteinzubeziehen, die in der Führung von Mitarbeitern durchaus von Nutzen sein können. In Zeiten, in denen der Sinn der Arbeit und das eigene Wohlbefinden stärker hinterfragt werden, sind diese weiblichen Qualitäten zu einem entscheidenden Führungselement in Unternehmen geworden. Das Schulen sozialer Kompetenz und emotionaler Intelligenz gehört mittlerweile zu nahezu jedem Managementtraining. Mit anderen Worten: Unsere Stärken sind gefragter denn je! Höchste Zeit also, dass wir unsere von Natur aus vorhandenen Stärken selbst wertschätzen.

Folgendes Beispiel aus der Welt von Anwaltskanzleien lässt sich auf viele andere Bereiche übertragen und veranschaulicht, warum die Macht weiblicher Stärken in der Arbeitswelt wächst:

> Die meisten Managing Partner sind Männer. Allerdings dürfte sich dieses Bild deutscher Kanzleiwirklichkeit in den nächsten zehn Jahren nicht nur wegen der hohen Zahl nachrückender Anwältinnen verändern. Vielmehr benötigt der Managing Partner zum Erfolg viele „typisch" weibliche Eigenschaften. Er muss zuhören können, gut und verständlich kommunizieren und Menschen zusammenführen. Anders als viele der männlichen Erfolgsanwälte haben die Partnerinnen häufig für die Familie ihre berufliche Ambitionen zurückgestellt und verändert. Die Erfahrungen vieler Anwältinnen, eine Kanzleikarriere zu unterbrechen und dann wieder mit neuer Zielrichtung zu starten, werden ihnen helfen, die Aufgaben eines Managing Partners zu meistern. Denn auch hier muss der Managing Partner – zunächst gedanklich – die gewohnten Bahnen verlassen, um das Unternehmen voranzubringen (Rizor 2015).

Die Welt ist voll von Beispielen weiblicher Führungskräfte, die uns vorleben, wie weibliche Stärken und gutes Management eine erfolgreiche Symbiose eingehen. Ob Facebook-Geschäftsführerin Sheryl Sandberg, die Chefin der Europäischen Zentralbank, Daniele Nouy, oder Christine Lagarde, geschäftsführende Direktorin des Internationalen Währungsfonds (IWF), ob Microsoft-Deutschland-Chefin Sabine Bendiek, Julia Jäkel, CEO der „Gruner + Jahr"-Verlagsgruppe, Marissa Mayer, Vorstandsvorsitzende von Yahoo, oder Mary Barra, Chefin von General Motors – sie alle sind starke Frauen, die ihre Stärken beruflich einsetzen und damit ins Top-Management gelangt sind. Empathie, Kommunikationsfähigkeit und Teamleading-Qualitäten alleine haben diese Frauen sicher nicht an die Spitze gebracht. Dazu gehören auch Stärken wie Zielstrebigkeit, Wille, Disziplin, Fleiß, Mut und etliches mehr, um so weit zu kommen. Aber ich bin sicher, keine von ihnen wäre dahin gekommen, wo sie heute ist, wenn sie ihre Stärken nicht wahrgenommen und genutzt hätte.

Diese Frauen haben Selbstzweifeln nicht die Oberhand gewährt und damit ihre Selbstsicherheit sabotiert. Sie haben auf ihre Fähigkeiten und ihre Stärken vertraut. Sie haben Niederlagen nicht als Dokument ihrer Schwäche angesehen, sondern als Ansporn für ihre Stärken. Sie haben ihre Stärken immer wieder bewiesen und sich weiterentwickelt. Kurz: Sie haben die Macht ihrer Stärke genutzt, um mächtig zu werden. Ich glaube, dass wir solche Frauen als Vorbilder betrachten sollten – für eine Welt, die die Vorzüge weiblicher Stärken nicht allein in der Aufzucht von

Kindern und dem Führen des Haushalts sieht, sondern ihnen ein breites Feld von
Einsatz- und Entfaltungsmöglichkeiten bietet. Liebe Frauen, wendet euch euren
Stärken zu und nutzt sie für euch!

Angela Merkel und die Flüchtlingskrise

Ich bezweifele, dass ein anderer Bundeskanzler im Umgang mit den Flücht-
lingsströmen 2015 so empathisch gehandelt hätte, wie Merkel es tat. Sie han-
delte sich dafür jede Menge Ärger ein – aber auch jede Menge Anerkennung.
Was hierzulande kritisch beurteilt wurde, wurde von anderen Ländern wohlwollend registriert. In der weltweiten Wahrnehmung gelang Merkel damit als
deutsches politisches Oberhaupt ein Wandel in der Einschätzung Deutschlands. Ein Umstand, von dem wir noch lange profitieren können. Für mich
ist ihr Agieren in der Flüchtlingsfrage ein Beleg für die weibliche Stärke des
Mitgefühls – und dafür, wie wichtig weibliche Führungskräfte in unserer Zeit
sind.

Stärken zu leben und zu nutzen, heißt …

- … authentisch zu sein.
- … sich zu bekennen.
- … auf soliden Grund zu bauen.
- … bei sich zu sein.
- … sich permanent weiterzuentwickeln.
- … die Freude des berühmten Flows zu erleben.
- … seine Bestimmung zu kennen.

Stärken zu leben und zu nutzen, heißt vor allem, seinen eigenen Weg zu gehen –
und nicht unbedingt jenen, den andere für dich vorgesehen haben oder von dem
du glaubst, es sei der vernünftigere oder am meisten geschätzte Weg. Stärken zu
leben und zu nutzen, heißt, sich selbst zu schätzen, anzunehmen und in diesem
Einklang Schritt für Schritt voranzugehen. Daraus ergeben sich unweigerlich
Perspektiven und Ziele, die dich beflügeln. Denn du schöpfst aus einer stetig
sprudelnden Quelle: deinen inneren Ressourcen, die darauf warten, ins Licht
zu treten und zu deiner Verfügung zu stehen. Und wenn es dir gelingt, diese
Ressourcen beruflich auszuschöpfen, dann steht einem erfüllenden Job nichts
Wesentliches mehr im Weg. So kann aus einem Beruf eine Berufung werden.

Literatur

Hofert, S. (2016). Stärken & Studium: Wie sich Persönlichkeit in der Studienwahl zeigt. http://karriereblog.svenja-hofert.de/2016/05/staerken-und-studienwahl-wie-sich-persoenlichkeit-in-der-studienwahl-zeigen/. Zugegriffen: 6. Mai 2016.

Lama, D. (2010). *Der Weisheit des Herzens folgen. Warum Frauen die Zukunft gehört.* München: dtv.

Lehofer, M. (2017). *Mit mir sein. Selbstliebe als Basis für Begegnung und Beziehung.* (3. Aufl., S. 19–21). Wien: braumüller.

Niemann, S. (2013). Starke Ausstrahlung: Die drei Geheimnisse, brigitte.de. http://www.brigitte.de/liebe/persoenlichkeit/persoenlichkeit–starke-ausstrahlung–die-drei-geheimnisse-10163976.html. Zugegriffen: 20. Sept. 2017.

Rizor, S. (2015). Rolle und Aufgaben des Managing Partners einer Kanzlei. In C. Schieblon (Hrsg.), *Kanzleimanagement in der Praxis* (3. Aufl., S. 62). Wiesbaden: Springer Gabler.

Simon, C. P. (2012). Interview mit Prof. Perrig-Chiello: Das Ende der Kompromisse, *GEO Wissen* Nr. 50, 11/12, Die Lebensmitte, S. 54.

Vedel, A., & Thomsen, D. K. (2017). *The Dark Triad across academic majors. Personality and Individual Differences* (166. Aufl., S. 86–91). Dänemark: Aarhus Universität.

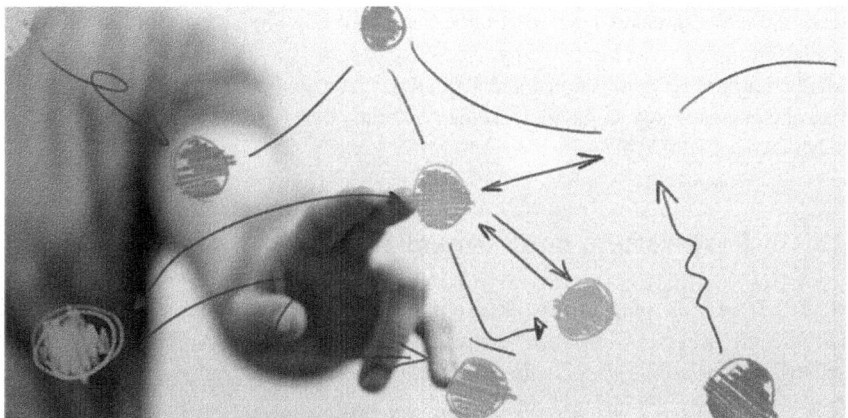

Abb. 13.1 Beziehungen. (© vege/Fotolia.com)

Ihre Gesellschaft wird Ihr Spiegelbild sein.

Napoleon Hill

Was Ihr Gedankengut ausmacht, ist von außen beeinflusst. Wir alle werden von unserem Umfeld geformt. Wir passen unsere Denkweise der unseres Umfelds an. Das wirkt sich auch auf unser Verhalten aus. Haben wir Freunde im Umfeld, die viel lesen, lesen wir auch mehr. Hat man lauter Freunde, die rauchen, ist die Gefahr groß, dass man selbst damit anfängt. Um erfolgreich zu sein, brauchen wir ein intaktes Umfeld, in dem wir uns wohl fühlen. Bei der Betrachtung nicht förderlicher Umfelder müssen wir unterscheiden in „zu wenig" Umfeld, ein falsches

Umfeld oder ein richtiges Umfeld, das falsch genutzt wird. Wir brauchen mehr als eine Person in unserem Umfeld, um für die verschiedenen Facetten unseres Lebens einen Sparringspartner zu haben: jemanden für berufliche Themen, für den Sport, für den privaten Austausch, für besondere Hobbys, den Konzertbesuch etc. Selbst in esner Beziehung kann der Lebenspartner nicht für alles herhalten. Verschiedene Personen mit unterschiedlichen Stärken im Umfeld zu haben, ist wichtig. Ich kenne keinen erfolgreichen Menschen, der völlig allein an die Spitze gelangt ist. Häufig wird über das Umfeld nicht gesprochen, aber es ist vorhanden. Niemand wird erfolgreich ohne ein entsprechendes Unterstützer-Umfeld (Netzwerk). Das ist im Spitzensport oft zu sehen. Das fängt bei Trainingsgemeinschaften an und hört bei Wettkämpfen nicht auf. Die deutsche Fußball-Nationalelf wäre nicht Weltmeister geworden ohne das Team aus Physiotherapeuten, Ärzten, Athletiktrainern bis hin zu den Lebenspartnern im Hintergrund. Wolfgang Mader hätte ohne sein Team nicht das „Race Across America" finishen können, Extremsportler Joey Kelly hatte seinen Freund, der Arzt ist, bei vielen Läufen dabei (Abb. 13.1).

13.1 Bestleistung dank Dream-Team

Natürlich ist Zeit eine knappe Ressource und es fällt nicht immer leicht, sein Umfeld zu „pflegen", Freunde zu treffen und dem Partner Aufmerksamkeit zu schenken. Was zählt, ist jedoch oftmals die Qualität der Beziehung und nicht die Quantität. Und auch hier gilt das Prinzip der Dankbarkeit: Bedanken Sie sich bei Ihren Unterstützern für deren Unterstützung, drücken Sie Ihre Dankbarkeit für Freundschaften aus, z. B. mit einer netten SMS, einem Zettel (vgl. Abb. 13.2) oder einer Postkarte, einem Blumenstrauß oder dadurch, dass Sie echtes Interesse am anderen zeigen. Das heißt, offene persönliche Fragen stellen und aktiv zuhören. Bei solchen Gesprächen sollte das Handy ausgeschaltet sein. Auch das zeugt von Wertschätzung dem anderen gegenüber.

Unser Umfeld kann uns stärken und Bestleistungen möglich machen. Es ist nicht einfach, die richtige Besetzung fürs „Dream-Team" zu finden. Und es ist auch nicht immer einfach, die Menschen, die gut für uns sind, zu ertragen. Denn das sind in der Regel Menschen, die uns fordern, die gelegentlich unbequem sind, die uns konfrontieren und zwingen, etwas genauer anzuschauen, was wir selbst nicht sehen können oder wollen. Für unsere Weiterentwicklung sind sie extrem wichtig. Zu einem solchen Dream-Team zählen Partner, Kinder, gute Freunde, Kollegen, ein Mentor und enge Mitarbeiter. Aus der Gehirnforschung wissen wir,

Abb. 13.2 Danke sagen! (© pixabay)

dass es drei wichtige Säulen im Leben gibt: Spaß, Selbstvertrauen und soziale Kontakte, also das Umfeld.

Fehlt uns ein unterstützendes Umfeld, kann uns das schwächen, zurückhalten, abhalten oder gar stoppen. Wenn ich die Denkweise meines Umfelds infrage stelle, nicht länger übernehme, ist die Gefahr groß, ausgeschlossen zu werden. Auch wenn es weh tut: Manchmal muss man das Umfeld wechseln. Ein schlechtes Gewissen und Schuldgefühle gehen damit oft einher. Doch wenn ich ein klares Ziel vor Augen habe, muss ich das riskieren. Wenn man sich verändern möchte, zum Beispiel beruflich etwas ganz anderes machen oder sein Denken ändern, dann muss man vielleicht auch sein Umfeld verändern. Als ich anfing, als frühere Vermessungsingenieurin fortan als Mental Coach und Speaker zu arbeiten, hielt mich mein Umfeld für total verrückt. Hält man am früheren Umfeld fest, kann es sein, dass man scheitert.

Schaffen Sie sich ein positives Umfeld. Das bedeutet nicht, dass Sie alle Freunde verlassen müssen. Man braucht ja auch Gleichgesinnte, mit denen man sich über die Zukunft oder den Beruf austauschen und sich inspirieren lassen kann.

Das Umfeld beginnt übrigens schon beim Auditorium während eines Vortrags: Was hilft Ihnen mehr – wenn Sie in mürrische, gelangweilte, müde Gesichter schauen oder wenn Sie nach aufmunternden, lächelnden Gesichtern Ausschau halten, nach Gesten, die anzeigen, dass Ihre Präsentation ansprechend ist? Mir selbst hat es einmal sehr zu schaffen gemacht, als ein Zuhörer, ehemaliger Ausbilder von mir, zwei Stunden mit stoischer Miene im Plenum saß, sein Pokerface mich verunsicherte und mein innerer Kritiker dadurch sehr laut wurde. Also, auch hier gilt: Konzentrieren Sie sich auf die positiven Einflüsse in Ihrer Umgebung, nur das hilft Ihnen weiter.

13.1.1 Vorbilder motivieren und mobilisieren

Wer Vorbild ist, kann sich auch selbst im Spiegel anschauen.
Siegfried Wache

Was dabei nützt, ist die Orientierung an echten Vorbildern, die Kontinuität und Konsequenz, Werte wie Respekt, Wertschätzung, Ehrlichkeit, Offenheit und Fairness verkörpern. Das können Menschen in Ihrem direkten Umfeld, zum Beispiel die Eltern, sein, aber auch Spitzensportler, besonders erfolgreiche Menschen und Prominente, deren Haltung und Handeln Sie positiv inspirieren, fiktive Personen in Filmen oder historische Persönlichkeiten. Wichtig ist, dass Sie sich der Tatsache bewusst sind, wie sehr Ihr eigenes Umfeld zu Ihrem Gedankengut und damit auch zu Ihrer Haltung beiträgt.

Ein Klient von mir arbeitete als Vorstandsmitglied in einem großen Konzern. Im Vorstand herrschte kein Miteinander, sondern ein kontinuierliches Hauen und Stechen. „Ich wusste, dass jener Kollege, der mich eben noch angelächelt hatte, ab dem Moment, wenn ich den Raum verlassen hatte, gegen mich intrigieren würde", sagte mein Klient. Die Folge eines solchen Umfelds stellte er nach geraumer Zeit an sich selbst fest: „Meine Haltung wurde zunehmend negativer, auch außerhalb des Jobs. Für mich war irgendwann das Glas nur noch halb leer und nicht mehr halb voll." Die Entwicklung, die sich bei ihm vollzog, fasste er unverblümt zusammen: „Ich mutierte zum Arschloch." Seine größte Sorge war, dass er diesen Zustand beibehalten würde, selbst wenn er zu einem anderen Unternehmen wechselte.

Wie sehr die Wahrnehmung äußerer Widerstände uns an unserer persönlichen Zielerreichung hindern kann und wie erfolgreich Sie sein können, wenn Sie sich auf sich fokussieren, zeigt die Fabel von den Fröschen, deren Verfasser unbekannt ist:

Eines Tages entschieden die Frösche, einen Wettlauf zu veranstalten. Um es besonders schwierig zu machen, legten sie als Ziel fest, auf den höchsten Punkt eines großen Turms zu gelangen. Am Tag des Wettlaufs versammelten sich viele andere Frösche, um zuzusehen. Als der Wettlauf begann, glaubte keiner der Zuschauer wirklich, dass auch nur ein einziger der teilnehmenden Frösche tatsächlich das Ziel erreichen könne. Statt die Läufer anzufeuern, riefen sie also: „Oje, die Armen! Sie werden es nie schaffen!", oder: „Das ist einfach unmöglich!". Und wirklich schien es, als sollte das Publikum Recht behalten, denn nach und nach gaben immer mehr Frösche auf. Nur ein Frosch kletterte schließlich noch unverdrossen den steilen Turm hinauf – und erreichte als einziger das Ziel. Die Zuschauer waren völlig verdattert und wollten von ihm wissen, wie das möglich war. Einer der Teilnehmerfrösche näherte sich ihm, um zu fragen, wie er den Wettlauf gewinnen konnte. Da merkte er: Der Frosch war taub!

Am besten machen Sie es wie dieser Frosch: Bleiben Sie ganz nah bei sich und verfolgen Sie das, was Ihnen wichtig ist und am Herzen liegt, allen Unkenrufen zum Trotz. Bei sich zu bleiben heißt, in sich selbst die Idealvorstellung zu erschaffen. „Das beste Vorbild sind immer noch Sie selbst. Das einzige Problem: Wenn wir unter Druck stehen, erinnern wir uns oft nicht auf Anhieb an Situationen, in denen wir ähnlich unter Druck standen, die Sache aber kühl lächelnd und souverän erledigten" (Topf 2013).

Wie also können wir uns selbst das beste Vorbild sein, auch in schwierigen, stressigen oder heiklen Momenten? Versuchen Sie es mit dem sogenannten Self-Modeling. Dabei machen Sie sich Ihre Ressourcen bewusst, die Ihnen in einer vergleichbaren Situation zur Verfügung standen. Eine positive Rückschau motiviert und ermutigt Sie, in der aktuellen Situation ein gewünschtes Verhalten, Denken und Einstellung hervorzurufen, sodass Sie in kürzester Zeit erstaunliche Erfolge hervorbringen. Aus einem positiven Selbstbild leiten Sie eine positive Selbstwahrnehmung ab, diese „interpersonelle Sichtweise von Persönlichkeit" (Renner 2002) hilft Ihnen, positiv ins Handeln zu kommen.

Erinnern Sie sich an einen Alltagsmoment, den Sie gekonnt bewältigt haben.

- Aus welchen Gründen habe ich mich damals so souverän gefühlt?
- Was habe ich gedacht?
- Was habe ich gefühlt? Wie habe ich mich gefühlt?
- Wie hat sich mein Körper angefühlt?

13.1.2 Die Kraft und Macht der Freundschaft

> Unter allem, was zu einem glücklichen Leben beiträgt, gibt es kein größeres Gut,
> keinen größeren Reichtum als die Freundschaft.
> Epikur

Was bedeutet Freundschaft, was macht sie aus? Freundschaft (Abb. 13.3) ist eine ganz besondere Form der Beziehung, in der ich einen anderen Menschen in meiner unmittelbaren Nähe anerkenne und gleichzeitig auch seine Andersartigkeit akzeptiere. Im Gegenzug dafür werde ich so akzeptiert, wie ich bin. In dieser sehr persönlichen Gemeinschaft gibt es kein Konkurrenzdenken, stattdessen jede Menge Respekt und Vertrauen, Offenheit und Ehrlichkeit. Bei gemeinsamen Unternehmungen tauscht man sich aus, hat Spaß miteinander und genießt das Leben. Mit einem Freund kann ich Erlebnisse und Erfahrungen teilen, ihn um Rat fragen und zu 100 % davon ausgehen, dass mein Gegenüber diskret mit dem umgeht, was ich von mir preisgebe. Meine Freunde frage ich um Rat und um Meinung – und manchmal sind die Antworten auch hart oder schmerzhaft. Doch weil ich weiß, dass meine Freunde mich verstehen, muss ich keine Maske tragen und keine Fassade aufrechterhalten – das tut so gut.

Abb. 13.3 Freundschaft. (© drubig-photo/Fotolia.com)

Seelenverwandte, Busenfreundin oder einfach nur Kumpel? „Das Prädikat der Freundschaft haben eigentlich nur die Beziehungen, wenn es richtig um Herzens-Freundschaften geht. Das sind die Beziehungen, wo emotional auch eine große Innigkeit entsteht. Das sind auch die Beziehungen, die am längsten halten. Innerhalb von sieben Jahren scheitern 50 % der Freundschaften. Und es scheitern vor allem Durchschnitts-Freundschaften, während die Herzens-Freundschaften oft lebenslang stabil sind" (Krüger 2014). Eine Freundschaft ist unverzichtbarer Bestandteil eines schönen, bejahenswerten Lebens. Den Umgang mit jemandem ohne jedes Kalkül zu pflegen, ist ein wahres Privileg, das auf freiwilliger Wechselseitigkeit beruht anstatt auf Forderung. Freundschaft ist eine Tugend, in der Offenheit für Kritik besteht, die Wahrheit einen hohen Stellenwert hat und wahre Lebenshilfe gegeben wird. „Es ist von unschätzbarem Wert, mit einem Menschen zusammen zu sein, mit dem sich alles, auch Intimes, besprechen lässt, dem wir uns zuwenden können und von dem wiederum Zuwendung zu erfahren ist, wechselseitige seelische Berührung. Im vertrauten Gespräch mit dem Freund gelingt es immer wieder von neuem, die eigene Lebensführung zu orientieren, sich in der Welt zurechtzufinden, Sinn und Bedeutung im Leben und in der Welt zu finden" (Schmid o. J.).

Für Frauen ist die beste Freundin ein wichtiger Lebensbestandteil (Abb. 13.4). Hier herrscht eine Form der Liebe vor, wie sie in der Familie nicht existiert. Die

Abb. 13.4   Glückliche Freundinnen. (© Kalim/Fotolia.com)

Beziehung fußt auf Aufrichtigkeit und echtem Interesse. Die eine Frau ist der Spiegel der anderen. Die beste Freundin ist Balsam für die Seele, zeigt uneigennützige Sorge und gibt einem die Sicherheit, immer da zu sein. So wie bei Kristin und Ulrike, beide 43 Jahre alt. Die eine lebt zusammen mit ihrem Freund, die andere mit ihren vier Kindern in einer großen Familie. Trotz der Unterschiede in den Charakteren und Lebenswegen sind sie seit 20 Jahren beste Freundinnen. Die Selbstverständlichkeit der Beziehung haben weder Männer noch Kinder verändert. „Eine Freundin ist jemand, der alles von einem weiß und einen trotzdem mag" – unter diesem Motto freuen sie sich über die Beständigkeit ihrer Freundschaft (Tovar 2017). Geht es Ihnen auch so mit Ihrer besten Freundin? Ist sie ein wichtiger Anker in Ihrem Leben?

Sich Dinge von der Seele reden, sich mal ausheulen und trösten lassen, sich innig umarmen, viel miteinander lachen, ins Kino oder essen gehen, sich bei Kummer, Sorgen und Problemen unterstützen – das alles leistet Freundschaft (Abb. 13.5). Daher sind Freundinnen so kostbar und unverzichtbar. Sie geben uns Geborgenheit, tragen beim Umzug die Kisten, sind verlässliche Helfer, teilen mit uns Freud und Leid.

Abb. 13.5 Viel miteinander lachen – das kann Freundschaft u. a. leisten. (© DenisProduction.com/Fotolia.com)

„Einen sicheren Freund erkennt man in unsicherer Lage." Das Zitat von Marcus Tullius Cicero bringt es auf den Punkt. Freundinnen geben uns Wohlbefinden und ein gutes Selbstwertgefühl, sind in guten wie in schlechten Zeiten da. Und sie tun uns gut, das haben verschiedene Studien inzwischen erwiesen: Menschen in funktionierenden sozialen Beziehungen sind zufriedener und gesünder. Freundschaften verringern das Risiko für Herz-Kreislauf-Erkrankungen und Depressionen. Wer Unterstützung hat, schüttet weniger Stresshormone aus, ist ruhiger und sicherer (Tovar 2017). Echte soziale Unterstützung wie unter Freunden federt Stress ab, sorgt für Wohlbefinden und stärkt die Abwehrkräfte von Körper und Seele – das hat der Psychologe Franz J. Neyer von der Universität Jena herausgefunden, der seit mehr als 20 Jahren das Phänomen Freundschaften erforscht (Hauschild 2014). Sogar gegen Burn-out ist Freundschaft ein hilfreiches Mittel der Prävention. Wer Partnerschaft, Familie und Freundschaft pflegt anstatt sich sozial zurückzuziehen, wer funktionierende Kommunikation und intensive Beziehungen hat, schützt sich vor Erschöpfung. „Das soziale Netzwerk ist ein wichtiger Faktor in der Burnout-Prävention. Nehmen Sie sich Zeit für Ihre Freunde und Ihre Familie. Der Kontakt mit Ihnen nahestehenden Menschen bietet Ihnen den notwendigen Ausgleich zum Arbeitsleben" (Dobmeier 2016; siehe auch Ruhwandl 2010; Nelting 2013).

13.1.3 Das geht nur mit Aufmerksamkeit und Pflege

Gerade in unserer schnelllebigen Gesellschaft ist sozialer Kontakt von unschätzbarem Wert und ganz entscheidend für unsere Lebensqualität. In Großstädten lebt jeder Dritte mehr oder weniger unfreiwillig allein (welt24.de 2012). Freunde werden deshalb noch wichtiger. Denn Einsamkeit macht krank – auch körperlich. Denken Sie also daran, sich konstant um Ihr soziales Netz zu kümmern, so sorgen Sie gut für sich vor. „Alles, was das Gefühl von Isolation fördert, führt häufig zu Krankheit und Leid. Dagegen wirkt das Gefühl von Liebe und menschlicher Nähe, Zugehörigkeit und Gemeinschaft heilend" (Lehle 2012).

Wie steht es momentan mit Ihren Freundschaften? Stellen Sie sich folgende Fragen:

- Gibt es mindestens einen besonderen Menschen, an den Sie sich anlehnen können und der Ihnen sehr nahesteht?
- Gibt es jemanden, mit dem Sie Ihre Gefühle teilen können?
- Gibt es jemanden, dem Sie sich anvertrauen können?
- Gibt es jemanden, der Sie in den Arm nimmt und tröstet?
- Gibt es jemanden, der wirklich zu schätzen weiß, was Sie für ihn/sie tun? (Lehle 2012)

Eine Freundschaft ist nichts, das sich wie ein Lichtschalter an- und ausschalten lässt. Sie ist auch nicht von heute auf morgen plötzlich da. Eine Freundschaft muss sich entwickeln, sie muss wachsen wie eine Pflanze – und genauso gepflegt werden. „Wahre Freundschaft ist eine langsam wachsende Pflanze." Das wusste schon George Washington. Damit sich zwischen zwei Menschen eine Beziehung entwickelt, braucht es Zeit. Sie wächst mit gemeinsamen Erlebnissen. „Sie ist auch wie eine sensible Pflanze, die Aufmerksamkeit und Pflege bedarf. Lässt man ihr diese nicht in ausreichendem Maße zukommen, kann die Pflanze keine kräftigen Wurzeln schlagen, wird nicht wachsen und geht schließlich ein" (Heidenberger o. J.). Bitte denken Sie auch daran, dass es nicht darum geht, eine möglichst große Sammlung von Freunden vorweisen zu können. Beim Thema Freundschaft steht die Qualität der Beziehung anstatt der Quantität im Fokus. „Wer viele Freunde hat, hat keinen", sagt Aristoteles.

Auf die Frage, ob es eigentlich wahre Freundschaft zwischen Frauen und Männern geben kann, hat uns schon 1989 der berühmte Film „Harry & Sally" die passende Antwort geliefert. Erinnern Sie sich daran, wie die beiden gleichnamigen Protagonisten diese Frage den gesamten Streifen lang immer wieder diskutieren und ausprobieren? „Männer und Frauen können keine Freunde sein, der Sex kommt ihnen immer dazwischen!" Das ist die These der Kult-Romanze, die am Ende bestätigt wird, wenn sich Harry und Sally selig in den Armen liegen. Unmöglich ist eine reine Frauen-Männer-Freundschaft zwar nicht, doch die Geschlechter unterscheiden sich darin, was genau für sie Freundschaft ausmacht. Wenn dann auf einer Seite die Gefühle kippen und es mehr als eine Schwärmerei ist, kann das zum Todesstoß für jede Kameradschaft werden (Schrijvers 2014).

„Frauen erwarten mehr Intimität und entwickeln ein engeres Vertrauensverhältnis. Typisch weiblich sind deshalb sogenannte Face-to-Face-Freundschaften, in denen der persönliche Austausch und die gegenseitige emotionale Unterstützung im Zentrum stehen. Eine gute Freundin sollte zuhören können, im richtigen Moment mitfühlend seufzen und instinktiv wissen, wann sie die andere trösten muss" (Zimmermann 2013).

Abb. 13.6   Freundschaft. (© Thomas Reimer/Fotolia.com)

13.1.4   Die Kunst der Freundschaft

Alles in allem ist Freundschaft eine Kunst, in die man sehr viel investieren darf.
Wie bauen Sie eine wahre Freundschaft auf und wie halten Sie sie lebendig? Hier
kommen einige Tipps (Heidenberger o. J.; Zimmermann 2013):

- Zeigen Sie echtes Interesse für andere Menschen.
- Gehen Sie mit Offenheit auf andere zu – und lächeln Sie dabei, das öffnet so
  manche Tür. Verbreiten Sie gute Laune.
- Seien Sie ehrlich und aufrichtig. Auch wenn die Aussage von Christina von
  Schweden dramatisch klingt, ist sie doch wahr: „Wer einen Freund betrügt,
  begeht eine Todsünde."
- Achten Sie die Meinung von Freundinnen.
- Verstellen Sie sich nicht, bleiben Sie authentisch – Sie wollen doch für das
  gemocht werden, wer und was Sie tatsächlich sind. Sie brauchen einer Freundin nichts vorzumachen und müssen sich nicht verstellen.
- Wählen Sie Gesprächsthemen, die Ihre Freundinnen interessieren. Stellen Sie
  offene Fragen, sodass sich ein Gespräch entspinnen kann.
- Praktizieren Sie aktives Zuhören. Das bedeutet, dass Sie ein Gespräch aufmerksam und konzentriert verfolgen. Lassen Sie Ihr Gegenüber aussprechen –
  so geben Sie ihm die Möglichkeit, sich zu erklären, und zeigen als Zuhörer

gleichzeitig Empathie. Mit bestimmten Fragetechniken (zum Beispiel durch das Stellen offener Fragen) unterstützen Sie das aktive Zuhören. Ein wichtiger Grundsatz: Bringen Sie Ihrem Gesprächspartner Akzeptanz und positive Beachtung entgegen (Köhler 2016).

- Fördern Sie das Selbstbewusstsein der Freundin. Ihr Gegenüber darf sich groß fühlen.
- Freundschaft ist genauso wie eine Partnerschaft keine Zweckgemeinschaft. Achten Sie daher darauf, dass es ein Geben und Nehmen ist.
- „Man kommt in der Freundschaft nicht weit, wenn man nicht bereit ist, kleine Fehler zu verzeihen." Beherzigen Sie diese Aussage von Jean de La Bruyère.
- Seien Sie da, wenn Sie gebraucht werden, auch wenn es nachts um drei Uhr sein sollte. Bieten Sie gezielt Ihre Hilfe an und geben Sie seelische Unterstützung.
- Halten Sie steten Kontakt. In Zeiten von FaceTime, Skype, WhatsApp und Facebook dürfte Ihnen das leichtfallen, auch sehr günstige Telefon- und Handytarife und pragmatische Kommunikation über SMS und E-Mails unterstützen Sie dabei. Teilen Sie Neuigkeiten mit.
- Bei allen technischen Neuerungen: Suchen Sie öfter das persönliche Gespräch. E-Mails und WhatsApp fördern oft Missverständnisse. Greifen Sie daher lieber einmal zum Telefon, um etwas mitzuteilen.
- Gibt es eine Meinungsverschiedenheit? Dann klären Sie diese weder per E-Mail noch WhatsApp. Ein Gespräch unter vier Augen ist das passende Setting dafür und zeigt Ihre Wertschätzung.
- Das gilt auch, wenn die Freundschaft dem Ende zugeht. In einem Zeitalter, in dem Beziehungen, Partnerschaften und Freundschaften per WhatsApp beendet werden, sollten Sie es anders machen. Denn es ist alles andere als wertschätzend, eine Freundschaft per WhatsApp oder E-Mail zu beenden, egal, wie lange sie existiert hat. Das ist schlichtweg ein Unding, dem Sie sich nicht anschließen sollten.
- Akzeptieren Sie Mitmenschen, so wie sie sind. Das setzt voraus, dass Sie sich selbst akzeptieren.
- Seien Sie verlässlich.
- Behalten Sie vor allem das, was Ihnen anvertraut wurde, für sich. Geben Sie hier dem anderen dafür absolute Gewissheit.
- Schaffen Sie gemeinsame Erlebnisse und Erfahrungen. Eine Freundschaft zehrt von magischen und außergewöhnlichen Momenten und auch davon, dass Sie alltägliche Gegebenheiten teilen. Nehmen Sie sich Zeit füreinander.
- Vergessen Sie nicht den Geburtstag Ihrer Freunde.
- Verschenken Sie kleine Freuden und Aufmerksamkeiten, auch einfach mal so.
- „Das erste Gesetz der Freundschaft lautet, dass sie gepflegt werden muss. Das zweite lautet: Sei nachsichtig, wenn das erste verletzt wurde" (Voltaire).
- Reden Sie über Ihre persönlichen Gefühle und Gedanken.

- Jemand kritisiert Ihre Freundin? Dann beziehen Sie Stellung und nehmen Sie Ihre Freundin in Schutz. Vermeiden Sie selbst negative Kommentare. Eine wahre Freundin erzählt auch niemals Schlechtes über den anderen.
- Respektieren Sie Freiräume.
- Genießen Sie eine innige Vertrautheit, auch wenn Sie längere Zeit keinen Kontakt zueinander hatten.
- Kritik und offene Worte werden toleriert und sind sogar erwünscht. Tun Sie das auf eine liebevolle und wertschätzende Art. Streiten Sie auch mal miteinander, allerdings ohne sich gegenseitig zu beleidigen, zu provozieren oder zu beschimpfen.
- Schauen Sie nicht in den „Rückspiegel". Seien Sie nicht nachtragend. Was würde passieren, wenn Sie beim Autofahren ständig in den Rückspiegel schauen würden? Genau, Sie würden Unfälle provozieren.
- Motivieren und unterstützen Sie sich, bieten Sie einander Halt.
- Verzichten Sie beim gemeinsamen Essen auf Ihr Handy. Lassen Sie es in der Handtasche.

Übung: Beziehungsanalyse
Wie steht es um Ihre eigenen persönlichen und privaten Beziehungen? Nehmen Sie sich jetzt ein Blatt Papier und stellen Sie in einem Schaubild Ihre Beziehungen (Abb. 13.7) dar. Sie befinden sich als „Ich" in der Mitte des

Abb. 13.7   Schaubild Ihrer Beziehungen. (pixabay.com)

Beziehungsgeflechts. Sie können die Bedeutung der Beziehungen durch die Strichstärke symbolisieren.

Bewerten Sie Ihre Beziehungen: – – steht für sehr schlechte, belastende Beziehungen, – für schlechte, 0 für „neutrale" Beziehungen, + für gute und ++ für sehr gute, intakte Beziehungen.

Betrachten Sie das Beziehungsgefüge und schauen Sie, ob noch jemand fehlt. Betrachten Sie nun die Beziehungen genauer: Wie ist es um Ihre eigenen Beziehungen bestellt? Was ist Ihnen wichtig in diesen Beziehungen? Wo entdecken Sie bei näherer Betrachtung Mängel und Defizite? Welche Auswirkungen haben diese – auf Ihre Familie, auf Ihre Arbeit, auf die Arbeit anderer, auf Sie selbst, auf die Stimmung etc.? Worauf sollten Sie künftig achten, um einzelne Menschen noch besser abzuholen? Welches Ergebnis wünschen Sie sich? Welche konkreten Schritte können Sie tun, um die Beziehungen zu verbessern? Was werden Sie anders machen als bisher?

13.1.5 Ende gut, alles gut?

Nicht jede Verbindung währt ewig. Wenn Sie eine Freundschaft beenden wollen, gilt es ein Ende zu finden, das von Fairness und Wertschätzung geprägt ist. Verhalten Sie sich gegenüber dem Freund, von dem Sie sich trennen, stets wertschätzend. Finden Sie ein Ende bei der Beendigung der Freundschaft, bei dem niemand sein Gesicht verliert. Das bedeutet vor allem, dass Sie ein Vier-Augen-Gespräch suchen. Nehmen Sie sich in einem persönlichen Rahmen miteinander Zeit, um darüber zu sprechen, was man voneinander gelernt hat und was man aus der gemeinsamen Zeit mitnimmt. Bitten Sie die bisherige Freundin um Verzeihung, für all das, was Sie ihr angetan haben. Teilen Sie ihr auch mit, dass Sie ihr alles das verzeihen, was sie Ihnen angetan hat. Das ist eine wichtige Grundlage für alle Beteiligten, um Frieden zu finden.

Die Freundschaft per WhatsApp, SMS oder E-Mail zu beenden, ist keine Alternative. Punkt – an dieser Tatsache gibt es nichts zu rütteln oder zu diskutieren. Das mag manchmal eine Herausforderung sein, aber auch in solchen Situationen zeigt sich, wer wirklich über mentale und emotionale Stärke verfügt. „Es geht darum, deine Wahrheit anzuerkennen und dir zu erlauben, Jobs, Umstände, Menschen zu verlassen, wenn es sich nicht gut für dich anfühlt" (Stromann 2016). Wenn Sie sich in Ihrem Umfeld nicht wohl fühlen, ist es legitim, dieses zu verlassen. Sie müssen es sich nur eingestehen und es sich erlauben. Das sollte übrigens ohne Schuldzuweisung sich oder anderen gegenüber passieren.

„Die Grundlage dafür, überhaupt Beziehungen zu Anderen einzugehen, erst recht Freundschaft mit anderen schließen zu können, ist zweifellos die Freundschaft mit sich selbst, eine Selbstberührung seelischer Art" (Schmid o. J.). Befreunden Sie sich also mit sich selbst. Werden Sie für sich selbst die beste Freundin. Dafür können Sie sich auch im ersten Schritt eine imaginäre Freundin zulegen, die Sie im Alltag begleitet – mit der Sie kochen und einkaufen gehen, die schöne Dinge zu Ihnen sagt, Sie lobt und bestärkt. Suchen Sie sich ein Symbol für diese Freundin, das kann ein Modeschmuck sein, den Sie täglich tragen, oder ein Gegenstand, der Ihnen tagsüber mehrmals ins Auge fällt. „Sich mit sich selbst befreunden heißt, die widerstreitenden Teile in ein gedeihliches Verhältnis zueinander zu setzen, sie im Idealfall zu einer spannungsvollen Harmonie zusammenzubringen" (Schmid o. J.).

13.1.6   Partnerschaft? Weit mehr als Liebe!

Balance der Partnerschaft: Vom anderen nicht mehr verlangen als von sich selbst.
Henriette Wilhelmine Hanke

Es war einmal … So beginnen Märchenerzählungen, in denen irgendwo eine Prinzessin auf ihren Prinzen wartet, vorher einige Hürden genommen werden müssen und am Ende die Liebe siegt. „Erstaunlicherweise stolpern gerade die scheinbar so selbstständigen Frauen immer wieder in diese ‚Romantikfalle'. Sie sehnen sich nach ihrem Märchenprinzen und halten krampfhaft an ihrer Happy-End-Sucht fest" (Enkelmann 2010). Die Partnerschaftsmodelle haben sich in den letzten Jahrzehnten massiv verändert. Nach der klassischen Rolle der Hausfrau und dem Mann als familiärem Versorger kam das ausschweifende Leben in der Kommune, dann in der wilden Ehe. Heute leben junge Frauen ganz selbstverständlich mit ihrem Freund zusammen, viele Paare sind ohne Trauschein glücklich und die Gesetzgeber haben zuletzt auch gleichgeschlechtliche Partnerschaften als Ehebund anerkannt. Doch ganz egal, welches Modell eine Frau für sich beansprucht, eines hat immer Gültigkeit: Eine Partnerschaft (Abb. 13.8) allein ist kein Garant für Glück. „Vielmehr ist ein Partner das Sahnehäubchen auf Ihrem Lebenskuchen – und den backen Sie schließlich selbst" (Enkelmann 2010).

Abb. 13.8 Partnerschaft. (pixabay.com)

Sie wollen glücklich sein? Und die Partnerschaft genießen? Dann verabschieden Sie sich vom Klein-Mädchen-Traum und davon, dass das Leben mit
Mr. Right wunderschön, harmonisch und problemlos ist. Denn wo das Märchen
aufhört, da beginnt das Leben. Nach der Traumhochzeit werden Sie mit vielen
Herausforderungen konfrontiert, die Sie zu meistern haben. Viele Frauen merken
spätestens dann, dass ihr Leben anders verläuft – und sie nörgeln und schmollen
und unternehmen vielfältige Erziehungsversuche an ihrem Partner. Doch je mehr
Sie einen Mann verändern wollen, desto mehr entzieht er sich der Beziehung.

13.1.7 Ein Hund oder besser doch Mr. Right?

Die Liebe deines Partners kann deine Liebe zu dir nicht ersetzen.
Betz 2016

Wenn Sie die Liebe anderer Menschen als Ersatz suchen, werden Sie auf Dauer
zwangsläufig scheitern, egal in welcher Partnerschaft Sie sich versuchen. Ein
wichtiger Schritt also ist es, innerlich erwachsen zu werden, das Kind in uns wie

Vater und Mutter zu lieben, ihm Aufmerksamkeit und Zuwendung zu schenken. Sonst werden Sie unbewusst vom Partner erwarten, dass er Ihnen Liebe, Trost, Ermutigung, emotionale Sicherheit und Zärtlichkeit gibt – eine Strategie, mit der Sie enttäuscht werden (Betz 2016). Wenn Sie glauben, dass es einen Partner braucht, um glücklich zu sein, schaffen Sie ein Bewusstsein des Mangels. „Geliebt werden kannst du erst dann, wenn du dich selbst liebst – und lieben kannst du dich nur, wenn du bei dir bist – wenn du zu dir gekommen bist – wenn du bei Bewusstsein bist" (Bruno O. Sörensen, zitiert nach Betz 2016). Anstatt dem anderen eine Bringschuld aufzubürden, wollen Sie sicher eine Liebesqualität mit einem hohen Maß der Erfüllung leben – genau wie wirkliche Intimität und echte Nähe, respektvolle Begegnung auf Augenhöhe.

Beim nächsten Mann wird alles anders? Bevor das klappt, machen Sie sich bitte eines bewusst: „Sich langfristig an einen Partner zu binden ist durchaus vergleichbar mit der Anschaffung eines Haustiers" (Enkelmann 2010). Ja, es macht Spaß, gibt Freude und Abwechslung, es ist schön, miteinander zu kuscheln – aber ein vierbeiniger macht genau wie ein zweibeiniger Mitbewohner Arbeit, bindet einen, ist pflegeintensiv und manche Typen sind auch kompliziert in der Handhabung. Machen Sie sich also im Vorfeld klar (vgl. Enkelmann 2010):

- Bin ich bereit dazu?
- Wie groß ist mein Bedürfnis nach Freiheit?
- Will ich mich festlegen?
- Kann und will ich Verantwortung übernehmen?
- Will ich mich einlassen auf diese große Aufgabe eines gemeinsamen Lebens?
- Welches Idealbild habe ich von meinem Partner?
- Welche Erwartungen habe ich an ihn?
- Kenne ich meine Bedürfnisse und Werte bzgl. Beziehung?
- Bin ich mir bewusst, dass es keine Perfektion gibt und keine Traumprinzen?
- Kann ich damit aufhören, ständige Vergleiche zu ziehen?

13.1.8 Gleichberechtigung als Utopie

Wo stehen Frauen heutzutage in ihren Partnerschaften? Wissenschaftliche Untersuchungen zeigen, dass wir in unserer Gesellschaft die Gleichstellung von Frauen und Männern noch immer nicht erreicht haben.

Im Klartext: Unbezahlte Arbeit ist in Deutschland noch immer vor allem Frauensache. Das betrifft Haushalt, Erziehung und die Pflege von Verwandten. „Frauen leisten täglich 52 % mehr unbezahlte Tätigkeit für andere Menschen als Männer, also mehr Erziehung von Kindern, mehr Pflege von Angehörigen, mehr Hausarbeit und mehr Ehrenämter" (Kohnen und Münstermann 2017). Nach Angaben des Statistischen Bundesamtes verfügen rund 83 % der Väter in einer Familie mit Kindern unter drei Jahren über eine Vollzeitbeschäftigung, doch nur zehn Prozent der Mütter. Das Wirtschafts- und Sozialwissenschaftliche Institut (WSI) der Hans-Böckler-Stiftung bestätigt: Frauen sind überwiegend teilzeit-beschäftigt und schultern den größten Teil der Haus- und Fürsorgearbeit (Zeit online 2017).

Von einer gleichen Aufteilung der Aufgaben sind wir in den Familien und Haushalten noch weit entfernt. In Doppelverdiener-Ehen teilen sich gerade mal neun Prozent der Paare die Aufgaben von Hausarbeit, Kindererziehung und Geld-verdienen. „In Deutschland übernehmen Frauen mehr als doppelt so viel von der Kindererziehung und verrichten drei Mal so viel Hausarbeit wie ihre Männer" (Sandberg 2015). Woran liegt das? Sind die Rollenbilder so hartnäckig und kön-nen sie so wenig bewegt werden? Trauen wir den Frauen im Berufsleben weniger zu – oder den Männer weniger zu Hause?

Dabei könnten sich die Männer mit gutem Willen die gleichen Fähigkeiten wie Mütter zur Versorgung der Kinder aneignen. Die Realität jedoch zeigt: Fast 80 % aller Väter nehmen keine Elternzeit, viele fühlen sich trotzdem in der Erzie-hung ihrer Kinder gleichberechtigt. Im Bundesdurchschnitt sind es gerade mal 22,2 % an Vätern, die Elternzeit nehmen, manche davon nur das Minimum von acht Wochen. Die Gleichberechtigung ist also eine Utopie und die Geschichte von den neuen Vätern zwischen Wickeltisch und Sandkasten eben doch noch ein Mär-chen – das belegt auch die Studie von Regine Graml, Professorin für Betriebs-wirtschaft, Personalmanagement und Organisation an der Frankfurt University of Applied Sciences (Bücker 2017). Die knappe Zeit (nämlich fünf bis zehn Stun-den pro Woche), die die Väter mit ihren Kindern verbringen, ist eine empfundene Beteiligung. Am Ende hängen die Verwirklichungschancen nach wie vor stark vom Geschlecht ab.

13.1.9 Karriere und Partnerschaft – kein Widerspruch

Obwohl viele Frauen in ihrem Job hoch engagiert sind, gute Leistungen erbrin-gen und ihr Einsatz von den Chefs gesehen wird, wird ihnen ein geringeres Inte-resse an Karriere unterstellt, weil sie Kinder haben (Bücker 2017). Ändern wird sich diese Situation erst, wenn sich auch in den Köpfen und Taten der Männer etwas ändert. „Es ist also kein Wunder, dass die Harvard Business School Professorin Rosabeth Moss Kanter auf einer Konferenz auf die Frage, was Männer tun sollten, damit mehr Frauen Führungsrollen übernehmen, antwortete: ‚die Wäsche'" (Sandberg 2015, zitiert nach Goebel und Penner 2016). Doch auch die Frauen können in diesem Prozess etwas ins Rollen bringen. Schließlich sind Karriere und Partnerschaft heute kein Widerspruch mehr. Jede Frau kann heute Karriere machen und gleichzeitig Familie haben, vorausgesetzt, sie macht daraus keine Gegenüberstellung, keine Grundsatzentscheidung, ob Ehe und Familie oder Erfolg im Berufsleben. „Wenn Sie […] Karriere und Liebe wollen, dann gilt es, ein Beziehungsprofi zu werden" (Enkelmann 2010). Früh übt sich – dieser Kalenderspruch gilt mehr denn je in Sachen Partnerschaft. „Wenn eine Beziehung nicht gleichberechtigt anfängt, ist die Wahrscheinlichkeit hoch, dass sie noch weniger gleichberechtigt sein wird, wenn es erst Kinder gibt. Nutzen Sie stattdessen den Anfang einer Beziehung, um eine faire Arbeitsteilung festzulegen" (Sandberg 2015). Wenn Sie sich also eine gleichberechtigte Partnerschaft wünschen, dann fangen Sie gleich damit an und nutzen Sie die Beziehungsdynamik. Anstatt im Job immer mehr Stunden zu reduzieren und daheim für alles verantwortlich zu sein, führen Sie daheim die Gleichberechtigung ein. Forschungen haben gezeigt, dass dies insgesamt auch zu glücklicheren Beziehungen führt. „Wenn Ehemänner mehr Hausarbeit übernehmen, leiden die Ehefrauen seltener unter Depressionen, es gibt weniger Ehekrisen und die beidseitige Zufriedenheit steigt" (Sandberg 2015).

Für viele Frauen ist das auch ein Lernprozess, der Loslassen bedeutet. Denn wenn die Männer zu Hause Kindererziehung und Hausarbeit übernehmen, müssen die Frauen eine gewisse Kontrolle über diese Bereiche abgeben. Mütter, die sich mehr Beteiligung ihres Partners bei der Kindererziehung und damit verbundenen Aufgaben wünschen, sind schlecht beraten, wenn sie gleichzeitig zu harsche Kritik am Partner üben. Wie das Baby gehalten und gefüttert, das Kind angezogen oder wann und wie zum Schlafen gebracht wird, ist dann die Sache des Mannes. Auch wenn die männliche Herangehensweise nicht immer mit den Erwartungshaltungen und Erziehungsvorstellungen der Mutter deckungsgleich ist, verbessern weder Alltagssticheleien noch Grundsatzdiskussionen die Situation daheim (Kindaktuell.at 2014).

Sich als gleichwertige Partner und gleichermaßen fähige Partner zu begegnen – das ist das Erfolgsrezept. Frauen brauchen echte Partner anstatt einen Gast im Haus (Abb. 13.9).

Abb. 13.9 Voraussetzungen für das Gelingen einer Freundschaft: Vergeben, Verzeihen, Selbstakzeptanz, Wertschätzung für die eigene Person. (© Sabinezia/Fotolia.com)

13.1.10 Verzeihen und Vergeben

Meine Bekannte Petra hat in ihrer ersten Ehe schlechte Erfahrungen gesammelt. Es hat eine ganze Weile gebraucht, bis sie sich wieder auf eine Partnerschaft einlassen konnte. In ihrer zweiten Ehe geht es ihr jetzt richtig gut: Sie lebt in einem schönen Haus und muss nicht mehr arbeiten, denn der neue Mann, der sie von ganzem Herzen liebt, versorgt sie rundum und kümmert sich finanziell sogar um die Kinder aus erster Ehe. Leider schaut sie immer noch in den Rückspiegel – mit den negativen Erinnerungen im Gepäck hält sie den Mann sozusagen an der kurzen Leine. Wenn er am Wochenende gerne zum Skifahren möchte, muss er daheim bleiben und im Haushalt helfen. Die Großzügigkeit, die sie von ihm erfährt, gibt sie ihm so nicht zurück. Ich warne Frauen vor einem solchen Verhalten. Momentan läuft es bei Petra noch gut, doch die Beziehung kann schnell kippen, wenn der Partner überfordert wird. Wir wünschen uns, dass die Männer uns unterstützen, doch wir müssen auch die Momente erkennen, in denen wir unsere Männer unterstützen dürfen. Nur so kommen wir miteinander in den Ausgleich.

Und nur so sind langfristige stabile und liebevolle Beziehungen möglich – in einem gegenseitigen Geben und Nehmen.

So manche Frau merkt nicht, wenn sie verbittert, grantig und schlecht gelaunt den Alltag lebt. In den meisten Fällen liegt das daran, dass eine Situation mit einem vorherigen Partner, den man verlassen hat oder von dem man verlassen wurde, nicht zu einem friedlichen Ende gebracht wurde, bevor man eine neue Beziehungskiste anfängt. So passiert es, dass diese Frauen den neuen Partner für Dinge verurteilen, die einfach nur an Ereignisse und Erfahrungen in der alten Beziehung erinnern (Projektionen). Man hat Angst, dass sich Dinge wiederholen.

Übung

Sie schließen gerade einen Lebensabschnitt ab? Diese Übung hilft Ihnen dabei. Legen Sie im Raum ein Seil aus, Sie können es auch mit einem Geschenkband oder Tesakrepp-Band machen. Das Seil bildet die „Grenze" von einem Lebensabschnitt in den nächsten. Klären Sie erst noch mal auf der Seite der Vergangenheit all das, was noch zu klären ist. Sprechen Sie noch mal Dinge an, formulieren Sie Sätze an eine Person, mit der noch etwas offen ist, auch wenn diese Person nicht im Raum ist. Wenn Sie das Gefühl haben, dass alles geklärt ist und getan wurde, dann stellen Sie sich direkt auf die „Grenze" zwischen Ihrer Vergangenheit und Ihrer Zukunft. Prüfen Sie ein weiteres Mal, ob Sie in „Frieden" mit Ihrer Vergangenheit sind. Prüfen Sie, ob Affirmationen (positive Selbstgespräche) helfen. Und wenn, welche Affirmationen passen. Zum Beispiel: „Ich entscheide mich jetzt bewusst für diesen Schritt. Ich lasse alles los, was meiner Zukunft nicht dienlich ist, und gehe weiter. Ich freue mich auf die neuen Herausforderungen, die da auf mich warten. Ich glaube an meine Möglichkeiten und vertraue mir und meiner Zukunft." Und dann machen Sie bewusst einen Schritt in Ihren neuen Lebensabschnitt hinein.

13.1.11   Der erste Schritt: Innerlich loslassen

Gisela wurde von ihrem Lebensgefährten verlassen, wobei ihr das gerade recht kam, da sie den Schritt selbst nicht wagen wollte, die Beziehung zu beenden. Nun hatte sie Rendezvous mit verschiedenen Männern, ging zum Speed Dating und tummelte sich in Online-Partnerbörsen. Sie bewarb sich sozusagen für eine neue Partnerschaft. Jetzt bin ich ja immer sehr neugierig und daher habe ich immer mal wieder angerufen und gefragt: „Hey, wie laufen denn deine Verabredungen?" Gisela erzählte mir von einem Gespräch, wo sie schon beim Betreten des

Restaurants wusste, dass der Mann, der am Tisch auf sie wartete, niemand sei, mit dem sie gerne Zeit verbringen wolle. Die darauf folgende Konversation sei sehr zäh gewesen. Insgesamt sei an dem Abend das Gespräch nicht so gewesen, dass sie Lust bekommen hätte, mit diesem Mann mehr zu unternehmen. Nachdem ich immer wieder von solchen Einschätzungen von ihr gehört habe, drängte sich mir auf: „Hey, kann es sein, dass du gar keine neue Beziehung finden möchtest? Dass du große Angst hast, dass sich die Verletzungen, die dir die letzten fünf Jahre in deiner alten Beziehung zugefügt worden sind, wiederholen könnten?"

Denn mich erinnerte das etwas an eine Situation in meinem Leben: Als meine Ehe scheiterte, stand ein Wohnungswechsel an. Denn mit der Wohnung, in der ich mit meinem Ex-Mann gelebt hatte, verband ich zu viele Erinnerungen. Egal, welche Wohnung ich mir anschaute, jede Wohnung war zu klein, zu groß, zu teuer, zu laut, zu leise, zu dunkel. Es gefiel mir einfach keine Wohnung. Damals hatte eine Freundin den Mut, mir zu sagen: „Hey, Antje, du willst doch gar nicht umziehen. Sei doch mal ehrlich dir selbst gegenüber." Das saß. Ich dachte über ihre Worte nach und in der Tat, ich hatte noch nicht wirklich den Schritt innerlich vollzogen, ich wollte noch nicht loslassen. Für einen Neuanfang war allerdings ein Umzug sehr wichtig, denn mit der Wohnung, in der ich ja viele Jahre mit meinem Ex-Mann gelebt hatte, verband ich all die Erinnerungen guter und schlechter Art, die mich dann auch weiterhin mit meinem Ex-Mann verbunden hätten. Als mir das bewusst geworden war, hatte ich sehr schnell eine neue Wohnung gefunden.

Ich höre ziemlich oft von Menschen, wenn es um das Thema Beziehungen geht, wie sich nicht verziehene Dinge immer wieder zeigen. Wie bei dem Beispiel meiner Bekannten Andrea: Gemeinsam mit ihrem neuen Freund fährt sie zum Flughafen. Sie möchte noch auf dem Weg ihre Tochter abholen, damit diese das Auto mitnehmen könne und so das Auto nicht teuer am Flughafen geparkt werden muss. Der Umweg über die Stadt hatte das Risiko, in einen Stau zu geraten, denn am Frankfurter Ring in München gibt es fast immer Stau. Nachdem die beiden aber schon etwas knapp dran waren, wollte er definitiv nicht mehr in die Stadt fahren, sondern direkt zum Flughafen. Darauf reagierte sie wie folgt: „Du bist wie mein Ex." Natürlich ist ihr neuer Freund nicht wie der Ex, sondern er hat vielleicht den einen oder anderen Charakterzug oder gewisse Verhaltensweisen, die auch schon ihr Ex-Mann hatte. Das zu trennen, ist extrem wichtig für eine neue, erfüllte Beziehung.

13.1.12 Wenn Vergebung schwerfällt

Was sind also Schritte zur Versöhnung, zum Verzeihen?
Sprechen Sie folgenden Satz: „Ich verzeihe dir all das, was du mir angetan hast, und ich bitte dich um Verzeihung für all das, was ich dir angetan habe." Dabei stellen Sie sich die Person, um die es geht, mental vor. In Beziehungen sind immer beide am Scheitern beteiligt und daher gehen diese Sätze immer in beide Richtungen.
Alternativ können Sie den Satz auch auf einen Zettel schreiben. Gehen Sie nach diesen einzelnen Schritten vor:

- Klären Sie für sich, von wem Sie sich Vergebung wünschen und wem Sie vergeben möchten.
- Mit wem möchten Sie sich versöhnen?
- Wer möchte sich mit Ihnen versöhnen? Es wurde auch schon ausgesprochen, aber Sie haben bis zum heutigen Zeitpunkt der Versöhnung nicht zugestimmt, hatten die Versöhnung abgelehnt.
- Werden Sie sich bewusst, aus welchen Gründen Sie von jemandem enttäuscht sind.
- Werden Sie sich bewusst, welche Bedürfnisse von Ihnen in dem Moment nicht gehört wurden. Wer ist für die Befriedigung der eigenen Bedürfnisse zuständig? Genau, Sie selbst.
- Schreiben Sie auf: „Ich verzeihe/vergebe Dir, ‚Name‘, … " – fügen Sie hier den Namen dessen ein, dem Sie vergeben möchten.
- Notieren Sie, was alles Sie vergeben wollen.
- „Ich bitte dich, ‚Name‘, um Vergebung/Verzeihung für …" + Auflistung, wofür Sie um Vergebung bitten.

Wenn Ihnen das Thema Vergebung schwerfällt
hilft häufig auch ein Perspektivenwechsel – erst ein äußerlicher, dann ein innerlicher. Wechseln Sie zum Beispiel den Raum oder zumindest den Stuhl, um dann aus der geänderten Perspektive heraus noch mal auf das zu schauen, was passiert ist.
Eine weitere Möglichkeit: Nutzen Sie Ihre Vorstellungskraft (Visualisierung). Führen Sie sich vor Augen, wie Sie sich mit der betreffenden Person versöhnt haben. Spüren Sie nach, wie sich das anfühlt. Machen Sie das mit vielen Details und über alle Sinne. Was gibt es dort zu sehen, zu hören, zu fühlen und eventuell zu riechen und zu schmecken?

Und noch eine letzte Idee: Warten Sie nicht darauf, dass der Mensch, mit dem Sie im Clinch sind, auf Sie zugeht und das Gespräch sucht, Sie anruft und sich mit Ihnen zum Beispiel zum Essen verabredet, sondern gehen Sie proaktiv auf denjenigen zu, verzeihen Sie und suchen Sie Versöhnung.

13.1.13 Die Schlüsselrolle von Wertschätzung und Anerkennung

Durch Anerkennung und Aufmunterung kann man in einem Menschen die besten Kräfte mobilisieren.
Charles M. Schwab

Ich habe eine Kundin im Schwäbischen. Dort gibt es nicht nur die berühmte Kehrwoche, sondern auch ganz eigene Formen von Lob und Anerkennung. „Net g'schimpft isch g'nug g'lobt." Und das gilt für sie privat genau wie beruflich. Übersetzt ins Hochdeutsche bedeutet das so viel wie: Wer keine Kritik übt, lobt den anderen schon genug. Doch das ist der völlig falsche Weg, denn zwischenmenschliche Anerkennung, Wertschätzung und Zuwendung ist so kostbar. Wenn wir echtes Interesse an unserem Gegenüber zeigen, die Einzigartigkeit des anderen bestätigen und Freude daran haben, mit einem anderen Menschen auf Augenhöhe in Kontakt zu sein, wenn wir jemanden für seine vollbrachte Leistung oder Anstrengung mittels Anerkennung honorieren und das alles in einer positiven Sprache ausdrücken, können wir so viel erreichen. Denn jedes soziale Wesen sehnt sich genau danach. Erfahren wir Lob, Zuspruch und Hinwendung, schüttet unser Körper Dopamin aus. Das sorgt für einen Motivationsschub, Energie und Antrieb. Unser Gehirn speichert dieses Erleben ab und signalisiert: Mehr davon!

Anerkennung und Wertschätzung bauen unseren Selbstwert auf. Haben Sie Schwierigkeiten, andere Menschen wertzuschätzen? Können Sie andere akzeptieren und achten, so wie sie sind? Schätzen Sie sich selbst wert? Wertschätzung beginnt bei uns selbst. Viele Frauen tun sich damit schwer, diese Erfahrung mache ich immer wieder in den Vorstellungsrunden meiner Seminare. Oft erlebe ich es, wie Frauen von sich sagen, sie seien „nur" Mutter von drei Kindern – damit werten sie sich selbst ab.

Die Firma Vorwerk – bekannter Hersteller für Haushaltsgeräte – hat dieses Phänomen genutzt, um daraus einen sehr schönen Werbespot zu kreieren: Zu sehen ist eine adrette Mittvierzigerin, wie sie gerade vor einem gelangweilten Bankberater sitzt. „Ihr Beruf? Oder sind Sie nur ..." startet er das Gespräch. Und noch bevor der Mann das Offensichtliche aussprechen kann, nimmt ihm die taffe Mutter, Hausfrau und Gattin den Wind aus den Segeln. Schließlich arbeite sie nicht nur in der Kommunikationsbranche und im Organisationsmanagement, sondern kümmere sich auch um Nachwuchsförderung und Mitarbeitermotivation. „Kurz: Ich führe ein sehr erfolgreiches kleines Familienunternehmen" (YouTube Vorwerk 2006).

Wertschätzung ist ein Gesundheitsfaktor, besonders für Frauen. Sie erleichtert den Ausstieg aus der Stressspirale, steigert das Wohlbefinden und die Motivation. Fehlt hingegen die Anerkennung der Familie oder des Partners, kann das krank machen.

Je nach Umständen und Rahmenbedingungen ist es für Frauen oft nicht so leicht, Anerkennung einzufordern oder so oft zu bekommen, wie es wünschenswert wäre. Hier gilt: Hilfe zur Selbsthilfe. Ein stabiles Selbstwertgefühl, Selbstvertrauen und -achtung helfen uns dabei, uns so akzeptieren zu können, wie wir sind – und uns zwischendurch auch selbst einmal zu loben.

Gehen Sie einmal in die Selbstreflexion:

- Warum loben wir wenig und geizen mit Anerkennung?
- Bei wem fällt es Ihnen leicht, Anerkennung zu geben?
- Und bei wem nicht?
- Welche Gründe gibt es dafür?
- Und bekommen Sie selbst genug Anerkennung?
- Was ist zielführend?
- Welche Leistungen halten Sie für lobenswert?
- Wann haben Sie sich zuletzt wertschätzend verhalten?
- Woran machen Sie Wertschätzung fest?
- Was wünschen sich ihre Familienmitglieder diesbezüglich von Ihnen?

Frauen, die hauptsächlich daheim tätig sind und sich um Kinder, Familie und Haushalt kümmern, fühlen sich „unterversorgt", sie bekommen selbst zu wenig Lob. Woran liegt das? Häufig wird die erbrachte Leistung als selbstverständlich betrachtet, sie ist eine Anerkennung nicht wert. Machen Sie auch solche Erfahrungen? Ein weiterer Grund, warum Ihnen Anerkennung vorenthalten wird, könnte sein, dass Sie sich selbst zu wenig loben, Ihre eigene Leistung gering schätzen. Was war die bisher größte Anerkennung in Ihrem Leben (privat, im Beruf, im Sport)? Und wie hat diese auf Sie gewirkt? (Heimsoeth 2014)

Bei den meisten von uns sorgen Wertschätzung und Anerkennung dafür, dass wir uns stolz, glücklich und wichtig fühlen. Unser Zugehörigkeitsgefühl steigt, unser Selbstvertrauen wird gestärkt, es verleiht uns Selbstsicherheit. Es verbessert die Motivation für weitere Leistungen und unser Verhältnis zu demjenigen, der uns die Anerkennung entgegengebracht hat. Und genau dieses Verhältnis gilt es zu pflegen. Wenn Sie in Ihrer Ehe und Familie, in Ihrem Privatleben und Ihrer Freizeit mit den Menschen wertschätzenden Kontakt halten, fordern Sie diesen auch umgekehrt für sich ein. Sie haben ein Recht dazu, mit Respekt, Anerkennung, Wertschätzung, Lob, positivem Feedback, Freundlichkeit sowie mit der Achtung Ihrer Bedürfnisse und Interessen behandelt zu werden.

Literatur

Bücker, T. (2017). Gefühlt gleichberechtigt, 21. Juli 2017, Zeit Edition F. http://www.zeit.de/karriere/beruf/2017-07/muetter-fuehrungskraft-vater-familie-kinder-karriere?wt_zmc=sm.int.zonaudev.xing.ref.zeitde.redpost.link.x&utm_medium=sm&utm_source=xing_zonaudev_int&utm_campaign=ref&utm_content=zeitde_redpost_link_x&xing_share=news. Zugegriffen: 10. Okt. 2017.
Dobmeier, J. (2016). Burnout – Prävention, 7.12.2016. http://www.netdoktor.de/krankheiten/burnout/praevention/. Zugegriffen: 10. Okt. 2017.
Goebel, S., & Penner, E. (2016). Was ich gerade lese: „Die Alles ist möglich-Lüge", 08.04.2016. http://schnitzel-und-schminke.de/2016/04/08/was-ich-gerade-lese-die-alles-ist-moeglich-luege/. Zugegriffen: 10. Okt. 2017.
Hauschild, J. (2014). Die Kraft der Freundschaft, 24.02.2014. http://www.spiegel.de/gesundheit/psychologie/freundschaften-sind-gut-fuer-die-gesundheit-a-954153.html. Zugegriffen: 10. Okt. 2017.
Heidenberger, B. (o. J.). Was eine wahre Freundschaft ausmacht. http://www.zeitblueten.com/news/wahre-freundschaft/. Zugegriffen: 10. Okt. 2017.
Heimsoeth, A. (2014). Love it – Leave it – Change it. In P. Buchenau (Hrsg.), *Chefsache Prävention I: Wie Prävention zum unternehmerischen Erfolgsfaktor wird* (S. 81 ff.). Wiesbaden: Springer Gabler.
Kindaktuell.at. (2014). Maternal Gatekeeping – Wenn Papa sich nicht einbringen darf, 05.04.2014. https://www.kindaktuell.at/baby-kleinkind/maternal-gatekeeping-wenn-papa-sich-nicht-einbringen-darf.html. Zugegriffen: 10. Okt. 2017.
Köhler, L. (2016). Aktives Zuhören: So geht's, 01.12.2016. https://www.absolventa.de/karriereguide/rhetorik/aktives-zuhoeren. Zugegriffen: 10. Okt. 2017.
Kohnen, A., & Münstermann, K. (2017). Frauen leisten doppelt so viel Hausarbeit wie Männer, 08.03.2017. https://www.morgenpost.de/politik/inland/article209861197/Frauen-leisten-doppelt-so-viel-Hausarbeit-wie-Maenner.html. Zugegriffen: 10. Okt. 2017.
Krüger, W. (2014). Was macht eigentlich einen guten Freund aus? 30.07.2014. https://www.welt.de/gesundheit/psychologie/article160308825/Was-macht-eigentlich-einen-guten-Freund-aus.html. Zugegriffen: 10. Okt. 2017.
Lehle, G. (2012). Öffne Dein Herz und werde gesund – Dr. Dean Ornish, 22.08.2012. http://friedensblick.de/2375/oeffne-dein-herz-und-werde-gesund-dr-dean-ornish/. Zugegriffen: 10. Okt. 2017.
Nelting, M. (2013). Neun Strategien gegen Burn-out, 10.06.2013. http://www.focus.de/gesundheit/ratgeber/psychologie/krankheitenstoerungen/tid-31885/wenn-arbeit-krank-macht-so-bleibt-die-seele-gesund-neun-strategien-gegen-burn-out_aid_1017453.html. Zugegriffen: 10. Okt. 2017.

Renner, K.-H. (2002). *Selbstinterpretation und Self-Modeling bei Redeängstlichkeit* (Bd. 11, Reihe: Lehr- und Forschungstexte Psychologie). Göttingen: Hogrefe.

Ruhwandl, D. (2010). *Top im Job – ohne Burnout durchs Arbeitsleben* (S. 37). Stuttgart: Klett-Cotta.

Sandberg, S. (2015). Lean. *Frauen und der Wille zum Erfolg* (S. 163–164). Berlin: Ullstein Taschenbuch.

Schmid, W. (o. J.). Vom Glück der Freundschaft. Warum eine alte Tugend wieder zur Kunst erhoben werden muss. https://zukunfttraining.de/vom-gluck-der-freundschaft. Zugegriffen: 24. Aug. 2017.

Schrijvers, C. (2014). Nur Freunde – klappt das wirklich? 2/2014. http://www.petra.de/sex/liebe-psyche/artikel/koennen-maenner-und-frauen-nur-freunde-sein. Zugegriffen: 10. Okt. 2017.

Stromann, N. (2016). *Coconut Life: Warum du größenwahnsinnig sein solltest, um ein geniales Leben zu leben* (S. 103–104). Hamburg: Tradition Verlag.

Topf, C. (2013). *Souverän! Wie Sie stark auftreten – auch wenn Sie sich nicht wirklich so fühlen* (S. 76). München: Kösel-Verlag.

Tovar, C. (2017). Freundschaft. 03.02.2017. http://www.planet-wissen.de/gesellschaft/psychologie/freundschaft_gemeinsam_durch_dick_und_duenn/index.html. Zugegriffen: 10. Okt. 2017.

Welt24.de. (2012). In Deutschland lebt jeder Fünfte allein, 11.07.2012. https://www.welt.de/vermischtes/article108262291/In-Deutschland-lebt-jeder-Fuenfte-allein.html. Zugegriffen: 10. Okt. 2017.

YouTube Vorwerk. (2006). Werbung – Vorwerk erfolgreiches Familienunternehmen. https://www.youtube.com/watch?v=V-TVKp5wWo0. Zugegriffen: 10. Okt. 2017.

Zeit online. (2017). Frauen leisten 60 Prozent mehr unbezahlte Arbeit als Männer, 23. April 2017. http://www.zeit.de/gesellschaft/zeitgeschehen/2017-04/frauen-maenner-arbeitszeit-bezahlt-unbezahlt. Zugegriffen: 10. Okt. 2017.

Zimmermann, S. (2013). Die Gesetze der Freundschaft, 11.04.2013. http://www.spektrum.de/news/die-gesetze-der-freundschaft/1190912. Zugegriffen: 10. Okt. 2017.

Weiterführende Literatur

Andersch-Sattler, G. (2007). Arbeit zum inneren Team. http://www.syntraum.de/pdf/Arbeit_zum_inneren_Team.pdf. Zugegriffen: 12. Aug. 2014.

Bandler, R. (1987). *Veränderung des subjektiven Erlebens. Fortgeschrittene Methoden des NLP* (S. 20). Paderborn: Junfermann Verlag.

Bauer, J. (2013). *Arbeit. Warum unser Glück von ihr abhängt und wie sie uns krank macht* (S. 44). München: Karl Blessing.

Baumann, S. (2011). *Psyche in Form. Sportpsychologie auf einen Blick* (S. 282). Aachen: Meyer & Meyer.

Baumgartner, E. (2013). Schauen Sie nach vorn, Frau Lot! In: Wiener Zeitung, 29. April 2013. http://www.wienerzeitung.at/themen_channel/wissen/mensch/542801_Schauen-Sie-nach-vorn-Frau-Lot.html. Zugegriffen: 25. Nov. 2014.

Betz, R. (2016). *Dein Weg zur Selbstliebe. Mit Mut zur Veränderung deine Wahrheit leben.* München: Gräfe und Unzer Verlag.

Corssen, J., & Tramitz, C. (2014). *Ich und die anderen: Als Selbst-Entwickler zu gelingenden Beziehungen* (S. 24–25, 80–81). München: Knaur.

Csikszentmihalyi, M. (2013). *Flow: Das Geheimnis des Glücks* (16. Aufl.). Stuttgart: Klett-Cotta.

Dillenburg, D. (2014). Kaymer mit Platzrekord. In: golf.de, 9. Mai 2014. http://www.golf.de/publish/60102365/pgatour/kaymer-mit-platzrekord. Zugegriffen: 21. Jan. 2015.

Eberspächer, H. (2007). *Mentales Training. Ein Handbuch für Trainer und Sportler* (7. Aufl., S. 21, 106 ff.). München: Copress Sport.

Enkelmann, C. E. (2010). *Die Venus-Strategie. Ein unwiderstehlicher Karriereratgeber für Frauen* (S. 181–184). München: Redline.

Fischer-Epe, M. (2012). Das Innere Führungsteam. In C. Rauen (Hrsg.), *Coaching Tools III* (S. 136–141). Bonn: ManagerSeminare.

Gallwey, W. (2003). *The inner game of tennis. Die Kunst der entspannten Konzentration.* (2. Aufl., S. 29) Königswinter: New School.

Gernandt, M. (2010). Der Ritter von der Traummeile. In: Süddeutsche.de, Momente der Sportgeschichte, erschienen am 19. Mai 2010. http://www.sueddeutsche.de/sport/momente-der-sportgeschichte-die-ritter-von-der-traummeile-1.927687. Zugegriffen: 22. Okt. 2014.

Groher, J. (2014). *Führungskraft. Erfolgreiche Führung beginnt mit Selbstführung* (S. 90). Offenbach: Gabal.

Heimsoeth, A. (2008). *Mental-Training für Reiter* (S. 41–42, 57–58). Stuttgart: Müller Rüschlikon.

Heimsoeth, A. (2012). *Golf mental: Pockettraining* (S. 19–27). Stuttgart: Pietsch.

Hellwig, H. (2017). Warum die Vaterrolle für die Kinder so wichtig ist, Juli 2017. https://www.babycenter.de/a35225/warum-die-vaterrolle-f%C3%BCr-die-kinder-so-wichtig-ist. Zugegriffen: 10. Okt. 2017.

Kahler, T. (1975). Drivers – the key to the process script. *Transactional Analysis Journal,* July 1975.

Kahn, O. (2010). *Ich. Erfolg kommt von innen* (S. 165). München: Goldmann.

Kumar, A., et al. (2008). The high-conductance state of cortical networks. *Neural Computation, 20*(1), 1–43.

Storch, M., et al. (2006). *Embodiment. Die Wechselwirkung von Körper und Psyche verstehen und nutzen.* Bern: Hans Huber.

OWN. (2012). Gloria Steinem's New York City Apartment, Oprah's Next Chapter, Oprah Winfrey Network, 16.04.2012. https://www.youtube.com/watch?v=sx_n9I9cpEw. Zugegriffen: 10. Okt. 2017.

Richter, R. (o. J.). Schwerpunkt Vater werden – Vater sein. http://www.robert-richter.net/vater-werden-sein/. Zugegriffen: 10. Okt. 2017.

Rohner, R. P., & Veneziano, R. A. (2001). The importance of father love: History and contemporary evidence. *Review of General Psychology, 5*(4), 382–405.

Zerlauth, T. (2000). *Sport im State of excellence* (S. 224). Paderborn: Junfermann.

Wie gut ist Ihre Kommunikation? 14

„Kommunikation – und Mensch sein – ist nicht einfach … aber überraschend wendungsreich." So hat es die deutsche Dichterin Damaris Wieser einmal beschrieben. Tatsächlich ist Kommunikation ein komplexes Gebilde. Was verstehen Sie unter Kommunikation? Was fällt Ihnen dazu ein? Wann funktioniert sie gut und wann ist der Prozess von Missverständnissen geprägt?

Ganz selbstverständlich hantieren wir im Alltag mit dem Begriff. Wenn wir einmal genauer hinschauen, dann eröffnen sich neue Perspektiven: Das Wort stammt vom lateinischen „communicare" und bedeutet „mitteilen". Kommunikation ist im Wesentlichen der Austausch oder die Übertragung von Informationen und Botschaften. Unser Ziel ist es, sich zu verständigen, daher ist Kommunikation immer eine soziale Interaktion – im Bestfall ist es ein Geben und Nehmen. Menschen setzen sich zueinander in Beziehung, das ermöglicht die Teilhabe an einer Gemeinschaft – oder eben die Ausgrenzung.

Wenn Sie morgen früh beim Bäcker die Verkäuferin mit einem „Hey Jo Man" begrüßen und dabei eine Handbewegung wie in einem Rap-Video machen, könnten gleich verschiedene Dinge passieren: Entweder Ihr Gegenüber schaut Sie verdutzt an und versteht schlichtweg nicht, was Sie meinen und welche Brötchen genau sie kaufen wollen; oder Sie werden ausgelacht und man schüttelt den Kopf über Ihr ungebührliches Verhalten; oder man geht davon aus, dass Sie sich in der Türe geirrt haben und eigentlich nach nebenan in das Tattoo-Studio wollten – doch die öffnen erst am frühen Abend. Kommunikation ist ein wesentlicher Faktor in der Entwicklung, wir lernen den Umgang mit anderen, nähern uns an oder grenzen uns ab – und das nach bestimmten Spielregeln, innerhalb eines kulturellen Umfelds und sozialen Milieus genau wie im Rahmen einer bestimmten Zeitepoche.

© Springer Fachmedien Wiesbaden GmbH, ein Teil von Springer Nature 2018
A. Heimsoeth, *Frauenpower,* https://doi.org/10.1007/978-3-658-20431-0_14

Daumen hoch – wir kennen dieses Symbol nicht nur aus Facebook als ein „Gefällt mir", sondern historisch betrachtet aus der Arena der Gladiatoren – es war das Zeichen zum Leben, während der Daumen nach unten das Todesurteil durch den römischen Kaiser bedeutete. Oder die Situation, in der Zeige- und Mittelfinger wie der Buchstabe „V" nach oben gestreckt werden, während der Ringfinger und der kleine Finger eingezogen sind. Kennen Sie das Victory-Zeichen? Es ist Ausdruck für Sieg und Frieden. In afrikanischen Ländern hingegen ist es eine obszöne Geste. Wenn auch die Sprache unser wichtigstes Kommunikationsmittel ist, gehören auch Zeichen und Symbole, Gesten und Mimik mit dazu. Im Fachterminus ist die Rede von verbaler und nonverbaler Kommunikation. Wir können eine breite Palette an Instrumenten einsetzen, um uns mitzuteilen, um unsere Botschaften zu verbreiten, um uns zu artikulieren – und im Idealfall von unserem Gegenüber auch verstanden zu werden.

Übung

Für diese Übung brauchen Sie einen Partner. Holen Sie sich aus der Küche ein paar ungekochte Spaghetti, im ersten Moment genügen zwei Stück. Stellen Sie sich gegenüber auf und nehmen Sie die Spaghetti zwischen sich, sodass sie nur die Fingerspitzen der Zeigefinger berühren. Die langen Nudeln bilden nun sozusagen eine Brücke zwischen Ihnen und Ihrem Gegenüber. Während der Übung sprechen Sie bitte nicht miteinander. Nun beginnen Sie langsam, die Arme zu bewegen – die Spaghetti sollen dabei nicht herunterfallen oder zerbrechen. Wenn Letzteres passiert, nehmen Sie eine neue Nudel aus der Packung und setzen Sie die Übung fort. Trauen Sie sich, immer größere Armbewegungen zu machen. Wie reagiert Ihr Partner, wenn Sie die Führung übernehmen? Wann müssen Sie sich zurücknehmen, damit die Verbindung nicht zerbricht oder auseinandergeht? Wie viel Druck hält die Nudel aus? Setzen Sie sich nun miteinander in Bewegung, gehen Sie durch den Raum, versuchen Sie auch mal abstraktere Bewegungsfiguren – zum Beispiel wie beim Tanz. Die Spaghetti bleiben während der gesamten Zeit immer zwischen den Fingerspitzen.

Ziehen Sie am Ende ein Fazit: Wie funktioniert das Miteinander, wann wird es schwierig oder kompliziert, wann sogar unmöglich? Wann fiel es Ihnen besonders leicht? Haben Sie ständig geführt oder war es ein Geben und Nehmen? Wie haben Sie sich auf den Partner eingestellt? Der Umgang mit den Spaghetti ist nichts anderes, als ein Gespräch zu führen. Es braucht Empathie und Einfühlungsvermögen genauso wie die Bereitschaft, auch mal die Leitung zu übernehmen und ein andermal in die Assistenz zu gehen. Wenn ich mich zu sehr herausnehme oder passiv stelle, unterbricht die Verbindung, wenn ich zu stark hineingehe, zerbricht sie durch den Druck.

Kommunikation ist also ein fragiler und gleichzeitig dynamischer Prozess, der von allen Beteiligten ein Einlassen, ein Auf-den-anderen-Zugehen genau wie ein Sich-mal-Zurücknehmen fordert. Wir sind erfolgreich in unserer Kommunikation, wenn wir uns auf unser Gegenüber einlassen, dafür eine gewisse Sensibilität herausbilden und uns auch mal auf unser Bauchgefühl verlassen.

14.1 Unpersönliche Kommunikation – ein Phänomen unserer Zeit?

Ich sitze gerne samstags in der Fußgängerzone in einem Café und beobachte die Menschen, wie sie ihre Einkäufe am Markt erledigen, mit einer Leberkäs-Semmel durch die Fußgängerzone schlendern, oder wie sich die Kinder am Brunnen nass machen. Und ich schaue mir – ganz gleich, in welcher Stadt ich gerade bin – die Menschen an, die um mich herum sitzen. Neulich zum Beispiel gesellte sich eine kleine Gruppe junger Mädchen an den Tisch nebenan, anfangs noch schnatternd und heiter, im regen Austausch über die gerade absolvierte Shoppingtour wurden die Mengen an Einkaufstüten unter den Stühlen verstaut. Dann plötzlich wurde es still, beängstigend ruhig. Aber nicht, weil die Mädels die Getränkekarte studierten, sondern weil sie in ihre Smartphones versunken waren – und für die nächste Stunde auch blieben. Die lebendige Kommunikation war völlig zum Erliegen gekommen, jeder starrte in den kleinen Bildschirm vor sich, trank beiläufig seinen Latte Macchiato und tippte emsig Nachrichten oder schob mit dem Finger einen Stream, Bilder auf Instagram oder Pinterest rauf und wieder runter. Verstehen Sie mich nicht falsch – ich bin keine Gegnerin der modernen Technik, ganz im Gegenteil. Und man könnte mir jetzt ja auch mit dem Argument begegnen, dass die Kommunikation der Jugendlichen sich nur verlagert hätte – in die virtuelle Welt. Trotzdem plädiere ich für die zwischenmenschliche Kommunikation und hoffe, dass diese neue Art des Miteinanders – nämlich schweigend nebeneinander zu sitzen und sich nicht unmittelbar auszutauschen – nur eine Randerscheinung bleibt.

Dabei zeichnet sich genau das Gegenteil ab: Liebesbeziehungen werden per E-Mail, WhatsApp oder SMS beendet – das scheint heutzutage Usus zu sein. Für mich ist das völlig unverständlich und mit nichts zu entschuldigen. Meine gute Freundin Anke, die derzeit Single ist und gerne mal ein Date hat, um neue Männer kennenzulernen, berichtet aus ihrem Leben: Es ist keine Seltenheit, dass ein verabredetes Rendezvous von den Herren der Schöpfung kurzfristig abgesagt wird – allerdings nicht per Telefonanruf und mit einer persönlichen Entschuldigung, sondern auf elektronischem Weg per Buchstaben. „Ich wäre ja gar nicht böse über eine Absage. Aber was mich verärgert, ist die Art, wie diese passiert.

Haben diese Kerle denn keine Eier in der Hose? Wovor haben sie Angst, dass ich austicke oder zickig werde? Ich glaube ja, die Jungs machen es sich sehr einfach – mit einer SMS-Nachricht können sie auf Distanz bleiben und müssen sich der Situation nicht stellen", resümiert Anke. Mit Wertschätzung hat diese Form der Kommunikation tatsächlich nichts mehr zu tun.

Ich selbst erlebte erst kürzlich eine ganz ähnliche Situation: Ich war mit einem Geschäftspartner zum Abendessen verabredet. Und wunderte mich, warum er nach zwanzig Minuten noch immer nicht kam. Beim Blick auf mein Handy dann die Erkenntnis: Er hatte spontan abgesagt, weil ihm etwas dazwischengekommen war. Aber anstatt kurz telefonisch Bescheid zu geben, hielt er es für ausreichend, mir eine WhatsApp-Botschaft zu tippen – die ich viel zu spät las. Ich habe mich über diese Art der Mitteilung geärgert, denn sie wirkt immer wie ein Versuch, den notwendigen Dialog, der eventuell unangenehm werden könnte und logische Argumente braucht, zu umschiffen.

Im Sport übrigens werden solche An- und Absagen schlichtweg nicht akzeptiert. Hier gilt die feste Regel: Wer zu einem Training oder Wettkampf nicht erscheinen kann, muss anrufen und sich erklären – selbst wenn es unangenehm ist. Ich schätze die neuen technischen Möglichkeiten, doch sie dürfen im menschlichen Miteinander nicht missbraucht werden – gerade dort, wo ein unmittelbarer Austausch an Informationen höchst relevant ist, nämlich auf der Beziehungsebene.

Die sogenannte „Face-to-Face-Kommunikation" (das direkte Miteinander) lässt sehr viel mehr an Möglichkeiten zu als ein Telefonat oder der schriftliche Austausch per Brief oder E-Mail. Und das können und sollten wir auch nutzen. Während wir im Rahmen einer Post- und E-Mail-Korrespondenz ausschließlich mit Buchstaben hantieren und hier auf sehr viele wörtliche Feinheiten achten müssen, um Höflichkeiten zu transportieren, haben wir am Telefon zusätzlich unsere Stimme zur Verfügung. Am anderen Ende der Leitung hört Ihr Gesprächspartner sehr genau, ob Sie lächeln und entspannt sind oder ob Sie nebenbei noch andere Dinge tun und die Aufmerksamkeit wegwandert. Steht oder sitzt Ihnen Ihr Gesprächspartner hingegen unmittelbar gegenüber, können Sie sich der gesamten Klaviatur der Körpersprache bedienen, um zu kommunizieren.

14.2 Warum kommunizieren Sie eigentlich?

„Who says what in which channel to whom with what effect." Das ist die sogenannte Lasswell-Formel, benannt nach dem US-amerikanischen Politik- und Kommunikationswissenschaftler Harold Dwight Lasswell, die er im Jahr 1948 entwickelt hat (Wikipedia 2017a). Dieses grundlegende Modell bringt den Kommunikationsprozess auf den Punkt: Ein Kommunikator macht eine Mitteilung über ein Medium gegenüber einem Publikum und will damit eine Wirkung erzielen. Auf die Wirkung kommt es also an! Haben Sie sich schon einmal Gedanken darüber gemacht: Wie will ich auf andere wirken? Mark Twain hat einen guten Spruch geprägt: „Wer nicht weiß, wo er hin will, darf sich nicht wundern, wenn er ganz woanders ankommt." Lernen Sie also Ihr Wirkungsziel kennen.

Übung

Platzieren Sie sich mit hängenden Schultern, gesenktem Kopf und wackeligen Knien im Raum. Stellen Sie sich vor, wie vor Ihnen Ihr Kollegium, Ihr Team oder Ihre Mannschaft sitzt und Ihnen zuhört und zusieht. Behalten Sie die Hände eng am Körper und sagen Sie nun mit leiser Stimme den Satz: „Ihr seid ein super Team und es war ein sehr erfolgreiches Jahr!" Wie fühlt es sich an, mit dieser Körperhaltung einen solchen Satz zu sagen? Nun stellen Sie sich aufrecht hin, heben den Kopf zu Ihrem imaginären Publikum, sind fest verwurzelt am Boden. Wenn Sie jetzt den identischen Satz gleich nochmals sprechen, betonen Sie stolz die Begriffe „super Team" und „erfolgreiches Jahr". Sprechen Sie mit kräftiger Stimme und nehmen Sie die Hände und Arme mit. Achten Sie darauf, dass sie ausladende Gesten über der Gürtellinie machen. Wie ist es nun? Spüren Sie den deutlichen Unterschied?

Wer Karriere machen und erfolgreich sein will, muss Souveränität ausstrahlen – auch bei heiklen Themen. Souveränität erlangen Sie nicht nur durch Ihr fachliches Know-how und Ihre Expertise, sondern eben auch durch Körperhaltung, Blickkontakt, Mimik und Gestik.

Authentisch zu kommunizieren bedeutet, dass das Verbale mit dem Nonverbalen übereinstimmt. Nur so wirken Sie kongruent und überzeugend, denn das, was Sie sagen, entspricht dem, was Ihr Körper nach außen vermittelt. Die Maori, die Ureinwohner von Neuseeland, haben dazu einen weisen Spruch: „Das Äußere drückt das Innere aus." Je überzeugter Sie von dem sind, was Sie sagen, desto stärker wird das auch Ihr Körper ausstrahlen.

14.3   Kommunikationsstile – und wie sie auf uns wirken

Im Miteinander sind wir wahre Künstler, wenn es um das Entlarven von nicht authentischer Kommunikation geht. Unser Unterbewusstsein bekommt die Feinheiten in den Gesichtszügen und Bewegungen mit und gleicht sie mit der ausgesprochenen Botschaft ab. Manchmal wundern wir uns, warum wir dem Gegenüber nicht vertrauen, warum uns etwas stört oder komisch vorkommt – unser Instinkt reagiert ganz automatisch und warnt uns, dass hier etwas nicht zusammenpasst. Schalten Sie doch mal die Nachrichten an, bei Politikern können Sie das gut ausprobieren: Obwohl sie ihre Körpersprache trainieren, drückt das Äußere nicht immer das Innere aus – irgendetwas missfällt uns. Andersherum erreicht uns eine Person, die sehr authentisch ist in ihrem WAS und WIE, sogar mit Inhalten, über die sich so manch einer aus der Außenschau heraus wundert.

Eine Person, an der das gut deutlich wird, ist der amtierende US-Präsident Donald Trump. Ich verwende ihn hier als ein besonders zutreffendes, aktuelles und geläufiges Beispiel, ohne ein Befürworter seiner Politik zu sein. Der Mann mit der ungewöhnlich orangefarbenen Gesichtsfarbe und der blonden Föhnfrisur hat im Wahlkampf bewiesen, wie authentische Kommunikation funktioniert. Dabei hat er drei wichtige Bausteine beachtet:

1. Der Mensch ist ein emotionales Wesen, daher reagiert er schnell, automatisch und unbewusst auf eine emotionale Ansprache und weniger auf wohlüberlegte, logische Ausführungen.
2. Authentizität – so sein, wie man ist, und das in aller Konsequenz.
3. Verständlichkeit first – das Gegenüber nicht mit Fachtermini abhängen, sondern einfache Begriffe und schnell verständlichen Satzbau benutzen (Kahneman 2012; Krauß 2016).

Beispielsweise hat er bei der sehr komplexen Einwanderungsdebatte keine üppigen Argumente angeführt, sondern seinen Standpunkt in zwei Sätzen klar gemacht: „I will build a great, great wall on our southern border. And I will have Mexico pay for that wall" (Trump 2015). In der deutschen Übersetzung heißt das: „Ich werde an unserer Südgrenze eine große, große Mauer bauen. Und ich werde Mexiko für diese Mauer bezahlen lassen." Damit bietet er seinen Zuhörern eine einfache und wirksame Lösung. Er splittet zwischen WIR und DIE ANDEREN und äußert sich aus einer überheblichen Machtposition heraus. Er nutzt die Probleme, Sorgen, Nöte und Ängste seiner Zielgruppe – und arbeitet mit den Emotionen als Türöffner.

In seiner Cowboymentalität ist Donald Trump echt, er ist bei sich und steht dazu, er selbst zu sein – auch wenn er damit polarisiert. Seine Ansprache ist konsequent, so finden seine Botschaften Anklang. Und auch der Aufbau der Inhalte trägt zum Erfolg von Trump bei – in einfachen Ausführungen macht er sich verständlich, seine Aussagen sind für seine Anhänger begreiflich und nachvollziehbar.

Mit simpler Sprache erreicht er seine Zielgruppe. Selbst wenn er Falschaussagen trifft – seine Reden zum Thema „Fake News" sind inzwischen berühmt und berüchtigt –, kommt er glaubwürdig rüber. Sie schütteln jetzt den Kopf? Auch wenn wir uns hierzulande über Trumps Erfolge sehr wundern, hängt es doch eben auch an seiner Art der Kommunikation. Und der Tatsache, dass er in Amerika als Erfolgsmensch wahrgenommen wird.

In einem Interview mit dem SZ-Redakteur Matthias Kolb bietet der Redenschreiber Barton Swaim einen Blick hinter die Kulissen des Polit-Alltags und erläutert Trumps Kommunikationsprinzip:

> Seine Sprache spielt eine entscheidende Rolle. Donald Trump benutzt eine Sprache, die niemand zuvor im politischen Alltag benutzt hat. Die meisten Politiker versuchen alles, um nichts zu sagen, was ihnen Probleme bereiten könnte. Sie wissen, dass ihre Gegner zuhören und die Medien alles zerpflücken. Weil sie so vorsichtig sind, werden ihre Sätze immer länger. Bei Trump sind alle Sätze sehr kurz und pointiert. […] Trump hat außerdem einen Sinn für Komik, den die Konkurrenten nicht haben. Politiker sind ziemlich öde. Trump tut alles andere als öde, er redet wie ein Stand-up-Comedian. […] Viele Leute finden seine Rhetorik erfrischend. Ich mag ihn nicht als Kandidaten, aber ich kann verstehen, warum er die Leute fasziniert (Swaim 2016).

Um nicht nur bei einem männlichen Beispiel zu bleiben: Die „Eiserne Lady" Margaret Thatcher verkörperte wie kaum eine andere Person die Devise „Never take No for an answer". Übersetzt ins Deutsche heißt das so viel wie: „Akzeptiere niemals ein Nein als Antwort." In ihrem Kampf gegen die Gewerkschaften, für die Konsolidierung des Haushalts durch Privatisierungen und mit einem absurden Krieg um die Falkland-Inseln bot sie den Politikern und Machthabern Paroli. Ganz ähnlich wie Trump heute spornte sie die Bevölkerung zum patriotischen Drive an – mit dem Ziel, dem Namen „Great Britain" wieder sein „Great" zurückzugeben (Kielinger 2012).

Ihre Art, aufzutreten und zu kommunizieren, sich mit ihren Forderungen in den Vordergrund zu stellen und eine neue Politiklinie zu repräsentieren, polarisierte. Die Eiserne Lady wurde geliebt oder gehasst. Bis heute gilt sie als eine „beinharte Ideologin, eine Vertreterin der Generation, die mit Überzeugungen und Dogmen Politik machte. Auf einem Parteitag der Konservativen erklärte sie: ‚The Lady is not for turning.' Ihre Anhänger jubelten" (Sontheimer 2013). In der deutschen Übersetzung bedeutet das: „Die Dame kehrt nicht um." Das war Thatchers durchgängige Devise.

Nicht zuletzt die Thatcher-Rhetorik kennzeichnete die besondere Art der Politik dieser konservativen Premierministerin:

Selten bei einem Politiker stimmen Überzeugungen und Auftreten, Reden und Tun so überein wie bei der ersten und bislang einzigen britischen Regierungschefin. Margaret Thatchers Betonung der individuellen Verantwortung, ihr Stolz auf das britische Empire und ihre Verehrung des großen Vorgängers Winston Churchill finden ihren Niederschlag nicht nur im politischen Programm der ‚Iron Lady‘, sondern auch in ihrer Sprache – selbstverständlich inhaltlich, aber in erstaunlichem Maße auch in der Sprachgestaltung (Grond 2004).

Und in Deutschland? Ob Angela Merkel oder Ursula von der Leyen, ob Katrin Göring-Eckardt oder Claudia Roth, ob eine Sahra Wagenknecht oder eine Julia Klöckner, ob beim Blick einige Jahre zurück eine Jutta Ditfurth oder eine Rita Süssmuth: Sie alle sind nicht gerade durch ihre herausragende Rhetorik bekannt. Wo funktioniert die Deckungsgleichheit von Inhalt und Präsentation der Botschaft gut oder gar nicht? Letzteres verdeutlicht uns eine Frauke Petry, die im bundesdeutschen Wahlkampf im Herbst 2017 für die nicht unumstrittene Partei AfD auftrat – und nach der Bundestagswahl dort austrat. Ob in den TV-Sendungen bei „Hart aber fair" oder „Maischberger": Die Politikerin zeigt sich mal besserwisserisch, überheblich und selbstgerecht, dann wieder eloquent, extrem clever und schlagfertig. Ihre Auftritte werden als fulminant-dominant ebenso gewertet wie als furchtbar und ätzend. „Nur ist Petry von sich so stark eingenommen, dass sie die eigenen Widersprüche zur Seite schiebt oder – schlimmer – ihr diese nicht auffallen" (Schmoll 2015). Journalisten und Beobachter der Politbranche sind sich sicher: Diese Frau dreht nicht nur rhetorische Pirouetten, konfrontiert ihre Gegner mit wackelndem Kopf und strahlendem Lächeln, sondern gibt der „wutgetränkten Apathie […] ihr Gesicht und ihre Stimme. Sie braucht keine Argumente. Platzhalter genügen. […] Petrys Lachen ist der Code. Jedes Lachen und Grinsen gibt dem Fußvolk ein Signal: Die Argumente der anderen sind Quatsch" (Hütt 2016).

14.4 Gleich und Gleich gesellt sich gern

Auch vom Potenzial an Sympathie und Vertrauen hängt so manches in der Kommunikation ab. Die Redensart „Gleich und Gleich gesellt sich gern" kommt hier zum Tragen. Mit unserem Gesprächspartner können wir auch Gemeinsamkeit über den Inhalt finden, doch die eigentliche Kraft liegt anderswo. Mit wem unterhalten Sie sich gern? Was ist dabei entscheidend? Wir mögen Menschen, die so sind wie wir, die so sprechen wie wir, die sich so bewegen wie wir, die eine Körpersprache haben, die unserer sehr ähnlich ist. Wenn Sie über die Kommunikation erst Sympathie und einen guten Kontakt, eine Beziehungsebene und dann ein tiefes

Vertrauensverhältnis aufbauen möchten, dann tun Sie genau das: Sie nehmen die Körpersprache Ihres Gegenübers an, Sie passen die eigene Stimme beispielsweise in der Sprachgeschwindigkeit an, die Ihr Gegenüber hat. Begegnen Sie Ihrem Kommunikationspartner in seiner Art, sich zu bewegen. Gleichen Sie sich an die unterschiedlichen Menschen, denen Sie begegnen, an. Wenn Ihr Gegenüber hektisch ist, machen Sie es genauso. Wenn jemand ganz ruhig ist, sind Sie auch ruhig.

Spontan entstehendes Vertrauen durch das Wahrnehmen von Gleichem, genau wie einen Zustand, in dem sich zwei oder mehrere Menschen in tiefem Kontakt zueinander befinden, der von Harmonie und Vertrauen geprägt ist, nennt man Rapport. Sich durch Übereinstimmung, Einklang oder Ähnlichkeit auf den anderen zu beziehen, ist in der Kommunikation von großer Wichtigkeit. Der Volksmund nennt es „einen Draht" zum anderen haben oder „auf Wellenlänge" sein. Tatsächlich ist Rapport die Grundlage jeder gelungenen Kommunikation. Wir machen das oft unbewusst und lassen uns gern auf Menschen ein, die uns sympathisch sind. Sie haben das mit Sicherheit schon gemacht: Stellen Sie sich auf den anderen ein, spiegeln Sie ganz bewusst Ihren Gesprächspartner und vertiefen damit den Kontakt.

Um Rapport herzustellen, gibt es verschiedene Möglichkeiten:

- Seien Sie aufmerksam.
- Hören Sie aktiv zu.
- Beobachten Sie den anderen.
- Seien Sie offen.
- Bringen Sie eine positive Grundeinstellung mit.

Was passiert, wenn Sie einem Kind begegnen? Gehen Sie auf die Knie, um auf Augenhöhe zu kommen? Oder warum fühlen wir uns bei einem wichtigen Treffen mit Geschäftspartnern dann am wohlsten, wenn wir ähnliche Kleidung tragen? Wie verhalten Sie sich, wenn die Freundin gerade ein tolles Erlebnis hinter sich hat und sie begeistert und sprudelnd davon erzählt? Bleiben Sie dabei starr und wortkarg? Wohl kaum (Feustel und Komarek 2006). Mit dem sogenannten Pacing gleichen wir das eigene Ausdrucksverhalten an das einer anderen Person an und vertiefen den Rapport. Beobachten Sie in nächster Zeit einmal andere Leute und sich selbst bei der Kontaktaufnahme mit anderen Menschen.

Probieren Sie es im nächsten Gespräch einmal aus:

- Macht Ihr Gegenüber viel Gestik oder wenig? Wo hat er die Arme, hat er sie fest am Körper oder woanders? Stellen Sie es nach.
- Wie steht oder sitzt jemand? Sind die Beine überkreuzt oder verschränkt? Spiegeln Sie es.

Gelingende Kommunikation lebt von Aufmerksamkeit und Achtsamkeit. Am Beginn einer Kommunikation steht immer die Wahrnehmung des anderen.

Übung

Suchen Sie sich eine weitere Person für diese Übung. Noch besser gelingt es in einem Kreis mit mehreren Leuten. Wichtig dabei: Es muss eine gerade Zahl an Menschen sein, die mitmachen. Stellen Sie sich in einen Kreis, jeder hat nun ein Gegenüber. Schauen Sie sich einige Minuten an, betrachten Sie sich aufmerksam, lächeln Sie, scherzen Sie, fühlen Sie sich wohl miteinander, unterhalten Sie sich. Nun dreht sich jeder um, sodass Sie weiterhin auf Ihrem Platz stehen, aber alle mit dem Rücken zueinander. Ohne dazu etwas zu sagen, verändert jeder an sich jetzt drei Dinge – das kann eine Uhr sein, die an das andere Handgelenk wandert, ein Ärmel oder Hosenbein, das hoch- oder runtergekrempelt wird, die Haare raus aus dem Zopf oder geflochten, eine Brille oder eine Kette, die verschwindet. Wenn alle Beteiligten so weit sind, drehen sie sich wieder zueinander. Das jeweils gegenüber stehende Paar erläutert jetzt, welche Veränderungen am jeweils anderen auffallen. Finden Sie die drei Umgestaltungen beim anderen? Sind Ihre Antworten korrekt? Sie werden erstaunt sein, auf was wir im ersten Moment gar nicht achten. Dabei ist die Wahrnehmung des anderen doch ein wesentlicher Aspekt der Kommunikation. Je aufmerksamer wir sind, desto mehr Wertschätzung drücken wir aus. Und wie wird sich ein Gast oder Kunde darüber freuen, wenn Ihnen beim Abschied noch auffällt: „Sie hatten doch vorhin einen Blazer an. Den haben Sie wohl im Besprechungszimmer vergessen. Ich schaue gleich einmal nach."

14.5   Die Kraft der positiven Sprache

Wertschätzende Kommunikation drückt sich auch über die Sprache aus, über das Wording. „Ein Wort gleicht der Biene, es hat Honig und Stachel." So steht es im Talmud, der uralten Sammlung der Gesetze und religiösen Überlieferungen des Judentums. Wir können mit Worten streicheln und verletzen, verwöhnen und schlagen. Kinder sind da besonders sensibel. An ihren Verhaltens- und Wirkungsweisen lässt sich gut darstellen, was es mit der positiven Kommunikation auf sich hat. Erst neulich schwärmte ein Bekannter, der selbst in der Kommunikationsbranche tätig ist, von den großen Fähigkeiten seiner Frau, mit der fünfjährigen Tochter umzugehen. Anstatt ihr zu befehlen „Du darfst den Rasen nicht betreten!" sagt sie in einem ruhigen und gefassten Ton zu ihr: „Bitte gehe außen herum."

Ein Beispiel dafür, Dinge positiv zu formulieren statt negativ. Und die Chancen steigen, dass das Kind nicht über den Rasen läuft, sondern außen herum.

Mit positiver Sprache erreichen wir unseren Gesprächspartner sehr viel besser und eindringlicher, sie klingt gewissermaßen nach. Machen Sie sich den Unterschied zwischen kooperierenden und konfrontierenden Formulierungen bewusst. Die folgenden Ausdrücke und Sätze haben negative Konnotationen:

- Dafür bin ich nicht zuständig.
- Es gibt ein kleines Problem.
- Diese Aufgabe ist zu aufwendig.
- Das können wir nicht machen.
- Heute klappt es leider nicht mehr.
- Sie haben mich missverstanden.
- Frau Mayer ist leider nicht erreichbar.
- Bei diesem Projekt haben wir Verzögerungen.
- Erlauben Sie mir folgende Kritik …
- Unsere Konkurrenz schläft nicht.

Wie lauten sie, wenn Sie sie positiv formulieren?

Ich erinnere mich gut an eine Situation nach einem Vortrag: Viele Wochen hatte ich mich auf ein schwieriges Thema vorbereitet, meine Keynote auf der Bühne sehr gut vorgebracht und viel Applaus geerntet. Mit diesem prickelnden Gefühl des Erfolgs ging ich dann ab, wo mich der Veranstalter erwartete und mir mit den Worten „Nicht schlecht!" die Hand reichte. Ich spüre noch heute, dass sich das wie ein Tritt in die Magengrube anfühlte und im ersten Moment die beflügelnden Emotionen zunichtemachte. „Jedes Wort hinterlässt eine Spur." So hat es die deutsche Lyrikerin Anke Maggauer-Kirsche gesagt. Und es stimmt: Wenn Sie etwas wertschätzend und positiv formulieren, können Sie viel eher etwas erreichen, zu etwas motivieren und mobilisieren.

Positive Worte – und die Gedanken, die dahinterstehen – gestalten ein anderes Verhalten als negative Formulierungen. Das Gesagte wird dann eher als Chance, Neuheit und Lernerfahrung verstanden – anstatt als Belastung, Hindernis oder Rückschlag. Auch wenn es etwas Übung braucht: Gewöhnen Sie es sich an, sich mit positiven Denk- und Ausdrucksweisen zu äußern. Eine Weile werden Sie sich dabei ertappen, dass Sie etwas Negatives sagen – und es wird Sie zunehmend selbst stören. „Worte und Gedanken haben Wirkung auf uns, unsere Energie und unser Verhalten", sagt Klaus Pertl, für den Worte immer auch Richtungsweiser für das Gehirn sind. Mit negativen Worten bewegen wir uns weg vom Ziel, es raubt uns Motivation und Selbstvertrauen; positiver Input hingegen richtet uns auf ein Ziel hin aus – das ist ermutigend (Pertl 2014).

Um sich mitzuteilen und sich mit anderen zu verständigen, kann eine identische Ausgangssituation sowohl positiv als auch negativ formuliert werden. Anstatt vorschnell etwas nach außen zu geben, stellen Sie sich erst die Frage: „Was brauche oder was möchte ich gerade?" Die Antwort darauf ermöglicht es Ihnen, den ursprünglichen Satz in Ihrem Kopf umzuwandeln. Wenn Sie zum Beispiel gerade genervt sind, dann könnte die positive Umformulierung heißen: „Ich brauche jetzt unbedingt eine Pause, um mich wieder zu erholen und zu beruhigen." Schauen Sie sich diese weiteren Beispiele (Pertl 2014) an und probieren Sie es mit eigenen Sätzen einmal aus:

- Ich habe ein Problem vs. Ich benötige eine Lösung.
- Ich habe Angst vs. Ich brauche mehr Sicherheit.
- Ich kann es nicht vs. Ich lerne es noch.
- Ich bin erschöpft vs. Ich wünsche mir Energie.

14.6   Klartext, bitte!

Schauen Sie noch mal zurück auf die kleine Anekdote mit dem „Rasen betreten". Sie zeigt auch, wie direktes Reden funktioniert: Anstatt eine Botschaft gewissermaßen durch die Hintertür einzuschleusen, wird konkret gesagt, was zu tun ist. Dazu eine Szene, die Sie so oder so ähnlich möglicherweise kennen: Ein Paar hat es sich zum Feierabend gerade auf der Couch gemütlich gemacht. Sie sagt zu ihm: „Ich habe kalte Füße." Nichts passiert. Dabei hatte sie doch die Erwartung, dass Ihr Mann umgehend darauf reagiert und etwas dagegen unternimmt. Ihr Mann hat diese Botschaft schlichtweg nicht verstanden. Aus so kleinen Missverständnissen kann sich ein schrecklicher Ehekrach entfachen. Dabei kann Kommunikation so einfach sein. Verändern wir die Konversation: Beide sitzen auf der Couch, der „Tatort" fängt gleich an, das gute Glas Wein steht auf dem Tisch und sie sagt zu ihm: „Schatz, drehe bitte die Heizung an, ich habe kalte Füße." Ihre Formulierung ist wertschätzend und klar, sie kommuniziert nicht zwischen den Zeilen, sondern spricht mit handlungsorientierter Sprache. Ganz ähnlich verhält es sich auch, wenn wir Konjunktiv verwenden: „Liebe Kollegin, könntest du dir vorstellen, dass du möglicherweise, wenn es dir wirklich gar nichts ausmacht, die Akten noch mit in den zweiten Stock nehmen würdest?" Sie merken gleich – und ich übertreibe es hier bewusst: Das wirkt nicht nur künstlich, sondern beinhaltet auch gleich mehrere Hintertürchen, um ein Nein auszusprechen. Dennoch agieren wir im Alltag

oft genug mit indirekter Rede, anstatt klare Worte zu benutzen: „Nimmst du die Akten mit in den zweiten Stock?"
„Verstand zeigt sich im klaren Wort." Hier wird der griechische Tragödiendichter Euripides zitiert. Klartext zu sprechen ist also kein Phänomen einer bestimmten Ära, hat nichts mit einem begrenzten Zeitgeist zu tun. Klare Worte sind immer „in", ob jetzt oder in der Zukunft.

Neulich habe ich im Fernsehen etwas herumgezappt und bin im All gelandet: Der Weltraum – unendliche Weiten … So beginnt die berühmte Science-Fiction-Fernsehserie „Raumschiff Enterprise", die 1966 in den USA an den Start ging. Es dauerte mehrere Generationen (und Flugobjekte), bis 1995 endlich ein weiblicher Kapitän die Führung übernahm: Über sieben Staffeln hinweg lenkt Captain Kathryn Janeway (gespielt von Kate Mulgrew) die Geschicke des Raumschiffes USS Voyager im All. Die resolute Mittvierzigerin führt, delegiert und kommuniziert ihrer Crew gegenüber in einem forschen Ton: „Nehmen Sie ein Team und untersuchen Sie die einzelnen Decks. Ich wünsche einen genauen Bericht über den Schaden!" Klingt das für Sie im ersten Moment ungewöhnlich oder ungewohnt? Finden Sie diese Art zu hart, vielleicht sogar zu aggressiv, auf jeden Fall aber zu dominant und herrisch? Viele Frauen tun sich schwer damit, sich auf eine solche Weise zu artikulieren. Dabei ist genau das klare Kommunikation.

14.7   Mit Worten streicheln oder verletzen

Dass Sprache einen verblüffenden Einfluss auf unser Denken hat, zeigen uns die Studien von Gehirn- und Sprachforschern immer wieder. Sprache berührt den Menschen auf vielerlei Arten: „Worte können trösten oder tief verletzen, manche hängen einem tage- oder gar jahrelang nach. Auch unsere eigenen Worte wirken auf uns. Wenn wir etwa ein Tabuwort aussprechen, kann das bei uns selbst körperlich messbare Stresssymptome hervorrufen" (Kara und Wüstenhagen 2012).

Das gesprochene Wort hat eine ungeheuerliche Macht. „Worte haben eine schöpferische Kraft. Sie können uns zum Lachen und zum Weinen bringen. Sie können dafür sorgen, dass wir etwas tun oder mit etwas aufhören. Worte können uns aufbauen oder entmutigen. Sie können uns Hoffnung und Kraft geben oder unser Vertrauen rauben und ermüden" (Pertl 2014).

Gerade weil Sprache eine so starke Auswirkung auf uns und andere hat, tragen wir auch eine Verantwortung. Wir tun gut daran, unsere Worte bewusster zu wählen. Manchmal sind es ganz kleine und unscheinbare Worte, mit denen wir jemanden glücklich machen – oder verletzen. Wir können bewusst Begriffe einsetzen, um das zu bekommen, was wir wollen. Ein Satz kann einem den Tag versüßen oder schrecklichen Schmerz hervorrufen. Mit dem Reichtum der Sprache lässt sich beleidigen, lügen und diskriminieren – ebenso wie liebevoll sein, unterstützen, befürworten und loben. „Gesprochenes hat eine gewaltige Kraft. Es kann eine Quelle von Schönheit, Poesie, Kunst, Liebe, Leben, Nahrung für die Seele und Positivität sein. […] Die Verantwortung, freudvoll mit der Kraft der Worte umzugehen, liegt bei uns. Wir bestimmen, ob wir sie benutzen, um zu erschaffen, zu konstruieren, zu unterstützen und zu teilen oder ob wir sie auf zerstörerische Weise und zum Angriff einsetzen" (Gedankenwelt 2016).

Regelmäßig werden die Unwörter des Jahres gewählt. Das ZDF brachte in einer Sendung einmal etwas über das Wörterbuch der Unmenschen. Bundesferkel, Volksverräter und Lügenpresse: In dem Beitrag befasste sich Thomas Bärsch mit der Tatsache, dass gewisse politische Organisationen zu Wortschöpfungen greifen, durch die Angst inszeniert wird – beispielsweise mit einem Wort wie „Ficki-Ficki-Fachkräfte". Solche Begriffe sickern in die Alltagssprache ein und entfalten dort ihre hässliche Wirkung. „Auch das ist eine Erkenntnis: Die Sprache der ‚besorgten Bürger‘ schweißt sie zusammen und bestärkt sie in ihren Ängsten, ihrer Wahrnehmung und viele wohl auch in ihrem Hass" (Bärsch 2017).

Die Macht der Worte zeigt sich auch nochmals sehr gut an einzelnen Begriffen, den sogenannten „Cold Words" und „Hot Words". „Denken Sie daran, dass das menschliche Gehirn wie eine Suchmaschine funktioniert. Quasi Gehirngoogle: Sie ‚geben‘ Ihrem Gegenüber ein emotionales Wort, drücken auf eine imaginäre ENTER-Taste, und binnen Bruchteilen von Sekunden spuckt sein Gehirn Bilder und Gefühle dazu aus" (Baumgartner 2015).

Paul Johannes Baumgartner gibt in seinem Seminar „Vom Kunden zum Fan" seinen Teilnehmern ein inhaltsreiches Seminarhandout aus, in dem er den Unterschied zwischen „Cold Words" und „Hot Words" übersichtlich darstellt. Zu den „Cold Words", also den Begriffen, auf die der Mensch negativ reagiert, zählen beispielsweise: Eifersucht, Krieg, Misserfolg, Stress, Terror, stinkend, bohrend, „Sie müssen …". Zu den „Hot Words", die also positive Emotionen auslösen, gehören: Begeisterung, Wissen, Ausdauer, Gewinn, Neuheit, Fortschritt, beeindruckend, brillant, super, toll, wunderbar, genial.

Gestalten Sie Ihre Kommunikation also „heißer" – und denken Sie dabei gleichzeitig an den beliebten Zeichner Wilhelm Busch, der uns folgende Weisheit hinterließ: „Niemand holt sein Wort wieder ein."

14.8   Jetzt mal in aller Ehrlichkeit ...

Kinder und Betrunkene sagen immer die Wahrheit, so lautet ein alter Kalenderspruch. Kinder besitzen eine Ehrlichkeit, die noch pur und unverfälscht ist. Erst im Laufe der Erziehung lernen sie von den Erwachsenen, was zu sagen in Ordnung und was weniger angebracht ist. Gesellschaftliche Konventionen genau wie Rollenbilder zwängen uns nach und nach in Grenzen, auch in den Inhalten unserer Kommunikation. Dieses oder jenes nicht zu äußern – dazu werden wir als Kinder schon angehalten. Dazu gehört beispielsweise auch das berühmte „Was sagt man?" als Aufforderung eines Elternteils, wenn man dem Kind ein kleines Geschenk oder etwas Süßes mitgebracht hat. Sich zu bedanken ist eine Regel im täglichen Miteinander, die wir mit ihren Ausdrucksformen erst lernen.

Doch wie ist das mit der Ehrlichkeit unter Erwachsenen? Oder sogar im beruflichen Kontext? Auch wenn das jetzt im ersten Moment sehr hart klingt, aber im Beruf ist auf die Person bezogene Ehrlichkeit in allen Punkten falsch. Dass mir das Outfit oder die Visage meines Gegenübers nicht gefällt, äußere ich schlichtweg nicht – das muss ich nicht und ich sollte es auch nicht tun. Sätze wie „Ich mag nicht, dass du als Frau immer Hosen trägst" oder „Ich mag nicht, dass du ungeschminkt bist" haben im Büro nichts verloren. Das darf jeder Mensch für sich entscheiden.

Trenne Sache von der Person
Trenne Sache von der Person. Das bedeutet, dass wir also durchaus Ehrlichkeit in der Sache beweisen können und auch sollen. Wenn der Azubi die Kopien völlig falsch angefertigt hat, müssen Sie das ihm gegenüber kommunizieren. Wenn der Kollege sich mit der Darstellung der Zahlen irrt, ist das zu thematisieren. Wenn die Sekretärin den Termin für das Meeting im falschen Raum und am falschen Tag im Kalender eingetragen hat, hilft es niemandem, das aus falscher Scham totzuschweigen. Doch diese Form der Ehrlichkeit macht gerade Frauen Angst: „Angst, nicht als Teamplayer wahrgenommen zu werden. Angst, als destruktiv oder nörglerisch wahrgenommen zu werden. Angst, dass konstruktive Kritik beim Empfänger einfach nur als platte, gewöhnliche Kritik ankommt. Angst, dass wir durch klare Ansagen Aufmerksamkeit auf uns ziehen, die uns Angriffen aussetzen könne" (Sandberg 2015).

Gelingende Kommunikation bedeutet, ehrlich in der Sache zu sein. Wichtig ist dabei nur, dass dies behutsam passiert. Wenn Sie authentisch kommunizieren – also bei sich bleiben –, dann ist in der Regel auch das, was und wie Sie etwas sagen, angemessen. Sie haben die Möglichkeit, Ihre Meinung zu äußern, ohne zu verletzen, ohne dem anderen zu nahe zu treten. Ein wichtiges Hilfsmittel

dabei ist die innere Einstellung: „Ich bin okay – Du bist okay" ist eine Grund-
voraussetzung (Abb. 14.1). So kann Kommunikation auf Augenhöhe stattfinden.
Gelingende Kommunikation beginnt mit der Einsicht, dass es meine Sichtweise
und die Sichtweise des anderen gibt – anstatt einer absoluten Wahrheit. „Wenn
wir anerkennen, dass wir die Dinge nur aus unserer eigenen Perspektive sehen
können, können wir unsere Ansichten auf nicht bedrohliche Weise mitteilen.
Meinungsäußerungen als Ich-Botschaften formuliert, sind immer konstruktiver"
(Sandberg 2015).

Es gibt Sätze, die rufen sofort offensives Verhalten hervor, provozieren eine
Meinungsverschiedenheit, münden in einem unschönen Schlagabtausch – anstatt
dass sie ein Gespräch fördern. Verzichten Sie auf weitschweifende Ausführungen,
holen Sie nicht lange aus, wenn Sie sich mitteilen wollen, vor allem dann, wenn
Sie ehrlich sein möchten oder müssen. „Wenn man harte Wahrheiten verbreitet,
ist weniger oft mehr" (Sandberg 2015).

„Du nimmst meinen Vorschlag nicht ernst!" ist so ein Beispiel. Wie lässt sich
diese Aussage, die eine Schuldzuweisung ist, umformulieren? Formulieren Sie
Ihr Bedürfnis als Ich-Botschaft. Denken Sie daran, dass jeder gehört werden will.
Das gilt selbstverständlich auch für Sie selbst. Wenn Sie das Gefühl haben, der
andere schenkt Ihnen keine Aufmerksamkeit oder nimmt Sie nicht ernst, dann

Abb. 14.1 „Ich bin okay – Du bist okay." (Quelle: pixabay & Kerstin Diacont)

nutzen Sie die Stellschrauben der Kommunikation – und formulieren Sie Ihr Bedürfnis und Ihren Wunsch, statt eingeschnappt zu sein oder schnippisch zu werden. Lassen Sie den anderen durch Ihre „Brille" schauen.

Wie ist es in einer Situation, in der Ihnen eine Botschaft entgegengeschleudert wird, die Sie völlig in die Defensive stellt? Wenn jemand zu Ihnen sagt: „Du hörst mir ja nie zu!" Um den Ausgangspunkt für eine Lösung zu finden, denken Sie erst über die Sichtweise des anderen nach. Paraphrasieren Sie – also geben Sie das Gesagte des anderen wieder – und antworten Sie erst dann. So stellen alle Beteiligten im Gespräch sicher, dass die Botschaften korrekt ankamen, auf die dann reagiert wird. Wie also lautet Ihre Antwort? Eine Möglichkeit sieht so aus: „Du hast das Gefühl, dass ich öfters ein offenes Ohr für dich haben sollte. Ist das richtig?"

Von Johann Wolfgang von Goethe stammt eine Weisheit, die, auch wenn sie schon einige Jahrhunderte alt ist, immer noch nichts an ihrer Bedeutung und Aktualität verloren hat: „Behandelst du die Menschen, wie sie sind, machst du sie schlechter. Behandelst du sie, wie sie sein könnten, machst du sie besser." Ob Chef oder Kollege, Mitarbeiter oder Kunde, Freund oder Partner: Jeder hat Erwartungen an uns. Je besser wir erspüren, in welchen Situationen sich der andere wohl bzw. unwohl fühlt, desto gelingender ist unsere Kommunikation. Wenn wir das Verhalten des Gegenübers beobachten, können wir unser Verhalten so anpassen, dass sich alle Beteiligten im Kommunikationsprozess besser fühlen. Das Ergebnis ist dann effizienter und effektiver.

14.9 Frauen sind anders – auch in der Kommunikation

Kommunikation an sich ist nicht nur ein komplexes Gebilde, sondern hängt vom sozialen und kulturellen Kontext, von den Rahmenbedingungen und Milieus, von der Ist-Situation der jeweiligen Gesprächspartner, von deren individuellen Erfahrungen und Vorlieben ab. Und noch mehr: Kommunikation findet zwischen Männern oder Frauen unterschiedlich statt. Denn Männer und Frauen agieren in verschiedenen Kommunikationssystemen. Wenn ich in den nun folgenden Ausführungen von „Frauen" und „Männern" spreche, dann bediene ich mich dieser Typologisierung, um bestimmtes Kommunikationsverhalten zu verdeutlichen und greifbar zu machen. Selbstverständlich gibt es auch viele Frauen und Männer, die nicht in dieses Schema passen und über diese Gendergrenzen hinweg kommunizieren.

Kampf macht Spaß, Wettkampf ist gut – das sind Relikte von archaischem Denken, die mitunter dominantes, aggressives oder einschüchterndes Verhalten nach sich ziehen. Männer tragen ihr Selbstbewusstsein und Durchsetzungsvermögen gern

offen zur Schau – mit ausladenden Gesten, mit einer Körpersprache, die viel Raum
beansprucht. Frauen machen sich eher schmal, sitzen an der Stuhlkante, knicken die
Hüfte ein, sind in einem Meeting eher zurückhaltend. Männer kommunizieren in
einer Rang- oder Hackordnung, jeder hat seine feste Position in der Hierarchie. Wer
wann wie lange und wie oft sprechen darf, entscheidet sich in der Regel in den ersten Minuten, wenn Männer aufeinandertreffen: Verbal wird geklärt, wer über wem
steht – für Frauen ist das oft irritierend und auch überflüssig. Sie wissen in aller
Regel, wer sie sind und was sie können – und brauchen sich nicht zu produzieren
und zu profilieren.

Frauen kommunizieren netzartig. In einer Gruppe wenden sie sich mal an
diesen, mal an jenen – und adressieren so die Botschaft an alle. Wenn jemand
spricht, dann nicken Frauen – und senden so bestätigende Signale, damit der
andere sich wohl fühlt. Es ist also eine verbindungsherstellende und verbindungs-
haltende Kommunikation. Frauen zeigen sich dabei eher kompromiss- statt kon-
fliktbereit. Das rührt daher, dass Frauen schon in Urzeiten dazu bestimmt waren,
die Familie oder den Clan zusammenzuhalten, geschaut haben, dass alle am
Feuer sitzen und es allen gut geht. Solche uralten Gewohnheiten legen wir auch
nach Jahrtausenden nicht so schnell ab.

Es geht mir nicht darum, weibliche Kommunikation an männliche Kommunikation anzupassen. Im Gegenteil: Als Frau ist es wichtig, die Hintergründe zu
kennen und die Werkzeuge parat zu haben, um in unterschiedlichen Situationen
auch unterschiedlich agieren zu können – nach eigenem Bedarf und Gusto. Sie
sollten verstehen, dass es diese deutlichen Unterschiede im Kommunikationsverhalten von Frauen und Männern gibt. In einer männlich geprägten Arbeitswelt
gelten die Spielregeln der Männer, auch in der Kommunikation. Dazu gehört es
beispielsweise, sich in den ersten Minuten bei einem Treffen nicht auszuklinken
und brav am Rande abzuwarten – aus Perspektive der Männer ist jemand, der
schweigt, schlichtweg unsichtbar – und das bedeutet Kompetenzverlust. Mischen
Sie sich also ein, üben Sie Small talk und zeigen Sie Ihre Anwesenheit. Wenn Sie
später dann inhaltlich etwas beitragen wollen, werden Sie auch gehört. Machen
Sie sich bemerkbar, auch wenn das Platzhirschgehabe Ihnen schräg vorkommt.
Hier die wichtigsten Tipps:

- Wenn Sie etwas Ernstes beizutragen haben, dann stellen Sie den Lächelreflex
  ab.
- Übernehmen Sie keine Fleißaufgaben, das dankt Ihnen niemand.
- Geben Sie Anweisungen immer knapp, klar, eindeutig und direkt.
- Im beruflichen Umfeld müssen Sie nicht geliebt werden, sondern respektiert.
- Werden Sie attackiert? Nehmen Sie es sportlich!

- Nutzen Sie inoffizielle Gesprächssituationen, um sich mit Ihrer Expertise ins Gespräch zu bringen – also nach der Messe abends an der Bar zum Beispiel.
- Artikulieren Sie Ihre Erfolge – verschweigen Sie sie nicht (Knaths 2008; Nitzsche 2011).

Am Ende geht es immer um eine würdevolle Selbstpräsentation, dafür können Sie sowohl weibliche als auch männliche Kommunikationsformen kennenlernen und trainieren. Die Skills der non-hierarchischen Kommunikation sind in vielen Situationen nutzbar und angebracht – und manchmal sind es eben die männlichen Erfolgsrezepte wie Egoismus (nicht zu verwechseln mit Narzissmus), Selbst-Marketing und Selbstbewusstsein, die ans Ziel führen.

Ein gutes Beispiel ist Hillary Clinton – völlig unabhängig davon, was man von ihrer Biografie, ihrer Politik oder ihrem Wahlkampf hält: In Sachen Kommunikation kann man so einiges von ihr lernen – was gut funktioniert und was man besser machen kann. Ich habe mir die Mühe gemacht, einmal nach Bildern, auf denen sie zu sehen ist, zu googeln. Dabei zeigt sich schnell, dass sie die Spielregeln der Kommunikation kennt: In aller Regel ist sie aus einer mehr oder weniger deutlichen Froschperspektive fotografiert, dadurch wirkt sie groß und mächtig. Auch bei ihren Auftritten – übrigens trägt sie immer Hosen, niemals Röcke – wagt sie ausladende Gesten, sie füllt den Raum und zeigt allen Anwesenden, dass sie sich dessen bewusst ist und das auch für sich in Anspruch nimmt. Sie hat ihre Reden klar strukturiert, artikuliert ihre Botschaften sachlich und zielgerichtet. „Wenn Clinton einmal zu reden beginnt, ist sie schwer zu stoppen. Sie hat dann eine klare Absicht, welche Botschaft sie den Zuhörern vermitteln will und lässt sich auch kaum von Moderatoren und Mitstreitern unterbrechen" (Henrichs und Schäfer 2016). Ihre Haltung, ihr Mindset, ist „geprägt von Energie, Optimismus und der ständigen Bereitschaft, an jeder unausgegorenen Idee zu arbeiten, bis sie umsetzbar wird. Diese ‚Yeah, let's do it'-Haltung hilft nicht nur dabei, alltägliche Hürden zu überwinden. Sie ist grundlegend für eine Mitmach- und Innovationskultur [...]" (Bawar 2017).

Doch auch genau hier zeigt sich Clintons Schwachstelle, denn diese Art der Selbstdarstellung und der Außenwirkung, insgesamt ihre Rhetorik wirkt manchmal befremdlich, vor allem auf andere Frauen. „Schließlich verprellt sie ihre potenziellen Wählerinnen, indem sie perfekt ist. Clintons Berater bestätigen, ein wesentlicher Bestandteil ihrer Strategie sei es, niemals Schwäche zu zeigen. [...] Wenn sie niemals Schwäche oder Ehrlichkeit zeigt hinsichtlich ihres eigenen Schmerzes oder hinsichtlich der Dinge, die in ihrem eigenen Leben nicht glattgelaufen sind, werden die negativen Geschichten und die Feindschaft ihr gegenüber weiter sprießen" (Wolf 2014).

Erfolgsbringende Kommunikation heißt eben nicht nur, sich fachlich und inhaltlich einwandfrei mitzuteilen, sondern den anderen eben auch spüren zu lassen, dass man ein Mensch mit Erfahrungen, Erlebnissen und vor allem Gefühlen ist. Ob als Politikerin oder Mutter, ob im Privatleben oder Beruf, ob mit dem eigenen Partner oder Kunden, ob mit der besten Freundin oder einem Unbekannten: „Es ist ebenso interessant und schwer, etwas zu sagen, wie es gut zu malen ist." Das wusste schon Vincent van Gogh. Kommunikation braucht daher Mut, Übung und gutes Werkzeug.

14.10   Alles Käse – ein Fazit

Auf den griechischen Dichter Äsop geht eine Fabel zurück, die Ihnen vermutlich geläufig ist. Es ist die Geschichte vom Raben und seiner Begegnung mit dem Fuchs: An einem Morgen saß ein Rabe mit einem Stück Käse im Schnabel auf einem Ast, dort wollte er seine Beute in aller Ruhe und voller Zufriedenheit verzehren. Dann kam der Fuchs vorbei, sah den Raben dort oben mit diesem fetten Stück Käse und dachte nun darüber nach, wie er an die duftende Leckerei kommen könnte – der Rabe würde ihm davon sicher nichts freiwillig überlassen. Endlich hatte er eine hinterlistige Idee und schmiedete einen Plan… Der Fuchs begann freundlich den Raben zu loben: „Lieber Rabe, was bist du für ein wunderbarer Vogel! Wenn dein Gesang ebenso schön ist wie dein Gefieder, dann sollte man dich zum König aller Vögel krönen!" Das schmeichelte dem Raben und das Herz schlug ihm vor Freude höher. Stolz riss er seinen Schnabel auf und begann zu krächzen. Dabei fiel das köstliche Stück Käse zu Boden, wo der Fuchs schon darauf wartete. Der listige Rotschopf schnappte sich schnellstens die Beute und machte sich davon – voller Freude über den törichten Raben. Der schwarze Vogel war erst erstaunt, dann empört und blieb am Ende traurig und hungrig zurück – und schwor sich, nie wieder auf so etwas hereinzufallen (Wikipedia 2017b).

Nun gibt es allerlei Interpretationen zu dieser Fabel – mir gefällt sie, weil sie eben auch etwas mit Kommunikation zu tun hat. Völlig unabhängig von der Tatsache, dass hier einer umschmeichelt und dann überlistet wurde, sagt diese Geschichte für mich noch etwas ganz anderes aus: Manchmal ist es eben wichtig, den Schnabel aufzureißen, um sich bemerkbar zu machen und gut zu präsentieren – völlig unabhängig von den Folgen. Manchmal gehört es dazu, etwas loslassen oder abgeben zu müssen, um am Ende um eine Erfahrung reicher zu sein und um einen Erkenntnisgewinn zu haben.

Zu guter Letzt können Sie mit dieser Checkliste überprüfen, wie gut Ihre Kommunikation ist. Kommunizieren Sie wirksam, verständlich, fair und gut?

Nutzen Sie folgende Anhaltspunkte, um Ihre Kommunikation weiter zu verbessern (Senftleben 2011):

- Ich gehe höflich und respektvoll mit den Menschen um.
- Ich gehe mit einer wertschätzenden Art auf die Menschen zu.
- Im Gespräch versuche ich zuerst die Gedankenwelt und den Standpunkt meines Gegenübers zu verstehen.
- Ich bin mir bewusst, dass zwischenmenschliche Kommunikation etwas Komplexes ist. Ich weiß, dass Missverständnisse eher der Normalfall sind.
- Wenn mir etwas im Gespräch unklar ist, dann frage ich nach.
- Wenn Menschen schlecht drauf, aufgewühlt und deswegen unhöflich oder unfair sind, nehme ich das nicht persönlich.
- Wenn mich etwas stört, dann schaffe ich es, die Sache so anzusprechen, dass es den anderen nicht angreift.
- Ich bin gut in der Lage, mich in die Situation meiner Mitmenschen hineinzuversetzen.
- Ich schaffe es meistens, meine Bewertungen für mich zu behalten.
- Wenn es um etwas Wichtiges geht, wiederhole ich das Gehörte in meinen Worten, um sicherzustellen, dass ich auch wirklich verstanden habe, was der andere gesagt hat.
- Ich kommuniziere differenziert und verzichte auf Verallgemeinerungen.
- Ich bewerte, verurteile oder belächle die Gefühle meines Gegenübers nicht.
- Ich kann ohne schlechtes Gewissen und Schuldgefühle „Nein" sagen, wenn ich etwas nicht tun möchte.
- Ich rede in einer klaren, verständlichen und lebendigen Sprache und verzichte auf Worthülsen, auf abstrakte Begriffe oder Fremdwörter.
- Ich lasse Menschen ausreden und unterbreche sie nicht.
- Ich bin in der Lage, meinen Standpunkt klar und überzeugend rüberzubringen.
- Ich verkneife mir hämische, sarkastische oder zynische Bemerkungen.
- Wenn andere Menschen meine Grenzen überschreiten, dann bin ich in der Lage, das zeitnah anzusprechen – und zwar auch ohne dem anderen Vorwürfe zu machen.
- In Konfliktsituationen erkläre ich meinen Punkt, damit der andere verstehen kann, warum mir etwas wichtig ist.
- Ich kann zugeben, wenn ich etwas falsch gemacht habe.
- Ich kann mich entschuldigen.
- Ich weiß über die Macht von offenen Fragen im Gespräch und kann Fragen gezielt einsetzen, um ein Gespräch zu lenken und um im Gespräch auf die wichtigen Punkte zu kommen.

Literatur

Bärsch, T. (2017). Die Macht der Wörter, 27.01.2017. https://www.zdf.de/nachrichten/heu-te-plus/woerterbuch-des-unmenschen-100.html. Zugegriffen: 31. Juli 2017.

Baumgartner, P. J. (2015). Erfolgreich präsentieren und verkaufen: So nutzen Sie die Macht der Worte! 04.12.2015. http://blog.pauljohannesbaumgartner.de/erfolgreich-praesentie-ren-und-verkaufen-nutzen-sie-die-macht-der-worte/. Zugegriffen: 31. Juli 2017.

Bawar, K. (2017). Zehn Lehren aus dem Wahlkampf von Hillary Clinton, 13.02.2017. https://www.politik-kommunikation.de/ressorts/artikel/zehn-lehren-aus-dem-wahl-kampf-von-hillary-clinton-2020090689. Zugegriffen: 31. Juli 2017.

Feustel, B., & Komarek, I. (2006). *NLP-Trainingsprogramm*. München: Südwest Verlag.

Gedankenwelt. (2016). https://gedankenwelt.de/die-macht-der-worte/. Zugegriffen: 31. Juli 2017.

Grond, P. (2004). *When Maggie speaks: Die Reden der britischen Premierministerin Margaret Thatcher – eine Studie über politische Rhetorik*. PALK – Passauer Arbeiten zur Literatur- und Kulturwissenschaft. Passau: Stutz.

Henrichs, C., & Schäfer, M. (2016). Rhetorik-Analyse Trump gegen Clinton, 21.06.2016. http://www.spiegel.de/politik/ausland/donald-trump-und-hillary-clinton-einer-protzt-ei-ne-schwafelt-a-1092914.html. Zugegriffen: 31. Juli 2017.

Hütt, H. (2016). Frau Dr. Seltsams Lachen, 03.03.2016. https://www.freitag.de/autoren/hans-huett/frau-dr-seltsams-lachen. Zugegriffen: 31. Juli 2017.

Kahneman, D. (2012). *Schnelles Denken, Langsames Denken*. München: Siedler. (aus dem amerikanischen Englisch von Thorsten Schmidt).

Kara, S., & Wüstenhagen, C. (2012). Die Macht der Worte, 09.10.2012, editiert am 21. Februar 2017. http://www.zeit.de/zeit-wissen/2012/06/Sprache-Worte-Wahrnehmung. Zugegriffen: 31. Juli 2017.

Kielinger, T. (2012). Was wir von Margaret Thatcher lernen können, 13.01.2012. https://www.welt.de/debatte/kommentare/article13813313/Was-wir-von-Margaret-Thatcher-lernen-koennen.html. Zugegriffen: 31. Juli 2017.

Knaths, M. (2008). *Spiele mit der Macht: Wie Frauen sich durchsetzen*. München: Piper.

Krauß, C. (2016). 3 Dinge, die wir von Donald Trump für unsere Unternehmens-kommunikation lernen können, 11.11.2016. https://www.krauss-kommunikation.de/2016/11/11/3-dinge-die-wir-von-donald-trump-f%C3%BCr-unsere-unternehmens-kommunikation-lernen-k%C3%B6nnen/. Zugegriffen: 31. Juli 2017.

Nitzsche, I. (2011). *Spielregeln im Job durchschauen: Frauen knacken den Männer-Code*. München: Kösel.

Pertl, K. (2014). Die Macht der Worte, 04.07.2014. http://klauspertl.com/die-macht-der-worte/. Zugegriffen: 31. Juli 2017.

Sandberg, S. (2015). *Lean In: Frauen und der Wille zum Erfolg* (S. 109–111). Berlin: Ull-stein Taschenbuch.

Schmoll, T. (2015). AfD-Chefin Petry quasselt bei Plasberg alle nieder, 01.12.2015. https://www.welt.de/vermischtes/article149472395/AfD-Chefin-Petry-quasselt-bei-Plasberg-alle-nieder.html. Zugegriffen: 31. Juli 2017.

Senftleben, R. (2011). 30 Kriterien für gute Kommunikation. http://www.zeitzuleben.de/ checkliste-wie-gut-ist-meine-kommunikation/. Zugegriffen: 31. Juli 2017.

Sontheimer, M. (2013). Was Merkel von Thatcher unterscheidet, 08.04.2013. http://www. spiegel.de/politik/ausland/historischer-vergleich-von-margaret-thatcher-und-angela-merkel-a-893208.html. Zugegriffen: 31. Juli 2017.

Swaim, B. (2016). „Trump redet wie ein Stand-up-Comedian", Interview mit Matthias Kolb am 26. Februar 2016. http://www.sueddeutsche.de/politik/rhetorik-wie-ein-standup-comedian-1.2879897. Zugegriffen: 31. Juli 2017.

Trump, D. (2015). Presidential announcement speech, 16. Juni 2015. http://time. com/3923128/donald-trump-announcement-speech/ und http://www.politifact.com/ truth-o-meter/promises/trumpometer/promise/1397/build-wall-and-make-mexicopay-it/. Zugegriffen: 31. Juli 2017

Wikipedia. (2017a). https://de.wikipedia.org/wiki/Lasswell-Formel. Zugegriffen: 31. Juli 2017.

Wikipedia. (2017b). https://de.wikipedia.org/wiki/Vom_Fuchs_und_Raben, siehe auch https:// vs-material.wegerer.at/deutsch/d_fabel_rabefuchs.htm. Zugegriffen: 31. Juli 2017.

Wolf, N. (2014). Hillary Clinton – dünkelhaft, elitär, überperfekt, 03.07.2014. https://www. welt.de/debatte/kommentare/article129702940/Hillary-Clinton-duenkelhaft-elitaer-ueberperfekt.html. Zugegriffen: 31. Juli 2017.

Die Sprache des Körpers – Muttersprache, Fremdsprache oder Geheimsprache?

15

Der Körper kennt die Antwort! Von Birte Wills

Ich – eine Person, die bisher nur Kurzgeschichten für sich selbst oder die Familie geschrieben hat – setze mich an das Schreiben dieses Buchkapitels – ein Buch bzw. Sachbuch für Frauen. Und zack bin ich mitten im Thema! Denn mein Körper reagiert sofort und zeigt mir genau auf, was gerade so los ist und natürlich nur für den Fall, dass mein Kopf mir etwas anderes mitteilt: Meine Hände werden leicht feucht, nervöse Schmetterlinge im Bauch, Kribbeln unter der Haut, mein Mund wird trocken und meine Augen blinzeln jetzt deutlich häufiger als normal.

Mein Körper zeigt mir, dass dies eine Herausforderung ist, die mir noch nie in meinem Leben begegnet ist. Die Herausforderung löst bei mir Emotionen aus, die sich auch somatisch (körperlich) zeigen: tiefe Dankbarkeit und Freude, diese Chance zu bekommen, großes Interesse am Thema und auch ein wenig Demut und Respekt, diese Aufgabe gut zu meistern.

Kennen Sie auch solche Situationen, wo Ihr Körper eine ganz deutliche Sprache spricht und Ihnen genau sagt, wie er sich gerade fühlt oder was er gerade braucht? – Eventuell bei der ersten oder zweiten großen Liebe. Der ersten Begegnung mit dem Tod, Blamagen in der Schule oder der ersten Fahrstunde. Vielleicht in einer Schwangerschaft oder was Sie und Ihr Leben bewegt.

In solchen Situationen haben wir genau zwei Möglichkeiten:

1. Wir hören auf unseren Körper, seine Aussagen und Bedürfnisse. Unsere Gedanken und unser Handeln finden dann im Einklang mit unserem Körper statt.
2. Wir ignorieren unseren Körper und seine Botschaften. Somit folgen wir „verkopft" unseren Glaubenssätzen oder den Erwartungen Dritter an uns.

Ob die eine oder die andere Möglichkeit besser, gesünder, nachhaltiger, ratsamer oder sonst etwas ist, das lasse ich an dieser Stelle einfach noch mal offen. Stattdessen lade ich Sie ein, mit mir einen Ausflug zu machen und die Stärke und die

15

© Springer Fachmedien Wiesbaden GmbH, ein Teil von Springer Nature 2018
A. Heimsoeth, *Frauenpower*, https://doi.org/10.1007/978-3-658-20431-0_15

Weisheit des Körpers – im Coaching wird dieser Bereich auch als Somatik oder Embodiment bezeichnet – zu entdecken.

Eines ist bei dieser Entdeckungsreise und den Selbstreflexionen ganz wichtig: Es gibt kein richtig oder falsch! Das, was Sie wahrnehmen, ist Ihre Wahrnehmung. Punkt! Und dann entscheiden Sie selbst, ob, wann und wie Sie möglicherweise etwas daran verändern wollen. Denn das ist ein großes Glück, was wir Menschen haben: Wir haben es selbst in der Hand, Entscheidungen zu treffen, uns zu verändern und damit auch unser Leben. Wir haben jeden Tag die Chance, etwas zu bewegen und eine andere – vielleicht auch bessere – Version unserer selbst zu sein.

15.1 Somatik oder Embodiment – Was ist das überhaupt?

René Descartes (1596–1650, Begründer des modernen Rationalismus) hat den Satz geprägt: „Cogito ergo sum." – Die Übersetzung dieses berühmten Satzes lautet: „Ich denke, also bin ich." Dieses Zitat spiegelt die Haltung der Gesellschaft zu jener Zeit: Der Geist bzw. der Verstand steuert den Körper.

Viele Wissenschaftler und Forscher haben sich mit dieser Haltung nicht zufrieden gegeben und mit ihrer Forschung belegt, dass der Körper eine viel zentralere Rolle spielt, als im Rationalismus angenommen. Ein Blick auf ihre Erkenntnisse erklärt die Begriffe „Somatik – somatische Marker" und „Embodiment".

15.1.1 Die Theorie der somatischen Marker

António R. Damásio (geb. 1944, portugiesischer Neurowissenschaftler) widerlegte in seinen Arbeiten die Aussage Descartes' und prägte unter anderem die Theorie der „somatischen Marker" und verdeutlicht dieses auch in seiner Aussage: „Ich fühle, also bin ich" (Damasio 2013, 2014).

Was hat es genau mit dieser Theorie auf sich und was können wir für uns daraus mitnehmen?
Der Begriff „somatische Marker" bedeutet ganz einfach übersetzt „Körpersignale" und dies hat Damásio wie folgt hergeleitet. Erstens: Das Wort „Soma" kommt aus dem Griechischen und bedeutet übersetzt „Körper". Zweitens: Das Wort „Marker" ist abgeleitet aus dem Wort „markieren" und beschreibt damit den Vorgang einer Bewertung in gut oder schlecht. Jede Erfahrung, die wir als

Mensch machen, speichern wir in unserem Körpererfahrungsgedächtnis. Diese wird dort mit einer Bewertung hinterlegt:

- Ist die Erfahrung positiv im Ergebnis und mit einer angenehmen Empfindung verbunden, so möchten wir auch in Zukunft mehr davon.
- Ist die Erfahrung negativ im Ergebnis und mit einer unangenehmen Empfindung verbunden, so möchten wir in Zukunft solche Erfahrungen und Situationen vermeiden.

Ein Reiz aus der Umwelt wird über einen Sinneskanal (Augen, Ohren, Nase, Mund oder Haut) aufgenommen und in einem oft unbewussten, blitzschnellen, inneren Dialog werden unsere Erfahrungen dazu abgefragt: Positiv? Negativ? Und im gleichen Atemzug sendet unser Körper auch schon Signale – die somatischen Marker. Dabei ersetzen die somatischen Marker nicht gänzlich unseren Verstand, sondern man könnte sie als eine Art „Entscheidungshilfe" bezeichnen und sehr oft folgt im Anschluss an die körperlichen Signale auch die rationale Überlegung (Storch 2015).

Jeder gesunde Mensch verfügt über ein Körpererfahrungsgedächtnis und die damit verbundenen somatischen Marker (Körpersignale), die ganz individuell wahrgenommen werden können. – Nicht immer kann der Mensch die Körpersignale auch wahrnehmen. Es kann sein, dass wir Menschen dies verlernen oder die Wahrnehmung blockiert ist.

Also unterscheiden sich die Menschen in der Wahrnehmung ihrer somatischen Marker bzw. darin, welche somatischen Marker sie wahrnehmen und wie sie diese Wahrnehmungen kommunizieren:

- Emotion – „Da geht mir vor Freude das Herz auf!"
- Körperempfindung – „Mir schlottern die Knie."
- Gedanke – „Mir kam da gerade ein Geistesblitz, dass …"

Selbstreflexion

Lassen Sie uns doch mal schauen, wie das genau bei Ihnen funktioniert …
Das Gute ist, dass wir uns nicht zwangsläufig in eine Situation bringen müssen, sondern dass unserem Gehirn und auch unserem Körpererfahrungsgedächtnis meistens auch die Vorstellung von dieser Situation reicht, um zu reagieren und Körpersignale zu senden.

Stellen Sie sich doch mal eine der folgenden Situationen vor: Sie sehen ein Tier (Spinne, Schlange, Ratte, Skorpion, Wespe, …) in freier Natur/Sie stehen allein auf einem sehr großen Platz/Sie sehen glücklichen Kindern beim

Spielen zu/Sie befinden sich in einer Menschenmasse bei einem Konzertbesuch oder einer Sportveranstaltung oder einfach in Bus oder Bahn/Sie sitzen an einem einsamen Strand und blicken auf ein unendlich weites Meer/…
Jetzt gehen Sie mal in sich:

- Was spüren Sie in Ihrem Körper?
- Welche Emotion meldet sich?
- Welche Gedanken sind da?

… und wie würden Sie diese jetzt beschreiben und kommunizieren – schriftlich in einer Notiz oder in einem Selbstgespräch oder mit einer Person Ihres Vertrauens?

Zusammenfassend kann ich es nicht besser sagen als mit den Worten von A. Damásio: „The mind ist embodied, not just embrained."

15.1.2 Embodiment

Übersetzt bedeutet der englische Begriff „Embodiment" so viel wie „Verkörperung, Inkarnation oder Verleiblichung". Da diese Übersetzungen zu allgemein sind oder in anderen Kontexten verwendet werden, bleibt der Begriff „Embodiment" für sich stehen.

„Embodiment beschreibt eine Verbindung zwischen Körper und Geist, auf der Prozesse immer zweiseitig ablaufen. In der Verbindung zwischen Körper und Geist herrscht Gegenverkehr" (siehe Storch und Tschachner 2014).

Was bedeutet diese Aussage? – Bisher gab es die Annahme, dass unser Verstand, der Geist bzw. unser Gehirn unseren Körper beeinflusst und sich somit geistige Zustände im Körper ausdrücken (z. B. über Mimik, Gestik oder Körperhaltung – kurz die Körpersprache).

„Gegenverkehr" bedeutet aber ja, dass es auch eine Wechselwirkung in die andere Richtung gibt und dass demnach unser Körper bzw. unsere Körperzustände unsere geistigen Zustände beeinflussen.

Zahlreiche Studien belegen, dass auch der Körper Einfluss auf unseren Geist hat, und ich möchte Ihnen zwei davon zur Verdeutlichung vorstellen – dies wird auch als Body-Feedback bezeichnet:

Hintergrundinformation
Eine der bekanntesten Studien ist dabei die von Fritz Strack, Leonard Martin und Sabine Stepper aus dem Jahr 1988 (Strack et al. 1988; Storch et al. 2010), die untersucht haben, ob die Aktivierung der Gesichtsmuskulatur einen direkten

Einfluss auf die Entstehung von Emotionen haben kann. Dabei wurden die Probanden in drei Gruppen unterteilt: Gruppe 1 sollte einen Stift mit der nicht dominanten Hand halten – Auswirkung auf Emotionen ist natürlich gleich null. Gruppe 2 sollte einen Stift mit den Lippen festhalten – hierdurch wird der Muskel *orbicularis oris* (Ringmuskel des Mundes) aktiviert, welcher die Aktivierung unseres „Lachmuskels" verhindert und somit natürlich auch ein Lächeln verhindert. Gruppe 3 sollte den Stift mit den Zähnen halten, wobei der für das Lachen zuständige Muskel *zygomaticus major* (großer Jochbeinmuskel) aktiviert wird – genauso wie bei einem Lächeln auch.

Alle drei Gruppen haben denselben Versuchsablauf durchlebt, wobei die Teile 1–3 im Schwerpunkt um das oben beschriebene „Halten" des Stiftes und Arbeiten mit dem Stift gingen und im Teil 4 bekamen alle dann vier Cartoons zu sehen, die diese dann im Anschluss an die Studie auf einer Skala von 0 (gar nicht lustig) bis 9 (sehr lustig) bewerten sollten.

Kurz gesagt, war das Ergebnis, dass die Probanden der Gruppe 3 mit dem aktivierten Lachmuskel die Cartoons von allen drei Gruppen am lustigsten fanden. Damit haben die Forscher nachgewiesen, dass die Muskulatur des Gesichtes direkten Einfluss auf das Empfinden von Lustigkeit und damit unsere Emotionen hat.

Hintergrundinformation

Mit der zweiten von mir ausgewählten Studie bleiben wir bei Sabine Stepper (Stepper 1992; Storch et al. 2010), die 1992 untersuchte, ob die Körperhaltung die Emotionen und deren Wahrnehmung auch direkt beeinflussen kann. In der Studie wurden die Probanden in zwei Gruppen eingeteilt, mit der Aufgabe, die Beschaffenheit und Ergonomie von Schreibtischmöbeln (Schreibtisch und Stuhl) zu testen: Gruppe 1 hatte eine Schreibtischkombination mit einem niedrigen Tisch, der nur eine gekrümmte Sitzhaltung zuließ. Gruppe 2 hatte eine Schreibtischkombination, in der die Probanden eine aufrechte Körperhaltung während der Aufgabe hatten.

Alle Probanden bekamen während ihrer Arbeit ein fiktives Lob auf einen vorher durchgeführten Intelligenztest und man sagte allen Probanden, dass sie überdurchschnittlich gut in diesem Test abgeschnitten haben. Die Probanden wurden dann aufgefordert, auf einer 10-stufigen Skala ihr Gefühl von Stolz zu bewerten. Im Ergebnis waren die Probanden, die ihr Lob in einer aufrechten Haltung erhalten haben, nachweislich stolzer als die Probanden, die ihr Lob in einer gekrümmten Haltung bekommen haben.

Beide Studien unterstreichen die These des „Embodiment": Es gibt eine Wechselwirkung zwischen Körper und Geist! Das heißt: Denkmuster können Handlungsmuster verändern. Aber auch, dass Handlungsmuster Denkmuster verändern können. Oder: Der Geist beeinflusst unseren Körper und zum anderen der Körper unseren Geist. Darüber hinaus zeigt die zweite Studie noch, dass unsere

Körperhaltung bzw. unsere Body-Feedback-Prozesse direkt unser Emotionsbefinden beeinflussen und auch hier ein Zusammenhang besteht.

Selbstreflexion

Wenn Sie mögen, dann können Sie diese beiden Studien ja mal als Modell nehmen und es selbst ausprobieren. Einen Stift haben Sie alle zu Hause und eine Schreibtischkombination auch und für die gebückte Körperhaltung in dem zweiten Modell nehmen Sie gern einfach einen flachen Tisch oder Kindermöbel.

Lassen Sie sich überraschen und seien Sie gespannt, welche eigenen Erfahrungen Sie bei den Experimenten machen:

- Was ist angenehmer – ein aktivierter oder deaktivierter Lachmuskel? Eine aufrechte oder eine gebückte Körperhaltung?
- Was nehmen Sie bei den Experimenten und auch danach in Ihrem Körper wahr?

Körperhaltung und Kognition sind wechselseitig miteinander verknüpft. Hat der Geist/der Verstand eine Strategie bzw. ein Ziel, so sollte auch der Körper dabei einbezogen werden. Ansonsten kann es passieren, dass das Body-Feedback die Einstellung und/oder das Verhalten derart beeinflusst, dass es völlig an der Strategie, dem Ziel oder der Absicht vorbeigeht (Storch et al. 2010). Auch unser Gegenüber empfindet uns dann als inkongruent (Körper und Worte z. B. sind nicht deckungsgleich), und damit kann dann die Glaubhaftigkeit oder das Vertrauen gestört werden.

Um es abschließend in den Worten von Gunther Schmidt (geb. 1945, deutscher Arzt/Psychotherapeut) zu sagen: „Wie man geht, so geht es einem.".

15.2 Emotionen im Körper

Charles Darwin (1809–1882, britischer Naturforscher) fand schon heraus, dass die Mimik das Ziel hat, unsere Mitmenschen über unseren „Gefühlszustand" zu informieren. Dies formulierte Darwin in der Universalitätshypothese: „Elementare Emotionen sind genetisch programmiert – also angeboren – und nicht kulturell erworben" (Eilert 2013).

Paul Ekman (geb. 15.02.1934, amerikanischer Psychologe) hat sich in seinen Forschungen der nonverbalen Kommunikation gewidmet und dabei besonders dem „Gefühle lesen" (Ekman 2010). Er griff damit die Hypothese Darwins in seinen Forschungen gemeinsam mit seinem Kollegen Wally Friesen wieder auf.

Ekman stellte in seinen Studien fest, dass die sieben Basis-Emotionen in den Gesichtern weltweit nahezu identisch abzulesen sind:

- Ärger/Wut
- Trauer
- Freude
- Angst
- Überraschung
- Ekel
- Verachtung

Der Ausdruck dieser sieben Emotionen ist bereits in jedem Menschen angelegt und nur die Ausprägung lässt kulturelle Unterschiede sichtbar werden.

Unsere primären Gefühle zeigen sich nach Paul Ekman in Mikroexpressionen in unserem Gesicht. Dies sind kurze, nahezu blitzartige, unbewusste und damit nicht steuerbare „Gesichtsausdrücke", die unsere wahren Emotionen preisgeben, bevor dann die sekundären, oft kulturell erwünschten und auch steuerbaren Emotionen sichtbar werden.

Sie sehen also, unser Körper verrät unsere Emotionswelt – die primären und die sekundären Emotionen – über unser Gesicht!

Wie sehen die sieben Basis-Emotionen aus?

Nehmen Sie sich doch mal einen Spiegel, machen Sie es sich davor bequem und erforschen Sie die Emotionen in Ihrem Gesicht: Stellen Sie sich eine Situation vor, in der Sie voller Freude, Angst, Trauer, Ärger, Ekel, Verachtung, Überraschung waren.

Gehen Sie gedanklich ganz in diese Situation hinein und schauen Sie, was in Ihrem Gesicht passiert.

Warum sollten Sie das tun?

Zum einen hat Paul Ekman ja bewiesen, dass diese Emotionen sich weltweit gleich im Gesichtsausdruck zeigen. Das bedeutet, wenn Sie Ihr Gesicht gut lesen können, dann können Sie dies sehr wahrscheinlich auch bei anderen Menschen gut. Gehen wir gedanklich noch einen Schritt weiter, dann heißt Emotionen richtig erkennen infolge auch Situationen besser interpretieren. Zum anderen kann dieser „Selbstversuch" Informationen zu Ihrer ganz persönlichen Emotionswelt geben: Können Sie alle Emotionen fühlen und zeigen? Gibt es welche, die nicht fühlbar und/oder sichtbar sind? Was sagt Ihnen das?

Neben den Mikroexpressionen im Gesicht spricht unser Körper auch über die Körpertemperatur mit uns:

Forscher der Aalto Universität in Finnland (Nummenmaa 2013) haben herausgefunden, dass Emotionen neben unserem Gesicht auch über unsere Körpertemperatur sichtbar werden.

Dabei wird der menschliche Körper mit einer Wärmebildkamera aufgenommen. Es gibt eine Position „neutral" als Basis für diese Forschungsstudie, dann hat man die Probanden in die verschiedenen Emotionen gebracht und mit der Wärmebildkamera die Ergebnisse festgehalten: So konnten die Forscher festhalten, wo im Körper die „Emotionsaktivitäten" stattfinden und gleichzeitig auch die Veränderung der Körpertemperatur bei den Emotionsaktivitäten, d. h., ob eine Erhöhung oder eine Reduzierung der Körpertemperatur stattgefunden hat.

Um Ihnen dazu mal ein Beispiel zu geben: Freude ist eine „Ganzkörperemotion", bei der die Körpertemperatur im gesamten Körper ansteigt. Angst hingegen ist eine Emotion, die sich im Kopf und im Rumpf zeigt und hier zu einem leichten Körpertemperaturanstieg führt und bei der gleichzeitig die Körpertemperatur in den Beinen und zum Teil auch in den Armen leicht abfällt.

Kennen Sie das: kalte oder schwitzige Hände, wenn Sie Angst haben und/oder sehr aufgeregt sind?

Selbstreflexion
Wie fühlen sich die sieben Basis-Emotionen körperlich an?

Machen Sie es sich richtig bequem. Stellen Sie sich wieder eine Situation vor, in der Sie voller Freude/Angst/Trauer/Ärger/Ekel/Verachtung/Überraschung waren. Gehen Sie gedanklich ganz in die Situation hinein und fühlen Sie, was in Ihrem Körper passiert: Wärme? Kälte? Wo im Körper? Eine Stelle oder mehrere oder ein Bereich?

Wenn Sie sich nicht in diese Situationen hineinversetzen möchten, dann können Sie sich und Ihren Körper auch beobachten, wenn Sie in eine solche Situation gekommen sind, und dann nachträglich in die Reflexion gehen.

Emotionen und Körperreaktionen in Worten
Bisher haben wir uns wissenschaftlich mit der Sprache unseres Körpers beschäftigt. Lassen Sie uns nun einen „alltäglich-sprichwörtlichen Blick" auf den Körper werfen, denn die Emotionen und Körpersignale werden auch in unseren Worten sichtbar bzw. hörbar und unser Körper legt uns quasi die Worte in den Mund.

Wir alle kennen und nutzen Redewendungen und Sprichwörter – der eine mehr und der andere weniger. Die Redewendungen sind dabei ein fester Teil unserer Sprache geworden und auch unser Körper nutzt diese, um uns auf unsere körperliche Situation, unser Befinden und unsere körperlichen Bedürfnisse aufmerksam zu machen. Dabei verfolgt unser Körper zwei Ziele: Selbsterhaltung und maximales Wohlbefinden.

Betrachten wir folgende zwei Redewendungen mal genauer:

1. *„Mir schlottern/zittern die Knie."*
   Wenn uns die Knie zittern, dann kann dies zwei Ursachen haben: Kälte oder Angst. Korrekter sollte ich wohl sagen: Kälte *und* Angst! – Nutzen wir diese Redewendung, bringen wir zum Ausdruck, dass wir Angst haben und deswegen unsere Knie zittern. Gleichzeitig reagiert unser Körper auf die Emotion Angst, indem er seine Energie, hier in Form der Körpertemperatur, lebenserhaltend auf den Bereich des Rumpfes und des Kopfes fokussiert und demnach sinkt die Körpertemperatur in den Beinen und damit an den Knien nicht nur sprichwörtlich, sondern wirklich.

2. *„Mir wird vor Freude ganz warm ums Herz."*
   In dieser Redewendung haben wir schon alles enthalten: Die Emotion Freude ist ein „Ganzkörperphänomen" und kann körperliche Reaktionen am gesamten Körper haben. Auch die Körpertemperatur steigt im gesamten Körper an. Das bedeutet, dass es auch hier nicht nur sprichwörtlich warm wird, sondern auch wirklich.

Unsere Sprache hat zu jeder Emotion mehrere Redewendungen, die auch immer einen körperlichen Ausdruck oder ein körperliches Bedürfnis beinhalten.

Unsere Basis-Emotionen in Worten – wobei wir Angst und Freude eben schon genauer betrachtet haben:

1. Trauer – „Ich habe einen Kloß im Hals."/„Es ist, als würde ich den Kopf unter dem Arm tragen."
2. Überraschung – „Das macht mich sprachlos."/„Da hat mich der Blitz getroffen."
3. Ärger – „Da platzt mir doch (vor Wut) der Kragen!"/„Da schwillt mir der Kamm!"
4. Ekel – „Bei dem Gedanken dreht sich mir der Magen um."/„Das ist echt zum Kotzen!"
5. Verachtung – „Das geht mir am A… vorbei."/„Arschkriecher!"

Aus meinen Erfahrungen und Beobachtungen als Coach kann ich sagen: In diesen Redewendungen und damit auch in den Emotionen liegt auch eine Bewegungsrichtung bzw. eine Dynamik: Trauer und Angst sind eher defensive Emotionen, die eher Zurückhaltung oder Rückzug ausdrücken oder eine reaktive Dynamik haben. Die Emotionen Ärger, Ekel und Verachtung tragen eher Aktivität in sich und haben eine offensive Dynamik und auch Kraft in sich. Freude trägt auch eine aktive Kraft in sich, die allerdings auch in sich ruhen und verweilen kann. Überraschung ist im ersten Moment neutral und kann sich dann sowohl aktiv als auch reaktiv entwickeln.

Selbstreflexion

Welche Worte nutzt Ihr Körper und was möchte er Ihnen damit sagen?
Ich lade Sie mit dieser Übung ein, sich selbst und die Worte Ihres Körpers genauer zu betrachten:
Überlegen Sie einfach mal, welche „körperlichen Redewendungen" Sie oft nutzen oder welche Ihnen gut und einfach über die Lippen gehen. – Worte gehen über die Lippen. Was für ein klares Bild?! Und wenn wir an der Stelle schweigen, dann kann das der Hinweis darauf sein, dass unsere Emotion das Sprachzentrum blockiert. Wenn eine Blockade da ist, dann arbeiten Sie damit weiter und hinterfragen diese: Was ist die Botschaft der Blockade? Wofür ist die Blockade gut?
Aber nun zurück zu den Emotionen, die Ihnen über die Lippen gehen und die rauswollen.
Notieren Sie diese auch gerne.

• Welche Emotion steckt in dieser Aussage?
• Was geschieht körperlich, während bzw. nachdem Sie diese Redewendung nutzen?

Was fällt Ihnen auf? – Welche Emotionen kommen in Ihrer Übung oft vor und welche weniger oft oder gar nicht? Wo im Körper spüren Sie die Emotion und wie fühlt sich diese an? Welche körperlichen Reaktionen geschehen parallel oder im Nachgang zu der Aussage? Was fällt Ihnen darüber hinaus noch auf?

15.3 Mentale Stärke und Embodiment

Medizinisch betrachtet hat schon Wilhelm Reich (1897–1957, österreichisch-amerikanischer Arzt, Psychiater, Psychoanalytiker und Soziologe) folgende Grundannahme geprägt: „Es gibt eine zentrale Lebensenergie. Störungen im Fluss dieser Lebensenergie führen zu Krankheit und seelischen Störungen. Die Lebensenergie steht dabei in einer Wechselwirkung mit körperlichen und seelischen Vorgängen" (vgl. Koeslin 2011).

Beziehen wir uns auf den letzten Satz von Reich, dann macht dies schon deutlich, welche Relevanz unser Körper neben unserem Geist hat. Körper *und* Geist sollten gepflegt, gefüttert und trainiert werden, damit sie gesund sind und gesund bleiben. – Auch in der Krankheit kann sich die Wechselwirkung von Körper und Geist zeigen: psychosomatische Erkrankungen. Oder kurz: Eine seelische Erkrankung führt zu körperlichen Symptomen.

Ulrich Schaffer hat dies mal ganz niedlich gesagt: „Sagt die Seele zum Körper: ‚Geh Du vor. Auf mich hört er nicht. Vielleicht hört er auf Dich.‘ – ‚Ich werde krank werden, dann wird er Zeit für Dich haben‘, antwortete der Körper der Seele."

Basis für Gesundheit = mentale Stärke + Embodiment

Anders ausgedrückt kann ich auch sagen: Nur wenn Körper, Geist und Seele im Einklang sind, sind wir gesund, kraft- und wirkungsvoll – was auch immer in unserem Leben gerade ansteht und Thema ist.

Der Körper kennt die Antwort
Wenn wir als Kind auf die Welt kommen, dann ist es für uns ganz selbstverständlich, auf unseren Körper und seine Signale zu hören und diese der Welt kundzutun. Die Bedürfnisse Hunger und Durst, der Wunsch nach körperlicher Nähe, einer trockenen Windel oder einfach nach Schlaf werden durch Schreien und später dann mit Worten ausgedrückt, um eine Befriedigung des Bedürfnisses zu erreichen.

Kinder haben einen schier unendlichen Drang, sich zu bewegen und dabei die Welt zu erkunden, zu wachsen und zu lernen. Dabei beobachten sie ganz genau und ahmen nach, was ihre Bezugspersonen ihnen vorleben: Bewegungen, Körpersprache, Gesichtsausdrücke und Verhaltensweisen werden dann mit den erlebten Situationen in Zusammenhang gebracht und jede Erfahrung wird dann im Gedächtnis abgespeichert – natürlich auch in Verbindung mit den eigenen Wahrnehmungen im Körper. Je öfter sich eine gleiche bzw. ähnliche Erfahrung abspeichert, desto prägender ist diese und desto tiefer wird diese im Unterbewusstsein gespeichert.

Kleine Lebewesen, und damit auch wir Menschenkinder, unterliegen einem gewissen „Welpenschutz". Das bedeutet, dass sie sich deutlich freier bewegen, ausprobieren und die Welt mit allen Sinnen erkunden und auch die eine oder andere Regel des Lebens mal beugen dürfen. Dies wird mit zunehmendem Alter weniger. Mehr und mehr wird unser Leben durch Regeln und mahnende Worte der Einhaltung der Spielregeln und vorgegebene und vorgelebte Glaubenssätze bestimmt: Das macht man nicht!/Zappel nicht herum!/In der Schule muss man leise sein, auf seinem Platz sitzen und lernen./So ein Verhalten gehört sich nicht!/ Ein Indianer kennt keinen Schmerz!/Nur Jungs haben kurze Haare!/Man zeigt seine Gefühle nicht!/Stell dich nicht so an!/…

Da Selbsterhaltung und maximales Wohlbefinden die grundsätzlichen Lebensziele des Menschen sind, unterwerfen wir uns alle den kulturellen Spielregeln, Verhaltensweisen und Glaubenssätzen. Manchmal geht dies so weit, dass wir vergessen, auf die Signale unseres Körpers zu hören bzw. irgendwann auch verlernen, diese Körpersignale wahrzunehmen und ihre Botschaft für uns zu nutzen.

Möglicherweise haben Sie genau diese Erfahrung bei den Selbstreflexionen gemacht und haben schon an sich gezweifelt? – Das brauchen Sie überhaupt nicht! Denn die erste und wirklich gute Botschaft: Sie waren mal Kind und waren damit schon mal sehr gut in Körperwahrnehmung! Und die zweite gute Botschaft: Erinnern Sie sich doch einfach bzw. üben Sie die Sprache des Körpers.

Denn wie mit jeder Sprache, die wir lernen oder mal gelernt haben, ist es ja gleich: Wenn wir die Sprache nicht regelmäßig sprechen bzw. bewusst einsetzen, vergessen und verlernen wir diese. Wenn wir sie aber regelmäßig sprechen und bewusst einsetzen, dann ist sie fester und bereichernder Teil unseres Seins. Zudem können wir auch die Sprache des Körpers üben:

Selbstwahrnehmung und Achtsamkeit üben kann auch einen Weg der kleinen Schritte bedeuten. Freuen Sie sich über kleine Veränderungen und seien Sie neugierig auf die nächste Veränderung. Sollte sich mal Stillstand einstellen oder gar ein vermeintlicher Rückschritt, dann seien Sie nicht frustriert, sondern geben Sie sich Zeit und betrachten Sie die Veränderungen, die sich schon eingestellt haben, freuen Sie sich darüber und seien Sie stolz auf sich.

- *Besinnung auf den eigenen Körper* – Setzen oder legen Sie sich bequem hin und hören Sie einfach mal in sich rein. – Was spüren Sie? Was nehmen Sie wahr? Lauschen Sie Ihrem Körper – mindestens der Atmung.
- *Laufen Sie häufiger mal barfuß* – das erdet und übt zudem die Wahrnehmung über die Füße. – Wie stehen Sie? Was spüren Sie? Wie ist der Boden unter Ihnen?
- *Entscheidungen* – Befragen Sie bei Entscheidungen Kopf (Geist/Ratio) und Bauch (Körper) und prüfen Sie, ob Einigkeit besteht und die Entscheidung damit ganzheitlich richtig ist. – Für den Fall, dass keine Einigkeit besteht: Wie müsste die Entscheidung lauten, damit Einigkeit bestehen kann?
- *STOPP* – Machen Sie ein oder zwei Mal am Tag einen Stopp und nehmen Sie ganz intensiv wahr, was um Sie herum in diesem Augenblick passiert und was in Ihnen gerade passiert.

- *Spiegelbild* – Schauen Sie öfter mal in den Spiegel: Was gefällt Ihnen an Ihrem Körper? Was sehen Sie an sich? Welche Emotion tragen Sie im Gesicht?
- *Dankbarkeitstagebuch* – Wofür sind Sie heute dankbar? Welche Emotionen haben Ihr Leben heute bereichert? Wo haben Sie sich und Ihren Körper ganz bewusst gespürt und wie war diese Körperwahrnehmung? Was haben Sie sich heute Gutes getan? Was gefällt Ihnen besonders gut an Ihrem Körper? Welche schönen Düfte, Geschmäcker, Geräusche, Bilder oder Berührungen haben Sie erfahren dürfen?

Bitte seien Sie bei dieser Übung wohlwollend mit sich selbst und betrachten Sie sich doch mal so liebevoll, wie Sie eine liebe Freundin betrachten würden.

Geben Sie sich bei dieser Übung Zeit und akzeptieren Sie es, wenn die Antworten auf die körperlichen Fragen sich erst langsam einstellen. – Auch ich bin eine Frau und ich weiß sehr gut, wie kritisch Frauen mit sich und ihrem Körper umgehen können.

- *Neues* – Probieren Sie Neues aus! Seien Sie neugierig und mutig! Machen Sie etwas, was Sie sonst nicht machen. Verlassen Sie Ihre Komfortzone und achten Sie darauf, was dabei in Ihrem Körper passiert und welche Reaktionen hervorgerufen werden und welche Emotionen.
- *Emotionen* – Erlauben Sie sich, alle Emotionen zu haben und zu zeigen, denn alle Emotionen gehören zum Leben dazu. Eine Emotion zu unterdrücken würde Stress für den Körper bedeuten – also raus damit! Seien Sie emotionsflexibel!
- *Stimmungsprotokoll* – Welche Emotion hat heute meine Stimmung maßgeblich bestimmt? Wie war das für mich? Wo im Körper habe ich sie wahrgenommen? Wie war mein körperliches Empfinden?
- *Positive Absicht* – Wir haben auch „unschöne" oder „negative" Emotionen oder körperliche Empfindungen. Stellen Sie sich in diesen Situationen doch mal die Frage: Mal angenommen, diese Emotion oder Körperempfindung hätte eine positive Absicht bzw. Botschaft für mich. Welche wäre das? – Verändert diese Frage etwas?
- *Körperliche Abreaktion* – Manchmal sind Emotionen so groß und kraftvoll, dass sie sich körperlich abreagieren wollen und „nur" darüber zu sprechen unzureichend ist. Dann erlauben Sie sich diese Abreaktion! Schimpfen Sie wie ein Rohrspatz oder trommeln Sie mit den Fäusten auf dem Tisch oder stampfen Sie mit dem Fuß auf oder … Und schauen Sie mal, wie es Ihnen im Anschluss geht.
- *Reflexion* – Reflektieren Sie sich im Raum: Wo befinden Sie sich gerade? Distanz oder Nähe? Wie ergeht es Ihnen? Wie ist Ihre Haltung – die innere und

die äußere Haltung? Passen die innere und die äußere Haltung zusammen bzw. sind sie kongruent?

*   *Mehr!* – Machen Sie mehr von allem, was Ihnen guttut und was sich gut anfühlt.

Wir haben es also selbst in der Hand, ob die Sprache unseres Körpers unsere Muttersprache, eine Fremdsprache oder eine Geheimsprache ist!
Seien Sie mutig! Zeigen und leben Sie alle Facetten Ihres Seins – mit Körper, Geist und Seele!

Literatur

Damasio, A. R. (2013). *Ich fühle, also bin ich – die Entschlüsselung des Bewusstseins* (10. Aufl.). Berlin: List.
Damasio, A. R. (2014). *Der Spinoza-Effekt* (8. Aufl.). Berlin: List.
Eilert, D. W. (2013). *Mimikresonanz – Gefühle sehen. Menschen verstehen.* Paderborn: Junfermann.
Ekman, P. (2010). *Gefühle lesen – Wie Sie Emotionen erkennen und richtig interpretieren* (2. Aufl.). Heidelberg: Spektrum Akademischer Verlag.
Koeslin, J. (2011). *Psychiatrie und Psychotherapie für Heilpraktiker* (3. Aufl., S. 260). München: Urban & Fischer – Imprint der Elsevier GmbH.
Nummenmaa, L. (2013). Aalto University- Assistant Professor. http://www.pnas.org/content/early/2013/12/26/1321664111.full.pdf+html?with-ds=yes. (original publication) oder http://www.pnas.org/content/111/2/646.figures-only. (Bilder und Erklärungen zu der Studie), Aalto University and Turku PET Centre (original publication).
Stepper, S. (1992). *Der Einfluß der Körperhaltung auf die Emotion „Stolz".* Experimentelle Untersuchungen zur „Körper-Feedback"-Hypothese. Unveröffentlichte Dissertation, Universität Mannheim.
Storch, M. (2015). *Das Geheimnis kluger Entscheidungen – von Bauchgefühl und Körpersignalen* (8. Aufl.). München: Piper.
Storch, M., & Tschacher, W. (2014). *Embodied Communication – Kommunikation beginnt im Körper, nicht im Kopf* (1. Aufl.). Bern: Huber & Hogrefe AG.
Storch, M., Cantieni, B., Hüther, G., & Tschacher, W. (2010). *Embodiment – Die Wechselwirkung von Körper und Psyche verstehen und nutzen* (3. Nachdruck der 2. erw. Aufl.,). Bern: Huber & Hogrefe AG.
Strack, F., Martin, L. L., & Stepper, S. (1988). Inhibiting and facilitating conditions of the human smile: A nonobtrusive test of the facial feedback hypothesis. *Journal of Personality and Social Psychology, 5,* 768–777.

Schlankheits- und Schönheitswahn 16

Schönheit liegt im Auge des Betrachters, so sagt ein bekanntes Sprichwort. Doch wenn wir uns selbst betrachten, begutachten und bewerten, steckt da oft sehr viel Selbstkritik drin. Frauen sind wahre Meisterinnen darin, an sich mehr Negatives als Positives zu entdecken. Viele Frauen hassen ihr Spiegelbild. Ich habe schon so viele Frauen getroffen, die mit ihrem Körper unzufrieden oder aufgrund ihres Aussehens unsicher sind. Mir selbst geht es manchmal auch so, obwohl ich es als Mental Coach besser wissen müsste. Daher habe ich mich – nach langem Hin- und Herüberlegen – entschlossen, in diesem Buch ein Kapitel diesem Thema zu widmen.

Olivia mag ihre schmalen Lippen nicht. Melinda findet, dass sie oft müde aussieht. Und Kela macht sich Gedanken über ihre Krähenfüße – jetzt, nachdem sie 40 geworden ist. Alle diese Frauen sind Bestandteil einer Kampagne, die der Beautyprodukte-Hersteller Dove im April 2013 startete. Im Mittelpunkt stand ein Video mit dem Titel „Dove Real Beauty Sketches", das ein Experiment zeigt: Mehrere Frauen wurden dazu angehalten, sich dem forensischen Skizzenkünstler Gil Zamora zu beschreiben. Der Clou: Dieser Phantombild-Zeichner vom FBI fertigt die Porträts, während er seine Modelle nicht sehen kann. Er verlässt sich auf die Selbstbeschreibungen der Frauen. In einem zweiten Schritt werden die gleichen Frauen dann von Fremden beschrieben, die sie kurz kennengelernt haben. Wieder zeichnet der Künstler nach dieser Beschreibung ein Porträt. Wie hoch ist die Differenz von Selbstbild und Fremdbild tatsächlich? Die Skizzen werden den Frauen präsentiert und der Vergleich ruft höchst emotionale Reaktionen hervor. Denn während die Fremden sie so schön beschreiben, wie sie in Realität sind, weichen die eigenen Beschreibungen der Frauen stark davon ab. Sie haben eher ihre Schwachstellen hervorgehoben. Die Kernbotschaft von Dove: „You are more beautiful than you think." Die Kampagne war extrem erfolgreich, bereits nach vier Wochen gab es 73,4 Mio. Views auf YouTube (YouTube Dove 2013).

© Springer Fachmedien Wiesbaden GmbH, ein Teil von Springer Nature 2018
A. Heimsoeth, *Frauenpower,* https://doi.org/10.1007/978-3-658-20431-0_16

Übung

Fremdbild/Selbstbild

Wie sehen Sie sich – und wie werden Sie von anderen wahrgenommen? Oft sind Selbst- und Fremdbild nicht ganz deckungsgleich. Wie positiv wir von anderen beschrieben und eingeschätzt werden, ist manchmal ganz erstaunlich. Probieren Sie es aus: Nehmen Sie die beigefügte Liste (DATA BECKER 2009; Moesslang 2010; Seiwert 2016) und erstellen Sie einige Kopien davon. Beantworten Sie und kreuzen Sie auf einer Skala von 0 (trifft nicht zu) bis 5 (trifft voll zu) an, wo Sie sich selbst sehen. Denken Sie sich beim Ausfüllen in ein bestimmtes Umfeld hinein, es kann Ihre berufliche oder Ihre private Situation betreffen. Geben Sie die Checkliste an Freunde, Kollegen, Bekannte oder Familienmitglieder. Diese Personen füllen jeweils einmal das Dokument aus. Im Anschluss können Sie Ihre Selbsteinschätzung mit den Antworten der anderen abgleichen.

selbstbewusst	0	1	2	3	4	5
vielseitig						
ehrgeizig						
autoritär						
unsicher						
temperamentvoll						
intellektuell						
tatkräftig						
aufgeschlossen						
intelligent						
loyal						
freundlich						
spontan						
sorgfältig						
teamfähig						
analytisch						
beliebt						
wagemutig						
beständig						

ergebnisorientiert							
zurückhaltend							
strukturiert							
hartnäckig							
vermittelnd							
überzeugend							
positiv							
vertrauensvoll							
bestimmend							
gesellig							
zielorientiert							
impulsiv							

16.1 Idealmaße im Fokus

Neulich war ich in München mit der U-Bahn unterwegs. Dort beobachtete ich eine Clique junger Männer, sie waren vielleicht gerade mal 15 oder 16 Jahre alt. Wenn man immer meint, Mädchen in diesem Alter seien ständig am Kichern und Flüstern, dann haben diese Jungs bewiesen, dass das auch für sie gilt. Es wurde zu so einer Hintergrundkulisse, dass ich immer wieder von meinem Buch aufschaute und dann irgendwann neugierig wurde, worüber sie sich denn so amüsierten und die Köpfe zusammensteckten. Erst beim Aussteigen kam die Auflösung: „Die fette Tussi" im Abteil, wie sie sie nannten, hatte ihre Gemüter erhitzt.

Ich finde es schockierend, wie Frauen aufgrund ihres Aussehens abgewertet werden. Das macht mich sehr wütend. Und es ist auffallend, dass eine sehr dünne Frau diese Form der Diskriminierung nicht erlebt. Denn während heute ein dünner Körper das Ideal im wahrsten Sinne des Wortes verkörpert, fallen dicke Menschen auf, werden zum Gesprächsstoff und sogar in der Öffentlichkeit gemobbt.

Übergewicht bei gesunden Menschen muss man nicht schönreden, da es massiv der Gesundheit schadet. Was mir allerdings immer mehr auffällt, ist, dass sich Frauen schon bei ein paar Kilos mehr auf den Rippen einen Kopf machen, manche geradezu panisch werden oder sich alles nur noch um das Hüftgold dreht. Ich frage mich manchmal: Verlieren wir die Proportionen – beim Blick auf uns selbst, bei der Beurteilung anderer Menschen und auch in unserem Denken? Schließlich gibt es zwischen ein paar Kilos zu viel und massivem Übergewicht (wie es in Amerika zu beobachten und auch bei uns immer mehr auf dem Vormarsch ist)

Abb. 16.1 Massiver Frust über das, was die Waage anzeigt. Quelle: (© terovesalainen/ Fotolia.com)

eine große Bandbreite. Und doch nehme ich immer mehr Frauen in meinem Umfeld wahr, die sich einige Kilos zu viel selbst nicht gönnen – aus meiner Perspektive sind sie immer noch attraktiv, aktiv und ansprechend. Keiner muss sich dafür abwerten, wenn er keine Idealmaße hat – und doch passiert genau das immer häufiger und intensiver. Ich verstehe, wenn sich eine Frau nicht mehr wohl fühlt, weil sie zugenommen hat, die Lieblingsjeans zwickt oder das figurbetonte kleine Schwarze nicht mehr so richtig sitzen will. Doch das eigene Glück allein davon abhängig zu machen, was die Waage sagt, sich zunehmend vom eigenen Gewicht verunsichern zu lassen (Abb. 16.1) und den Selbstwert ausschließlich an der Kleidergröße zu bemessen, halte ich für bedenklich.

16.2 Vorurteile setzen Grenzen

Ich erinnere mich so lebendig an meine Schulzeit, als sei es erst gestern gewesen: Sportunterricht am Dienstag in der sechsten Stunde. Der Sportlehrer holt Tom – er ist der schnellste Läufer in der Klasse – und mich – ich bin auch sehr gut im Sport – nach vorne. Wir dürfen jetzt zwei Mannschaften zusammenstellen, bevor wir heute mit dem Völkerball starten. Tom und ich wählen abwechselnd unsere Mitschüler aus, nennen sie beim Namen und ziehen sie so in unser Team. Für mich ist klar, dass ich die sportlichsten, schnellsten und eifrigsten Klassenkameraden als Erste aussuche und hoffe, dass sie in meiner Mannschaft landen. Tom denkt genauso und wir wetteifern um die besten Körper – hier in der Sporthalle nicht unbedingt um die besten Köpfe. Wenn ich die Szene vor meinem geistigen Auge aufrufe, fällt mir plötzlich auf, dass meine Mitschülerin Bettina immer die Letzte war, die ausgewählt wurde. Das Team, das sie „abbekam", jaulte und grölte lautstark. Mir ist es erst heute so richtig bewusst, welche schlimme Erfahrung sie in den Sportstunden gemacht hat – und das jedes Mal wieder, wenn Mannschaftssport auf dem Programm stand. Nur weil sie etwas mehr Körperfülle hatte, wurde sie zum Außenseiter. Dabei war Bettina keinesfalls stark übergewichtig, sie war eben nur nicht so rank und schlank und sportlich wie die anderen Mädchen in der Klasse. Was wohl aus ihr geworden ist? Hat sie diese Erfahrung wie ein Trauma ein Leben lang begleitet? Hat sie das in einen Teufelskreis der Isolation getrieben? Oder konnte sie ihren Selbstwert daraus ziehen, dass sie in Mathe immer besser war als alle anderen?

Wenn ich mir heute Gedanken dazu mache, warum Frauen so übertrieben auf ein paar Kilos zu viel reagieren, dann lande ich schnell bei den Vorurteilen. Im Sportunterricht hatte sich ein Bild von Bettina bei uns eingeprägt – ob das mit der Realität etwas zu tun hatte, weiß ich nicht mehr. Vielleicht wäre sie ein super Teammitglied gewesen und wäre zur Höchstform aufgelaufen, wenn wir sie motiviert hätten. Stattdessen wurde sie brüskiert und hinten angestellt – als dickes Mädchen, das alle unsere Vorurteile zu spüren bekam. Dick sein – und aus vielen Gesprächen weiß ich ja, dass Frauen ohne nennenswertes Übergewicht und mit lediglich ein paar Kilos zu viel sich wirklich dick finden – ist für viele ein schlimmer Makel. Sie sehen sich als „Dicke" einer ganzen Liste an Vorurteilen ausgesetzt. Es heißt, ein dicker Mensch sei faul, willensschwach und undiszipliniert, sogar unhygienisch, verantwortungslos, dumm und achte nicht auf seine Gesundheit. Abschätzige Blicke, lautstarke oder heimliche Kommentare begleiten dieses Stigma der Bevölkerung gegenüber dicken Menschen – und gehören fast schon zum guten Ton der Gesellschaft. Als hätten wir nicht andere Themen und Probleme, die uns beschäftigen sollten. Eine Studie der Universität Tübingen zeigt, dass vor allem Frauen mit Übergewicht von Personalentscheidern als weniger kompetent und gebildet eingeschätzt werden – und sogar diejenigen mit höherem Bildungsabschluss dadurch bei der Jobvergabe benachteiligt sind (Rytina 2013).

Ich finde es erschreckend, wenn dünn zu sein gleichgesetzt wird mit gut oder besser sein. Besonders schlimm finde ich es, wenn Frauen so über sich selbst denken und den ständigen Kampf gegen ein paar Kilos zu viel führen, um als wertvoller

Mensch anerkannt zu werden. Ständig haben sie das Gefühl, von ihren Mitmenschen als nicht gesund und aktiv genug angesehen zu werden, weil sie keine Top-Model-Figur besitzen. Dabei kenne ich genug Frauen, die wunderschöne Kurven haben, kerngesund und dynamisch sind, die Kinder, Familie und den Freundeskreis unter einen Hut bringen, die einmal die Woche zum Zumba und in die Rückenschule gehen, immer für eine Shoppingtour und für ein gutes Gespräch zu haben sind, die kurz gesagt lebensbejahend ihren Alltag meistern. Wie schön wäre es, wenn sie dabei auch noch zufrieden mit sich und ihrem Körper wären und sehen könnten, was sie alles leisten – und dass es dabei nicht das Hauptkriterium ist, möglichst schlank, möglichst ideal und möglichst dünn zu sein.

© Sofia Zhuravetc/Fotolia.com

16.3   Kritische Haltung zum eigenen Körper

Viele Frauen sind der Meinung, dass sie nur dann den passenden Lebenspartner (und Liebe) finden können, wenn sie weitgehend einem Ideal entsprechen. Aus zahlreichen Begegnungen mit Frauen wird deutlich, dass schlank und schön sein für sie die Eintrittskarte ist zu einem guten Leben, zur besseren Gesellschaft. Für sie ist es eine ganz logische Konsequenz: Wer dazugehören will, der muss schön sein – um jeden Preis. Dazugehören zu wollen gilt als ein fundamentales menschliches Bedürfnis. Es bildet evolutionsbedingt eine wichtige Grundlage für das Überleben. Wer aus dem Clan herausfällt, setzt sich potenziellen Gefahren und somit auch dem Tod aus. Also passen wir uns bestmöglich an, um vom sozialen Umfeld angenommen zu werden. Auf der anderen Seite hat der Mensch auch das Bedürfnis, sich einzigartig zu fühlen und eine gewisse Individualität zu leben. In der Forschung spricht man vom „Need for Uniqueness", dem Individualisierungsbedürfnis. Optimal ist die Balance: Untersuchungen zeigen, dass man sich am wohlsten fühlt, wenn man ein wenig, aber nicht zu viel anders ist (Erb 2017).

Teil einer bestimmten Clique sein, sich dazugehörig fühlen, mittendrin sein statt nur dabei – dafür hat Taryn Brumfitt viel Zeit, Opfer und Besessenheit in ihren Körper gesteckt. Sie hat sich selbst gequält, um eine Figur zu haben, die zeitgenössisch ist. Und sie hat festgestellt, dass es unzähligen Mädchen und Frauen auch so geht – in einer Welt, in der dem weiblichen Geschlecht eingeredet wird, schön sein zu müssen – als sei es das Wichtigste. 91 % aller deutschen Frauen sind mit ihrem Körper unzufrieden. 45 % der Frauen mit gesundem Gewicht denken, sie wären übergewichtig. 90 % der Fälle von Magersucht und Bulimie betreffen Frauen. Mehr als 40 % aller 10- bis 14-Jährigen machen regelmäßig Diät (Majestic 2017). Diese Zahlen stammen aus dem Dokumentarfilm „Embrace". Als Regisseurin hat sich die australische Fotografin Taryn Brumfitt dem Thema genähert, die deutsche Schauspielerin Nora Tschirner hat sie dabei

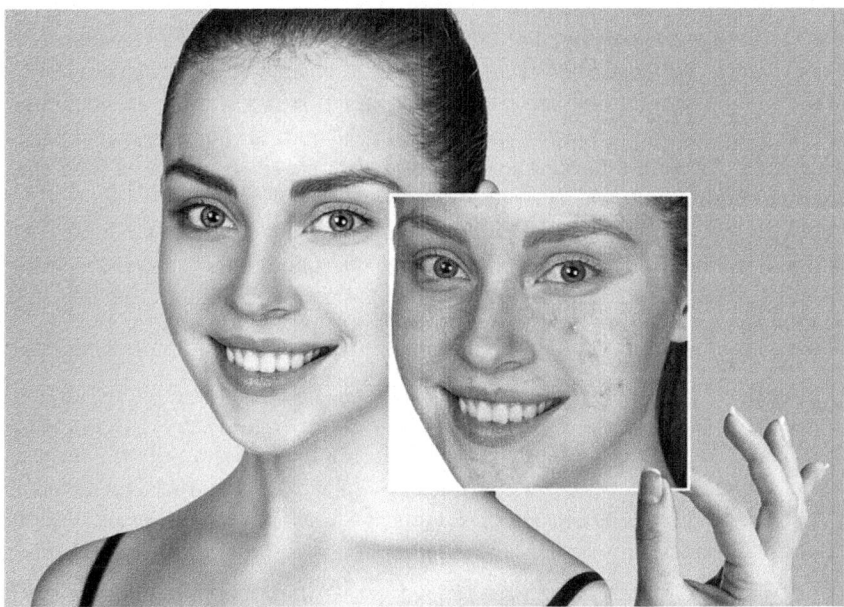

Abb. 16.2 Akne ist meist eine vorübergehende Phase im Leben. Quelle: (© llhedgehogll/ Fotolia.com)

als Co-Produzentin unterstützt. Brumfitt forderte 100 Frauen auf, ihren Körper mit nur einem Wort zu beschreiben. Die häufigsten Antworten lauteten wabbelig, plump, unperfekt, abstoßend.

Wie legen wir eine solche falsche und übertrieben kritische Haltung zum eigenen Körper ab? Gibt es einen Weg heraus aus der bisherigen Denkweise? Wie schaffen wir es, den eigenen Körper wertzuschätzen? Wie können wir jeden annehmen, so wie er ist? Wann begreifen wir den Körper, der sich im Alter und nach Schwangerschaften verändert, nicht mehr als Schmuckstück, sondern als „Instrument"? Wie fühlt es sich an, sich keine Gedanken um das Gewicht machen zu müssen? Diesen Fragen ging die Filmemacherin nach. Ihr Fazit: „Verschwende keinen einzigen Tag damit, Krieg gegen deinen Körper zu führen – umarme ihn" (Brumfitt 2017).

Also mehr Gelassenheit mit unserem Körper, mehr Selbstwert und Selbstbewusstsein scheinen da ein gutes Rezept zu sein. Ein Mädchen, das sich selbst ganz und gar abstoßend findet wegen ihrer Akne im Gesicht (Abb. 16.2), braucht den positiven Gedanken, dass es sich um eine vorübergehende Phase handelt, dass sich der weibliche Körper immer wieder verändert und neu definiert – ein Leben lang. Dass eine Hautbeschaffenheit kein Grund ist, sich minderwertig zu fühlen, ist keine Denkweise, die von Anfang an da ist, sondern die Jugendliche in einem begleiteten Prozess lernen können. Die berühmte Hollywood-Schauspielerin Meryl Streep wurde in einem Interview gefragt, was sie ihrer Tochter raten würde. Ihre Antwort: „Verschwende keine Zeit damit, über dein Gewicht nachzudenken." Sie selbst dachte lange Zeit von sich, sie sei zu dick und habe eine hässliche Nase. Inzwischen empfindet sie die Gewichtsthematik als langweilige, idiotische und selbstzerstörerische Ablenkung vom Spaß des Lebens. Gleichzeitig hat sie auch die Erfahrung gemacht, dass authentisch sein heutzutage eher unterbewertet wird: „Gnade, Respekt, Zurückhaltung und einfühlsames Zuhören sind Qualitäten, die in unserer Gesellschaft schmerzlich fehlen" (Streep 2017).

Übung

Bilanz ziehen

Nehmen Sie sich ein Blatt Papier und ziehen Sie mit einem Stift senkrecht in der Mitte einen Strich. Auf der linken Seite zeichnen Sie ein Plus-Symbol, auf der rechten Seite ein Minus. Sammeln Sie nun: Was fällt Ihnen an positiven Aspekten zu sich ein? Was gefällt Ihnen an sich? Scannen Sie Ihren Körper vom Scheitel bis zum kleinen Zeh. Notieren Sie alles auf der linken Seite der Bilanz. Auf der rechten Seite schreiben Sie nun alles auf, was Ihnen nicht gefällt an Ihrem Aussehen. Wo sind Ihrer Meinung nach die Makel und Schwachstellen? Was stört Sie besonders? Vermutlich füllt sich diese

Seite schnell. In einer zweiten Runde befragen Sie ganz gezielt Freundinnen, Bekannte, Menschen aus der Familie und Nachbarschaft. Ergänzen Sie mit diesen Antworten Ihre Bilanz – allerdings ausschließlich in der linken Spalte. Notieren Sie diese Aspekte auf der Plus-Seite. Völlig unabhängig, wo sich nun mehr angesammelt hat: Trennen Sie an der Mittellinie die Spalten voneinander, am besten mit einer Schere. Die Negativ-Bilanz können Sie nun zusammenfalten oder zerknüllen. Suchen Sie sich einen hübschen Platz im Garten, im Park oder im Wald – und vergraben Sie den Zettel dort. Tragen Sie die negativen Aspekte förmlich zu Grabe. Oder verbrennen Sie den Zettel und werfen Sie die Asche in einen Fluss oder Bach. Die Positiv-Bilanz hängen Sie bitte an einem Platz auf, wo Sie immer mal hinschauen. So haben Sie diese immer vor Augen. Ergänzen Sie die Liste gerne jederzeit, wenn Sie wieder einmal etwas an sich entdecken, das Ihnen gefällt, oder wenn jemand Ihnen ein Kompliment für etwas gemacht hat.

16.4 Schöne neue Medienwelt

In einer Welt, in der uns die Medien permanent sagen und zeigen, wie das vermeintliche Schönheitsideal aussieht, ist eine persönliche Abgrenzung für viele Frauen schwierig. Zwar gibt es immer auch Gegenbewegungen, doch wie nachhaltig sind sie tatsächlich? So hatte das Frauenmagazin Brigitte im Januar 2010 eine neue Epoche einläuten wollen, als die Initiative „Ohne Models" ins Leben gerufen wurde. Die Begründung des Verlags: „Die Mode hat sich geändert. Die Frauen haben sich verändert. Unsere Welt ist eine andere. Also starten wir eine Revolution: Ab sofort werden sämtliche Fotostrecken für Brigitte nicht mehr mit Models fotografiert, sondern mit Frauen wie Ihnen und uns. Was zählt, ist die Persönlichkeit. Wir laden Sie ein, mitzumachen!" (Brigitte 2010). Der Trend war ein kurzlebiger, nach nur knapp drei Jahren kehrt das Frauenmagazin zur bewährten Methode mit Profi-Models zurück – mit der Begründung, der Anblick normaler, hübscher Frauen sei den Leserinnen zu viel gewesen. Sie hätten sich unter Druck gesetzt gefühlt, denn wenn die Frauen von der Straße auf den Fotos so schön aussehen, produziere das Minderwertigkeitskomplexe (dpa 2012). Wie fühlen Sie sich, wenn Sie Frauenmagazine lesen? Unzulänglich? Nicht dünn genug? Nicht blond genug?

Nicht nur in der Welt der Frauenmagazine, sondern auch im Fernsehen hat das Schönheitsideal seinen Raum gegriffen: Heidi Klums berühmte Model-Castingshow „Germany's Next Topmodel" läuft seit zwölf Staffeln erfolgreich mit 2,64 Mio. Zuschauern pro Folge und damit einem Marktanteil von 18,5 %

(Meyer 2017; Statista GNTM 2017). Die Gegenbewegung zu der schönen mage-
ren Hülle zeigt der Fernsehsender RTL2 mit der Show „Curvy Supermodel", bei
der Frauen ihre Plus-Size-Kurven selbstbewusst zur Schau stellen. Der Sender
will damit ein Zeichen gegen den Size-Zero-Körperwahn und gegen Bodysha-
ming setzen, heißt es – und setzt sogar auf eine Plakatkampagne, bei der Models
mit Kleidergröße 42 bis 54 zu sehen sind. Kritische Stimmen sehen jedoch in
den vielen Fotoshootings in Bade- und Unterwäsche eher eine Erniedrigung der
Frauen und eine Fleischbeschau (Schwegler 2017; Nordholt 2017).

Die Gratwanderung ist schmal, die Medienmacher versuchen, möglichst viele
Zielgruppen zu erreichen. Doch abseits der schönen Fernseh- und Magazinwelt
stehen wir als ganz normale Frauen am Anfang und am Ende des Tages vor dem
Spiegel und sollen hier mit uns klarkommen (Abb. 16.3). Mir selbst geht es auch
so: Seit ein paar Monaten bin ich in den Wechseljahren. Leider merke ich dies
auch gewichtsmäßig und muss sehr aufpassen, mich nicht fangen zu lassen von
den am Computer geschönten Idealbildern in den Medien, die selbstverständlich
frei von Cellulite sind. Es passiert, dass ich mich mit anderen, schlanken oder jün-
geren Frauen vergleiche und achtsam sein muss, um mich nicht abzuwerten. Über
Schönheitsoperationen habe ich noch nie nachgedacht, obwohl in meinem sozialen

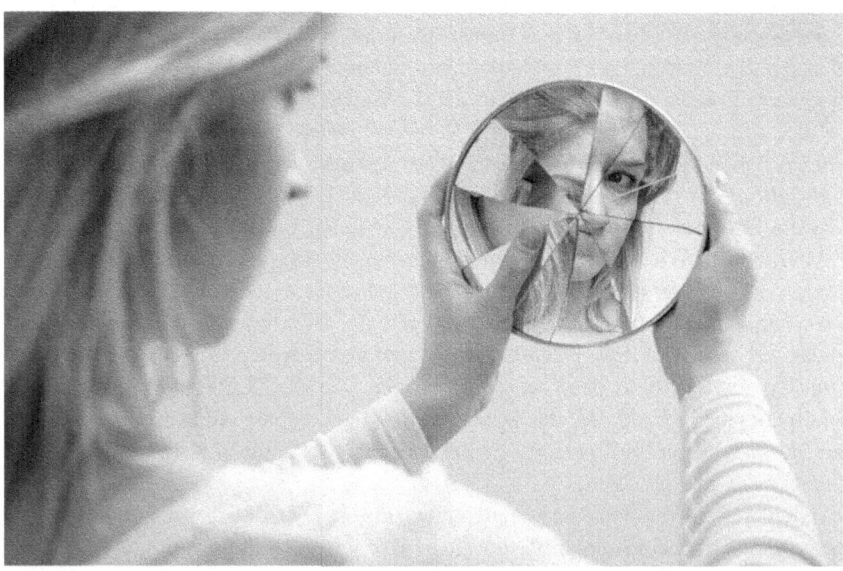

Abb. 16.3 Unsicherheit beim Blick in den Spiegel. Quelle: (© Photographee.eu/Fotolia.com)

Umfeld so einige Freundinnen sind, die sich im Zusammenhang mit Schlupflidern, Reiterhosen und Bauchspeck ernsthaft konkrete Gedanken darüber machen. Solche Eingriffe in die Natur sind inzwischen zur Alltagserscheinung geworden: Im Jahr 2016 wurden weltweit rund 23,6 Mio. chirurgische und nichtchirurgische Schönheitsoperationen durchgeführt. Spitzenreiter sind die Länder USA und Brasilien. Doch auch der Iran hat einiges vorzuweisen, hier werden jährlich 200.000 Nasen-OPs durchgeführt – um den Frauen feine, symmetrische und europäische Züge zu ermöglichen (Brumfitt 2017; Statista OP 2017; Statista o. J.).

Fettabsaugen, Brustvergrößerung, Faltenunterspritzung: Die Gesamtzahl der Schönheitsoperationen in Deutschland hat sich verdoppelt, 2015 gab es mehr als 43.000 ästhetisch-plastische Eingriffe hierzulande. Laut Statistik der Internationalen Gesellschaft für Ästhetisch-Plastische Chirurgie und gemäß den Angaben der Deutschen Gesellschaft für Ästhetisch-Plastische Chirurgie (DGÄPC) wurden 86,3 % aller Eingriffe an Frauen durchgeführt, nur jeder achte Patient ist männlich. Interessant bei alledem ist auch, dass sich die Frauen durch die Behandlung nicht nur eine körperliche, sondern auch eine seelische Besserung erhoffen (DGÄPC 2016; dpa 2016). Ich halte es da lieber wie Marilyn Monroe, die einmal sagte: „Wahre Schönheit und Weiblichkeit sind alterslos und nicht künstlich herstellbar."

16.5   Unzufriedenheit mit dem Körper – und was das mit uns macht

Dass Frauen unter ihrem Körper leiden, erlebe ich immer wieder. Und werde hellhörig, wenn in netter Runde plötzlich Themen auf den Tisch kommen, die alles andere als leichte Kost sind.

- Zum Beispiel meine Bekannte Iris, die schon mit ihrer ersten Schwangerschaft haderte, weil sie danach so schnell wie möglich wieder aussehen wollte wie früher. Das ist aber nicht der Fall und da half auch kein Ratgeber mit dem wegweisenden Titel „Eine Tussi speckt ab" von Daniela Katzenberger. Geblieben sind bei Iris die Schwangerschaftsstreifen, die sie peinlich findet. Dass ihr Mann sie körperlich auch lieber wieder wie am Tag der Hochzeit vorfinden möchte und sogar ihre Mutter der Meinung ist, sie lasse sich gehen, verschlimmert den Druck, den Frust und das Gefühl, zu versagen.
- Zum Beispiel meine Freundin Johanna, deren Mann fremdging, es erst abstritt und dann ihr die Schuld gab nach dem Motto, ihr Körper sei doch so hässlich und abstoßend geworden. Mehr Verletzung und Abschätzigkeit kann ich mir in einer Beziehung kaum vorstellen.

- Doch es gibt auch Frauen wie Susanne, die sich für ihren Körper schämen und den Sex verweigern, obwohl ihr Freund sagt, dass er ihren Körper so liebe.
- Zum Beispiel Ingrid, eine so kluge und einfühlsame Ü60-Dame, die ständig gegen ihr Alter kämpft, ihre gesamte Zeit darauf verwendet, den Jahren in ihrem Gesicht und an ihrem Körper zu trotzen, Unsummen ausgibt, um Falten und Grübchen auszuradieren, und sich dabei wie in einer Spirale dreht.
- Oder zum Beispiel die Geschichte von Doris, die durch ihre Brustkrebs-Diagnose nach einer anstrengenden Chemotherapie eine Brust verloren hat und sich seither weder in die Sauna noch ins Schwimmbad traut – aus Angst vor der Reaktion Dritter. Dabei ist sie eine attraktive, gepflegte und modische Frau – und wunderschön auch mit nur einer Brust. Ich sage ihr das – in der Hoffnung, dass es in ihrem Umfeld viele Menschen gibt, die das auch tun, um sie zu bestärken.

Das Hadern mit dem Körper, die ständige Unzufriedenheit und erst recht der Hass auf sich selbst haben große Auswirkungen. Depressionen, Ängste und Komplexe sind die Folge. Frauen, die sich so wenig wertschätzen, ziehen sich oft in ihr Schneckenhaus zurück, vernachlässigen ihre sozialen Kontakte und werden immer einsamer. Der Teufelskreis hat längst begonnen: Um Alleinsein, Schmerz oder andere Emotionen zu betäuben und zu überleben, fängt so manche betroffene Frau an zu essen. Diese Erfahrung machen auch Mädchen und Frauen, die Missbrauchsopfer waren. Sie fressen sich einen „Schwimmring" an, meist aus der tiefen bewussten oder unbewussten Überzeugung heraus, dass Männer nur schlanke Frauen als Partnerin haben wollen. Sie wollen von Männern gar nicht attraktiv gefunden werden. Ihre Denkweise wird dadurch bestimmt, dass sie sich nur dick genug machen müssen, damit ihnen auch kein Mann mehr auf die Pelle rückt. Hinter jedem Ausdruck von Körperlichkeit steckt also eine eigene Geschichte. Wir sollten uns davor hüten, jemanden vorschnell zu bewerten oder sogar zu verurteilen.

Auch ich habe eine Geschichte: Nach einem schweren Reitunfall konnte ich ein Dreivierteljahr keinen Sport treiben. Wochenlang bewegte ich mich erst mit dem Rollstuhl, dann mit Krücken. Das Ergebnis: Ich hatte 27 kg zugenommen. Meine Familie schaute mich zwar eigenartig an, sagte jedoch nichts. Vielmehr wiesen Menschen aus unserem familiären Umfeld meine Mutter darauf hin, dass ihre Tochter ganz schön dick geworden sei. Dann riet mir ein kluger Freund, meine überzähligen Kilos in einen Rucksack zu packen und mit diesem auf dem Rücken eine Wanderung zu unternehmen. Mit 27 kg Wasserflaschen im Gepäck machte ich mich also auf, den Simssee zu umrunden. Da wurde mir bewusst, was

ich die letzten Jahre so mit mir herumgetragen hatte. Und ich konnte die nächsten
zwölf Monate abnehmen. Aus welchen Gründen? Weil ich ein neues Bewusstsein
dafür entwickelt hatte und die Kilos verlieren wollte. Mit deutlich mehr Bewegung, bewusstem Essen und begrenzter Nahrungsmittelzufuhr war das machbar.
Seitdem esse ich zum Beispiel, außer im Urlaub, fast kein Fleisch und keine
Süßigkeiten mehr.

16.6   Vergessen Sie alle Diäten

Ich bin eine Gegnerin von Diäten. Ganze Wirtschaftszweige verdienen jedes Jahr
sehr viel Geld damit. Ob Low-Carb oder Steinzeitdiät, Glyx-Index oder Trenn-
kost: Studien zeigen, dass sich der Körper langfristig gegen den mühsam erar-
beiteten Gewichtsverlust wehrt. Frauen, die Diäten machen, scheitern meist. Da
versagt also nicht der Mensch, sondern das Konzept. Diäten bringen in der Regel
nichts. Das ergab auch eine Umfrage der Gesellschaft für Konsumforschung
(GfK) im Auftrag des Ernährungswissenschaftlers Uwe Knop: 73 % der Frauen
waren ein Jahr nach ihrem Abnehmprogramm entweder genauso schwer wie vorher oder wogen sogar mehr (Zeh 2016; Hollersen 2016; Bild 2012). Außerdem
macht Diät halten schlechte Laune. Denn gewisse „Nervenzellen nehmen schon
geringe Veränderungen des Körpergewichts wahr und signalisieren so bereits
nach einer moderaten Diät, dass dem Körper Reserven fehlen. Sie tun dies,
indem sie unseren Gefühlshaushalt manipulieren. Negative Gefühle gewinnen die
Oberhand, wir bekommen schlechte Laune. Das einzige, was dagegen hilft: die
nächste Mahlzeit" (Simmank 2015).

Meine Empfehlung: Werfen Sie Ihre Diätbücher und Abnehmratgeber in den
Mülleimer und ändern Sie stattdessen Ihre Ernährung und Lebensweise. Wie das
aussehen kann, hat das NDR-Satiremagazin extra 3 gezeigt: Eine ganz normale
Familie sitzt gemeinsam am Esstisch. Die Mutter bringt eine paleo-flexitarische
Mahlzeit ohne Fructose mit niedrigem glykämischen Index für Papa, lactosefreies
Lowcarb-Essen für Lisa, eine vegane Pizza ohne Gluten für Anna und für sich
selbst fructosehaltige Rohkost ohne Histamine. Der Zuschauer erfährt, dass vegan
out ist, dass man heute clean isst (also nur unverarbeitete Lebensmittel zu sich
nimmt) und dazu jede Menge Kaffee trinkt, da die aktuellen Studien wieder einmal die Vorteile betonen (Durke 2015).

Was uns dieser Sketch vor Augen führt, ist, dass es gegenwärtig zahlreiche
Lebensstile und neue Essgewohnheiten gibt. Auch wenn die Satire-Macher es
bewusst übertreiben und vor allem die sich regelmäßig widersprechenden Studien

und medizinischen Erkenntnisse auf die Schippe nehmen, bleibt im Kern eine wertvolle Erkenntnis: In unseren modernen Zeiten hat jeder Mensch die Möglichkeit, die für sich passenden Lebensmittel auszuprobieren und auszuwählen. Letztendlich geht es darum, die ideale Zusammenstellung für sich zu finden. Was tut Ihnen gut? Was gibt Ihnen Energie und Kraft? Welches Essen macht Sie stattdessen müde und träge? Um körperlich und geistig die besten Ergebnisse und Leistungen bringen zu können, braucht es den passenden Input. Wie schön, dass wir alle Individuen sind – und genau das zeigt sich auch in unserem Essverhalten. Es hilft daher niemandem, wenn dogmatische Lehren vorschreiben wollen, dass wir nur noch dieses oder jenes zu uns nehmen dürfen, dass wir auf dieses oder jenes verzichten müssen. Das bleibt jedem selbst überlassen.

Ziel unserer Ernährung sollte doch sein, unserem Körper etwas Gutes zu tun, ihn fit und agil zu halten, ihn zu stabilisieren durch die Nährstoffe, die er braucht. Und das unterscheidet sich je nach Alter, Lebensumständen und Rahmenbedingungen. Sogar das Klima trägt dazu bei, was unser Körper verlangt – in den warmen Sommermonaten ist das eher mal Wassermelone mit Fetakäse anstatt Schweinebraten mit Rotkohl und Klößen. Für welche Ernährungsform Sie sich auch entscheiden: Sie sollten sich damit wohl fühlen in Ihrem Körper. Denn wenn Sie Ihre äußere Hülle als Wohlfühlzone anstatt als Kriegsschauplatz wahrnehmen, wirkt das optimal auf Ihr Körperbild – also auf die Kombination aus Körpergefühl und Selbstbewertung.

Prägend für das persönliche Körperbild sind die Kinder- und Jugendjahre sowie das soziale Umfeld. Das eigene Körperbild entsteht im Laufe der Identitätsbildung. Die Vorstellung über unseren Körper bilden wir nach und nach emotional und kognitiv aus. Hinterfragen Sie bei sich einmal:

- Wie beschreibe ich meinen Körper?
- Wie stelle ich mir meinen „perfekten" weiblichen Körper vor?
- Wenn ich den perfekten Körper hätte, wäre ich dann glücklich?
- Welchen „Preis" bezahle ich für einen „perfekten" Körper?
- Welche Auswirkungen und Konsequenzen hat der Kampf gegen meinen Körper auf meine Familie, Kinder, Schule, Arbeit, Beruf, Beziehungen?
- Wie definiere ich Schönheit?
- Wie sieht der Durchschnittskörper aus?
- Wie ist das Körperideal vergleichsweise in Afrika, Großbritannien, in der Türkei und in den USA?
- Wie wäre es, mal nicht über das eigene Gewicht und Aussehen nachzudenken?

© fotodo/Fotolia.com

16.7 Authentizität und Individualität machen schön

Unsere Gedanken beeinflussen die äußere Realität. Unser Denken hat Einfluss auf unser gesamtes Leben. Wer eine allgemeine Unzufriedenheit mit dem Leben zelebriert, wird auch mit sich selbst nie zufrieden sein – und umgekehrt. André Maurois hat es einmal so formuliert: „Jeder trägt das Urbild seiner Schönheit in sich, dessen Ebenbild er in der weiten Welt sucht." Unser Unterbewusstsein unterstützt uns dabei – oder legt uns Hürden in den Weg. Denn unser innerer Kritiker hindert uns daran, die wahre Schönheit zu erkennen und dadurch glücklich und erfüllt zu sein. Was ist Schönheit? Darauf gibt es nicht *die* Antwort. Schönheit liegt ja bekanntlich im Auge des Betrachters. Der erste Schritt ist, ein eigenes Bewusstsein dafür zu entwickeln, dass jeder Mensch einzigartig ist und dass das gut so ist.

Brené Brown, ihres Zeichens Psychologie-Professorin am Graduate College of Social Work in Houston (Texas), erforscht seit 13 Jahren die Themen Verletzlichkeit, Scham, Authentizität und innere Stärke. Sie warnt Frauen vor allem vor Perfektionismus (Abb. 16.4), der für viele Frauen eine Art Schutzschild darstellt, um keine Angriffspunkte zu liefern. Doch wer perfekt ist, wer also weder Ecken noch Kanten hat, wird irgendwann unsichtbar. Denn genau das macht das Individuum doch aus. Sich zu zeigen, wie man ist, braucht Mut und Kraft. Doch noch viel mehr Energie kostet es, sich hinter einer Fassade zu verstecken. „Verletzlichkeit ist keine Schwäche, sondern der Schlüssel zu allem, von dem wir mehr wollen: Liebe, Freude, Vertrauen" (Brown 2017). Daher rät Brown, sich zu öffnen und neuen Erfahrungen zu stellen: „Wir haben nur ein Leben – das sollten wir nicht in einer Ritterrüstung verbringen. Coolness ist zum Beispiel so eine Ritterrüstung. Damit versuchen wir, die Kontrolle über alles zu behalten. Alles soll an uns abperlen. Wir zeigen ein Zahnpasta-Lächeln" (Brown 2017).

Abb. 16.4 Perfektionistin. Quelle: (© snyGGG/Fotolia.com)

   Um die eigene Lebensfreude zu steigern, ermutigt sie Frauen dazu, sich ihrer
Einzigartigkeit bewusst zu werden anstatt sich ständig mit anderen zu vergleichen
(Abb. 16.5): „Dieses Vergleichen zerstört auch unsere Kreativität. Wenn du eine
Blume zeichnen möchtest und dir zuvor alle Blumenzeichnungen in Büchern, in
Museen ansiehst, wirst du keine Blume zeichnen. Beginne einfach! Male sie mit
deinem Blick, mit deinen Händen. Egal, wie viele Gemälde es bereits gibt. Du
machst sie mit deiner Sichtweise, mit deinen Farbmischungen, deinem Pinsel-
strich einzigartig. Denn: Du bist einzigartig" (Brown 2017, 2010).
   Seine Individualität wertschätzen, lernen, seinen Körper zu lieben, und sogar
Frieden schließen mit dem, was wir an uns weniger mögen – wie funktioniert
das? Was können Sie tun? Ich habe nicht für alle Frauen die identische Antwort, besitze nicht *das* allgemeingültige Erfolgsrezept. Woran ich allerdings fest
glaube: Wer sich mit sich selbst wohl fühlen will, der sollte im Kopf beginnen.
Hier gibt es einige Anregungen:

- Hören Sie auf, Äußerlichkeiten in den Mittelpunkt zu stellen.
- Gehen Sie mit diesem Prinzip auch auf andere zu: Geben Sie Rückmeldung
  und Lob, rücken Sie dabei das, was jemand tut, in den Fokus – anstatt dessen
  Aussehen.

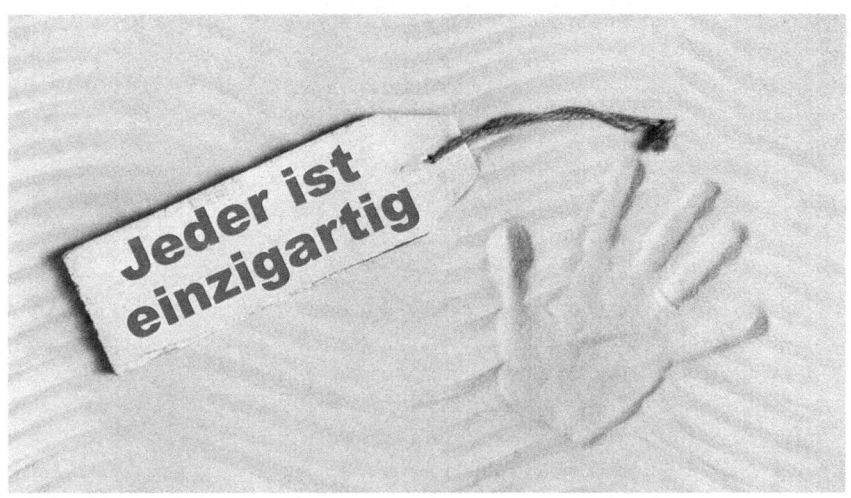

Abb. 16.5   Jeder Mensch ist einzigartig. Quelle: (© Jeanette Dietl/Fotolia.com)

- Lernen Sie Ihren Körper zu lieben und zu akzeptieren. Seien Sie sich darüber bewusst, dass Sie nur diesen einen Körper haben. Dann fällt es Ihnen vielleicht leichter.
- Suchen Sie positive Begriffe für Ihren eigenen Körper und verankern Sie diese.
- Gehen Sie achtsam und liebevoll mit sich selbst um. Das bedeutet auch, Mitgefühl mit sich zu haben. Seien Sie weniger streng und kritisch und stattdessen großzügiger und gelassen.
- Lernen Sie sich selbst wertschätzen. Das bedeutet, sich zu vergeben und loszulassen, was Ihnen nicht guttut.
- Entdecken Sie für sich, was es an inneren und äußeren Ressourcen braucht, damit es Ihnen richtig gut geht und Sie sich wohl fühlen.
- Nach dem Urlaub bekommen wir oft Komplimente. Denn dann sind wir fröhlich, glücklich, entspannt und dadurch auch attraktiver. Nehmen Sie sich im Alltag kleine Auszeiten, um diesen Status zu bewahren. Atemübungen, Dankbarkeit, Wertschätzung, Visualisierung von Ruhebildern und gute Musik sind zum Beispiel wirkungsvolle Tools.
- Arbeiten Sie nach dem Resonanzprinzip: Je mehr Sie sich selbst akzeptieren und Ihren Körper lieben, umso mehr werden es auch andere tun. Lassen Sie sich überraschen!

- Tauschen Sie sich mit anderen Frauen aus, das eröffnet oft neue Perspektiven und Ansätze.
- Lernen Sie glücklich zu sein. Audrey Hepburn hat es einmal auf den Punkt gebracht: „Ich glaube, dass glückliche Mädchen die schönsten Mädchen sind."

16.8   Sich mit sich selbst wohl fühlen lernen

Ich wünschte mir, ich könnte das Thema Gewicht und Schönheit endlich einfach mal abhaken. Geht es Ihnen auch manchmal so? Einfach zufrieden sein, mit dem, was ich heute habe und bin. Mein Wunsch ist, mich 100-prozentig in meinem Körper wohl zu fühlen. Leider machen es mir manche Mitmenschen dabei nicht ganz so einfach. Gerade dann, wenn ich mit mir an einem guten Punkt angekommen bin, passiert etwas, das mich wieder zum Nachdenken und Arbeiten mit mir und an mir zwingt. Als Rednerin stehe ich ständig in der Kritik bezüglich meines Aussehens, mein Outfit initiiert regelmäßig Diskussionen. Frauen haben sich schon anonym bei einem Veranstalter über mein Outfit auf der Bühne beschwert, meistens nennen sie dabei leider keine konkreten Punkte. In Italien gab es einmal ein besonderes Erlebnis nach meinem Auftritt: Ich saß an einem Tisch mit zehn Personen, als mich eine Teilnehmerin vor allen anderen fragte, wie ich meine Kleidung für die Bühne auswählen würde. Dadurch, dass ich höher stände, als sie sitzen würde, fände sie es eine Zumutung, meine dicken Oberschenkel sehen zu müssen. Ich müsse weite Hosen tragen, um das zu kaschieren. Sie selbst hatte Übergewicht. So ein Gespräch hätte ich mir lieber unter vier Augen gewünscht. Es gibt Tage, an denen ist die Kleiderwahl ein Albtraum für mich, nichts aus der Garderobe will passen, fühlt sich tragbar oder dem Anlass angemessen an. „Ich habe nichts anzuziehen" ist die Grundlage für jene Witze, die Männer gerne über Frauen machen. Dann muss ich mich selbst daran erinnern: Antje, du gehst jetzt auf die Bühne, was zählt, sind deine positive Ausstrahlung, deine Emotionalität und deine Expertise. Die Zuhörer werden dich nicht aufgrund deines Gewichts ablehnen oder weil dein Po ihnen nicht gefällt. Sie kommen hierher, um deine Ideen zu hören und richtig gute Impulse und Tipps zu bekommen. Solche Gedanken stabilisieren und bestärken mich. Sie machen mir gute Laune, um auf der Bühne mitreißend zu performen.

Übung
Selbstgespräche
Kommen Sie mit sich ins Gespräch und finden Sie dabei Sätze, die zu Ihnen passen, die für Sie stimmig sind. Ich habe Ihnen einige Beispiele aufgelistet – manches davon können Sie gut annehmen, anderes fühlt sich

eher unpassend an. Wählen Sie daher aus, was realistisch für Sie klingt und womit Sie arbeiten möchten. Oder noch besser: Finden Sie Ihre eigenen positiven Sätze. Lesen Sie sich Ihre Sätze laut vor. Lernen Sie sie auswendig, um sie morgens unter der Dusche aufzusagen. Nehmen Sie sich am Tag feste Zeiten, zum Beispiel morgens und abends, um diese Botschaften regelmäßig auszusprechen und sie so zu konstanten Gedanken zu machen. Sie werden spüren, wie die Sätze positiv auf Sie wirken. Möchten Sie die Übung etwas steigern? Dann können Sie in einer zweiten Stufe nackt sein, während Sie das Selbstgespräch führen. In einer dritten Stufe zelebrieren Sie dann die Sätze nackt vor einem Spiegel.

- Ich bin okay, unabhängig davon, wie ich aussehe.
- Ich bin großartig.
- Ich bin schön und selbstbewusst.
- Mein Körper ist sinnlich.
- Ich rieche gut.
- Mein Körper ist mein Freund.
- Ich bin okay so, wie ich bin.
- Ich bin stolz auf meinen Körper.

Was zählt wirklich im Leben? Die ständige Beschäftigung mit unserem Aussehen und Gewicht gehört nun wirklich nicht dazu. Wir Frauen sind so viel mehr. Neulich auf einer kleinen Shoppingtour im Internet habe ich den Yogi-Tee „Frauen Power" entdeckt. In der Beschreibung geht es darum, dass Frauen fälschlicherweise als das schwache Geschlecht dargestellt werden, weil ihre eigentliche Kraft nicht immer auf den ersten Blick sichtbar ist. „Dabei haben Frauen 16 x mehr Toleranz als Männer und 32 x mehr Mitgefühl (nach Yogi Bhajan). Frauen sind stark, sie können tragen: Sie trugen die ganze Welt in sich – auch dich und mich. Was könnte kraftvoller sein? Die Kraft der Frauen ist fein, verbunden mit Schönheit, Intuition und innerem Wissen" (Glaser o. J.). Das bringt es, wie ich finde, wunderschön auf den Punkt.

16.9 Fazit und Ausblick

Die Welt wäre ein besserer Ort, wenn die Menschen aufhören würden, ständig über andere zu urteilen oder sie bloßzustellen. Das gilt für Frauen gegenüber Frauen und erst recht für Frauen sich selbst gegenüber. Ich wünsche mir für uns Frauen, dass Männer den Körper ihrer Partnerin nicht nur lieben, wenn sie eine bestimmte Oberweite oder einen bestimmten Umfang an Oberschenkeln haben, sondern weil wir liebenswert sind. Objektivierung von Frauen heißt für mich, sie nicht als Objekte der Lust und Begierde zu sehen, sondern sie objektiv zu betrachten – also mit allem, was dazugehört. Und das sind neben allen Äußerlichkeiten auch Charakter, Persönlichkeit, Intellekt und eine eigene Meinung.

In so manchem Austausch mit anderen Frauen möchte ich meinem Gegenüber zurufen: „Mache nicht dieselben Fehler wie viele andere Menschen! Höre auf, deinen Körper zu bekriegen!" Es beruhigt mich zu lesen, dass sich das Verhältnis zum Körper mit dem Alter bei vielen Frauen relativiert. Zwar gibt es einige Vertreterinnen des weiblichen Geschlechts, die Tränensäcke, kräuselige Oberlippen, Schlupflider, weiche Oberarme und Altersflecken mit allerhand Maßnahmen bekämpfen und bereit sind, jede neue Methode zur Schadensbegrenzung zu ergreifen. Doch den Hass, den viele junge Frauen auf ihren Körper verspüren, haben die Ü60-Damen weitgehend abgebaut. Laut einer Studie sind 66 % der über 60-Jährigen zufrieden mit dem, was sie haben, wie sie aussehen und wer sie sind (Reichel 2017). Gute Aussichten, oder? Statt in figurformender Unterwäsche einen prüfenden Blick in den Spiegel zu werfen, können wir mit den Jahren alles etwas lockerer nehmen, auch mal ungeschminkt das Haus und insgesamt das Fegefeuer der Eitelkeiten verlassen. „Wir müssen den mangelhaften, alternden Körper, unseren wichtigsten und loyalsten Lebensbegleiter, endlich aus vollem Herzen lieben lernen, anstatt ihn rund um die Uhr zu warten wie einen empfindlichen britischen Oldtimer!" (Reichel 2017). Wann stellen wir unseren Körper wie ein wertvolles Kunstwerk unter Denkmalschutz und sehen ein, dass ein alterndes Gesicht ein wunderbares Dokument von Leben und Erfahrung ist? „Ja, wir können jede Falte mit Stolz tragen, weil sie von unserem Leben erzählt, von den Abgründen und von den Höhepunkten, der Liebe und dem Schmerz, der Zärtlichkeit und der Freude" (Reichel 2017).

Mein Tipp
Tauschen Sie sich mit anderen Frauen über Veränderungen des Körpers in den letzten Wochen, Monaten und Jahren aus. Reden Sie darüber. Denn werden Sie merken, dass Sie mit dem Thema nicht alleine sind. Ein wunderbares Mittel gegen den Schlankheits- und Schönheitswahn. Ich für meinen Teil starte jeden Morgen mit der Gewissheit, dass es ein guter Tag wird – nicht auch, sondern weil ich einen Tag älter werde.

Literatur

Bild. (2012). Diäten sind nutzlos. 10.10.2012. http://www.bild.de/ratgeber/diaet/diaet/bei-73-prozent-bringen-diaeten-nichts-was-wirklich-hilft-26636106.bild.html. Zugegriffen: 24. Aug. 2017.

Brigitte. (2010). Ohne Models – eine neue Epoche beginnt. http://www.brigitte.de/mode/ohne-models/ohne-models—eine-neue-epoche-beginnt-10197900.html. Zugegriffen: 24. Aug. 2017.

Brown, B. (2010). Die Macht der Verletzlichkeit. TEDx Houston Juni 2010. https://www.ted.com/talks/brene_brown_on_vulnerability?language=de. Zugegriffen: 24. Aug. 2017.

Brown, B. (2017). Sei mutig und zeige, wer du wirklich bist, 02.03.2017. *happinez* Ausgabe 3/2017. Heinrich Bauer Verlag KG, Hamburg. https://www.pressreader.com/germany/happinez/20170302/283111363783938. Zugegriffen: 24. Aug. 2017.

Brumfitt, T. (2017). Embrace – Du bist schön. Twentieth Century Fox, siehe auch Trailer zum Film, 18.05.2017. https://www.youtube.com/watch?v=l48YHacPg9I. Zugegriffen: 24. Aug. 2017.

DATA BECKER. (2009). Fremdbild/Selbstbild. Arbeitsblatt.

DGÄPC. (2016). DGÄPC-Statistik. Zahlen, Fakten und Trends der Ästhetisch-Plastischen Chirurgie. https://www.dgaepc.de/wp-content/uploads/2016/11/DGAEPC-Statistik_2016.pdf. Zugegriffen: 24. Aug. 2017.

dpa. (2012). „Brigitte" begründet Rückkehr der Profi-Models. ZEIT online, 06.09.2012. http://www.zeit.de/lebensart/mode/2012-09/brigitte-professionelle-models. Zugegriffen: 24. Aug. 2017.

dpa (2016). Ärzteverbände: Zahl der Schönheits-Operationen steigt. 20.05.2016. https://www.derwesten.de/panorama/aerzteverbaende-zahl-der-schoenheits-operationen-steigt-id11842766.html. Zugegriffen: 24. Aug. 2017.

Durke, O. (2015). Ernährungswahnsinn. 30.10.2015. https://www.youtube.com/watch?v=jNP0e91tGK8. Zugegriffen: 24. Aug. 2017.

Erb, H.-P. (2017). Need for Uniqueness: Das Bedürfnis, einzigartig zu sein. 12.07.2017, Helmut-Schmidt-Universität/ Universität der Bundeswehr Hamburg, Fakultät für Geistes- und Sozialwissenschaften. https://web.hsu-hh.de/fak/geiso/fach/psy-soz/forschung/need-for-uniqueness-das-beduerfnis-einzigartig-zu-sein. Zugegriffen: 24. Aug. 2017.

Glaser, E. (o. J.). Onlineshop. https://www.genuss-der-sinne.de/Frauen-Power.html. Zugegriffen: 24. Aug. 2017.

Hollersen, W. (2016). Warum Diäten uns immer dicker und dicker machen. 05.07.2016. https://www.welt.de/gesundheit/article156730178/Warum-Diaeten-uns-immer-dicker-und-dicker-machen.html. Zugegriffen: 24. Aug. 2017.

Majestic Filmverleih. (2017). Unterrichtsmaterial zu Taryn Brumfitts „Embrace". Juli 2017. http://presse.majestic.de/embrace/Embrace_Schulmaterial.pdf. Zugegriffen: 24. Aug. 2017.

Meyer, R. (2017). Quotencheck „Germany's Next Topmodel". 26.05.2017. http://www.quotenmeter.de/n/93409/quotencheck-germany-s-next-topmodel. Zugegriffen: 24. Aug. 2017.

Moesslang, M. (2010). *Professionelle Authentizität. Warum ein Juwel glänzt und Kiesel grau sind.* Wiesbaden: Gabler. http://www.michael-moesslang.de/professionelleauthentizitaet/ChecklisteSelbstbildFremdbild.pdf. Zugegriffen: 24. Aug. 2017.

Nordholt, L. (2017). Erniedrigung der Frauen. 22.08.2017. http://www.bunte.de/enter-tainment/casting-shows/curvy-supermodel-erniedrigung-der-frauen-die-fans-schaeu-men-vor-wut.html. Zugegriffen: 24. Aug. 2017.

Reichel, S. (2017). Nur ein paar kleine Renovierungsarbeiten. *Brigitte Wir*, Ausgabe 1/17, S. 118–119.

Rytina, S. (2013). Vorurteile gegenüber dicken Menschen. SWR 13.05.2013. https://www.swr.de/swr2/wissen/dicke-vorurteile/-/id=661224/did=11416562/nid=661224/e9bimj/index.html. Zugegriffen: 24. Aug. 2017.

Schwegler, P. (2017). RTL II wirbt für „Curvy Supermodels" – und eckt an. 30.06.2017. https://www.wuv.de/medien/rtl_ii_wirbt_fuer_curvy_supermodels_und_eckt_an. Zuge-griffen: 24. Aug. 2017.

Seiwert, L., & Gay, F. (2016). *Das 1x1 der Persönlichkeit: Mehr Menschenkenntnis und Erfolg mit dem persolog-Modell.* München: Gräfe und Unzer.

Simmank, J. (2015). Nach der Diät ist vor der Fettleibigkeit. 21.12.2015. http://www.zeit.de/wissen/gesundheit/2015-12/abnehmen-diaet-gewicht-halten-probleme-jojo-effekt. Zugegriffen: 24. Aug. 2017.

Statista. (o. J.). Statistiken zu Schönheitsoperationen. https://de.statista.com/themen/1058/schoenheitsoperationen. Zugegriffen: 24. August 2017.

Statista GNTM. (2017). Durchschnittliche Anzahl der Fernsehzuschauer von Germany's Next Topmodel (GNTM) in den Jahren 2006 bis 2017. https://de.statista.com/statistik/daten/studie/181079/umfrage/zuschauer-von-germanys-next-topmodel-seit-2006. Zuge-griffen: 24. Aug. 2017.

Statista OP. (2017). Anzahl von Schönheitsoperationen weltweit in den Jahren 2010 bis 2016. https://de.statista.com/statistik/daten/studie/702578/umfrage/laender-mit-der-hoechs-ten-anzahl-an-schoenheitsoperationen. Zugegriffen: 24. Aug. 2017.

Streep, M. (2017). Interview. *Myway*, Ausgabe 7/2017, S. 14–15.

YouTube Dove. (2013). Dove US, Dove Real Beauty Sketches. 14.04.2013. https://www.youtube.com/watch?v=litXW91UauE. Zugegriffen: 24. Aug. 2017.

Zeh, J. (2016). Diäten bringen langfristig nichts. 06.05.2016. http://www.n-tv.de/wissen/Diaeten-bringen-langfristig-nichts-article17631866.html. Zugegriffen: 24. Aug. 2017.

Ihr Bonus als Käufer dieses Buches

Als Käufer dieses Buches können Sie kostenlos das eBook zum Buch nutzen. Sie können es dauerhaft in Ihrem persönlichen, digitalen Bücherregal auf **springer.com** speichern oder auf Ihren PC/Tablet/eReader downloaden.

Gehen Sie bitte wie folgt vor:

1. Gehen Sie zu **springer.com/shop** und suchen Sie das vorliegende Buch (am schnellsten über die Eingabe der eISBN).
2. Legen Sie es in den Warenkorb und klicken Sie dann auf: **zum Einkaufswagen/zur Kasse.**
3. Geben Sie den untenstehenden Coupon ein. In der Bestellübersicht wird damit das eBook mit 0 Euro ausgewiesen, ist also kostenlos für Sie.
4. Gehen Sie weiter **zur Kasse** und schließen den Vorgang ab.
5. Sie können das eBook nun downloaden und auf einem Gerät Ihrer Wahl lesen. Das eBook bleibt dauerhaft in Ihrem digitalen Bücherregal gespeichert.

EBOOK INSIDE

eISBN	978-3-658-20431-0
Ihr persönlicher Coupon	D2PRwXpqxsa9BAh

Sollte der Coupon fehlen oder nicht funktionieren, senden Sie uns bitte eine E-Mail mit dem Betreff: **eBook inside** an **customerservice@springer.com**.